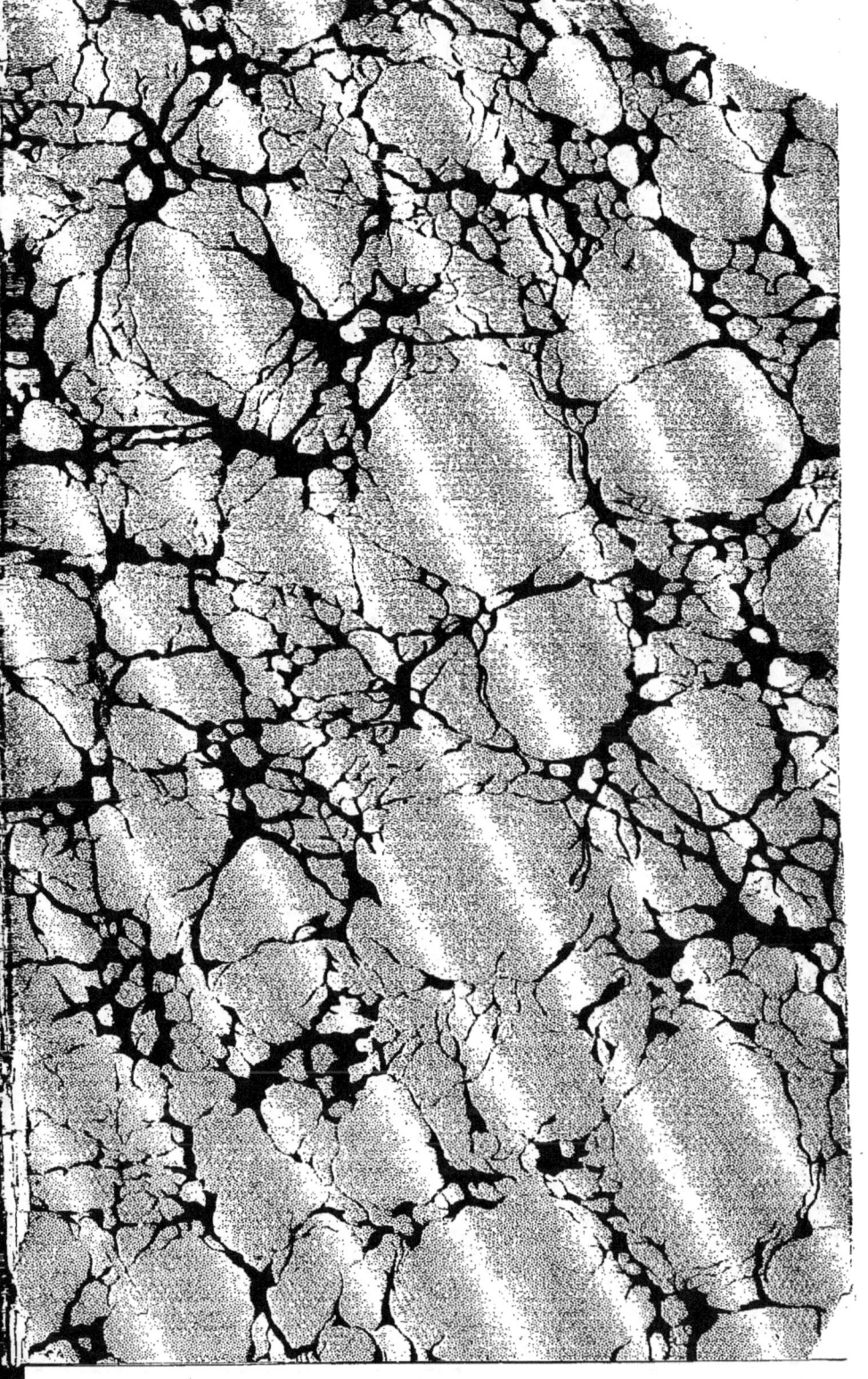

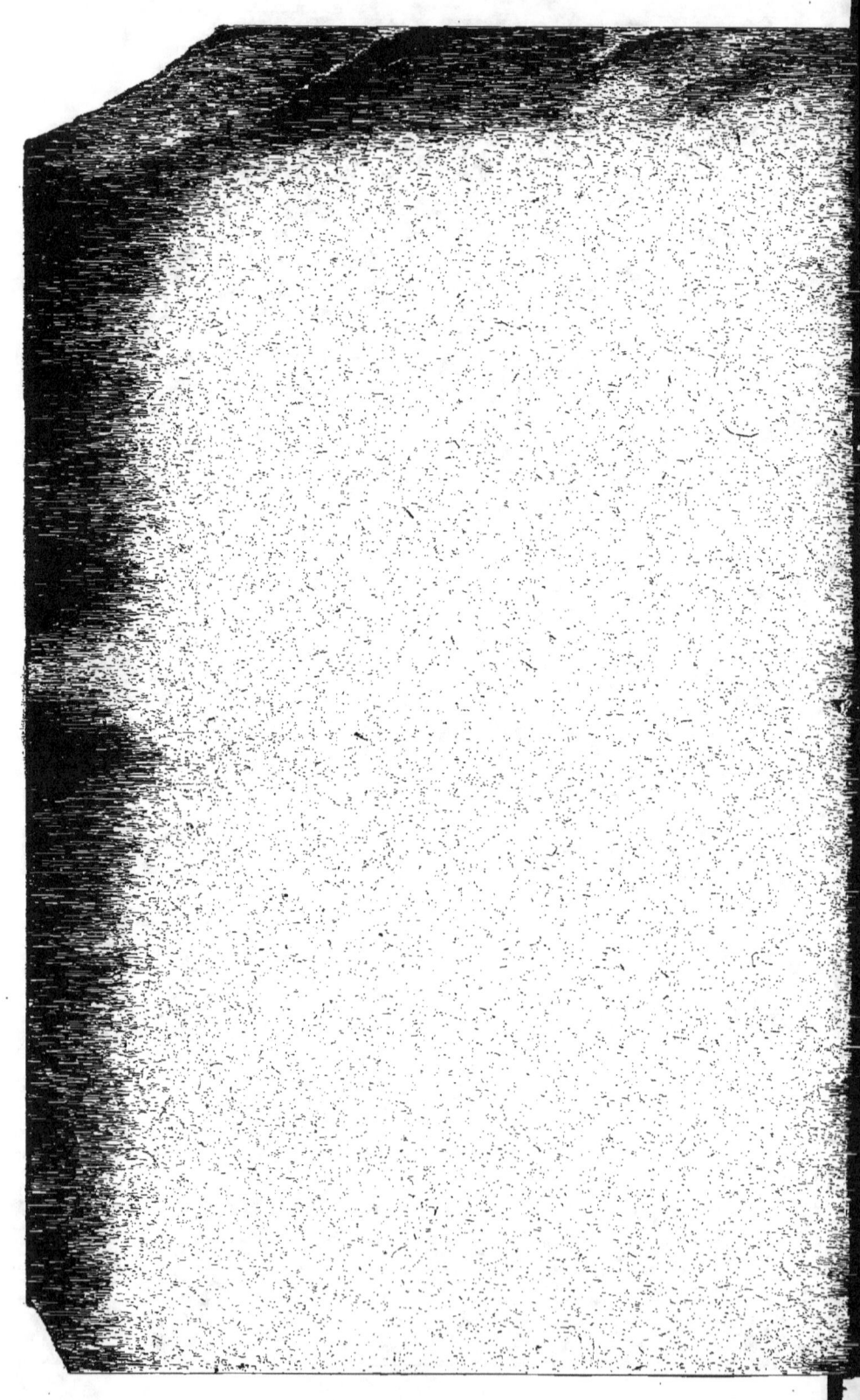

LE
PATISSIER NATIONAL
PARISIEN
OU

TRAITÉ ÉLÉMENTAIRE ET PRATIQUE
DE LA PATISSERIE ANCIENNE ET MODERNE

Suivi d'observations utiles au progrès de cet art

Par M. A. CARÊME, de Paris

Auteur du *Pâtissier pittoresque*, du *Maître-d'hôtel français*, du *Cuisinier parisien*
ou l'*Art de la Cuisine française au XIXᵉ siècle*.

NOUVELLE ÉDITION, REVUE ET CORRIGÉE
ORNÉE DE NOMBREUSES FIGURES

TOME SECOND

PARIS
GARNIER FRÈRES, LIBRAIRES-ÉDITEURS
6, RUE DES SAINTS-PÈRES, 6

LE PATISSIER NATIONAL PARISIEN

TOME SECOND

7431-79. — CORBEIL. Typ. et stér. CRÉTÉ.

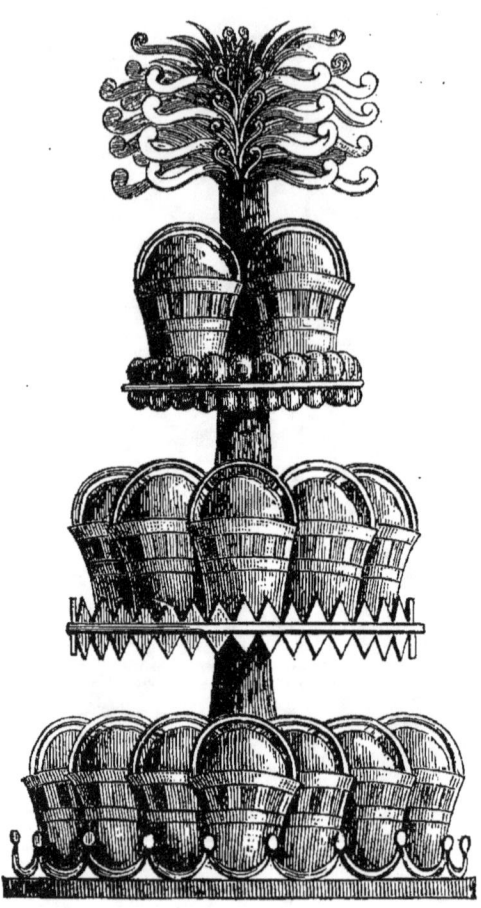

PYRAMIDE D'ABAISSES EN PATE D'AMANDES.

LE
PATISSIER NATIONAL
PARISIEN

OU

TRAITÉ ÉLÉMENTAIRE ET PRATIQUE
DE LA PATISSERIE ANCIENNE ET MODERNE

Suivi d'observations utiles au progrès de cet art

Par M. A. CARÊME, de Paris

Auteur du *Pâtissier pittoresque*, du *Maître-d'hôtel français*, du *Cuisinier parisien*
ou *l'Art de faire la Cuisine française au XIXe siècle*.

NOUVELLE ÉDITION, REVUE ET CORRIGÉE
ORNÉE DE NOMBREUSES FIGURES

TOME SECOND

PARIS
GARNIER FRÈRES, LIBRAIRES-ÉDITEURS
6, RUE DES SAINTS-PÈRES, 6

LE
PATISSIER NATIONAL
PARISIEN

QUATRIÈME PARTIE

DES GROSSES PIÈCES ET DES ENTREMETS MONTÉS

TELS QUE

CHAUMIÈRES, MOULINS, ROCHERS, RUINES, ROTONDES, PAVILLONS, FONTAINES, CASCADES, VASES, CASSOLETTES, COUPES, CORBEILLES, GERBES, ARBUSTES, PALMIERS, TROPHÉES DE GUERRE ET DE MARINE, TROPHÉES MODERNES ET DES BEAUX-ARTS, CASQUES ANTIQUES ET MODERNES, LYRE ET HARPE ÉLÉGANTE, ET UN GRAND NOMBRE D'AUTRES COLIFICHETS DE DIVERS GENRES.

CHAPITRE PREMIER.

OBSERVATIONS PRÉLIMINAIRES.

Cette brillante partie ne souffre point de médiocrité, et, sous ce rapport, je compare un bon pâtissier de colifichets à une modiste distinguée, douée d'un goût parfait et d'une imagination inventive, dont les doigts industrieux font avec peu d'étoffe des choses charmantes; de même, nous devons, avec des fragments de pâtisserie qui ne signifient d'abord presque rien, faire des choses agréables à la vue, et qui, en même temps, excitent la gourmandise.

Tels sont les secrets de cette belle partie, qui réclame beaucoup d'adresse, de patience et de goût, et une combinaison précise ; car ce qui est le plus difficile dans le colifichet, ce sont les détails des pièces montées que l'on veut exécuter. Il ne suffit pas de faire des fleurons et de petites pâtisseries de bonne mine, il faut encore savoir que tel et tel article s'accordera avec telle et telle chose, et que le tout, groupé avec art, formera un ensemble harmonieux.

Voilà précisément pourquoi le pâtissier moderne doit être un peu dessinateur (1), afin que ses idées soient plus parfaites, et qu'il conçoive bien d'avance les détails des pièces qu'il veut entreprendre. C'est réellement le point essentiel de cette importante partie, attendu qu'ayant une fois commencé à monter une grosse pièce, si on a oublié quelques détails, on ne peut plus y revenir, à moins de perdre du temps, ce dont nous devons être avares, puisqu'il nous presse toujours.

Je le répète encore, ce sont les détails du colifichet qui le caractérisent et en font tout le mérite. Car que pourrait faire un pâtissier même adroit et

---

(I) Des hommes du métier, mais ignorants sans doute, m'ont fait un crime de vouloir inspirer aux jeunes gens l'amour de la science, en les invitant à devenir un peu dessinateurs, et surtout à étudier les détails des cinq ordres d'architecture selon Vignole. O ignorante routine ! quelle erreur tu inspires !

doué du goût nécessaire pour grouper une grosse pièce avec grâce et légèreté, si elle a été détaillée au hasard et sans précision ? Voilà les secrets que je tâcherai de démontrer selon les règles que j'ai puisées dans de longues années de pratique et d'expérience.

Il est donc de la plus grande nécessité qu'un pâtissier dessine un peu l'architecture, afin de savoir au moins les éléments des cinq ordres démontrés par Vignole, et que j'ai consignés dans mon *Pâtissier pittoresque, traité des ordres d'architecture*. Alors, par cet ensemble de connaissances, leurs pièces montées à colonnes auront plus d'élégance et de vérité, puisqu'ils emploieront les proportions qui distinguent ces ordres entre eux; mais les colonnes qui conviennent le mieux à notre genre de décor sont les ordres dorique, ionique et corinthien. On donne aux colonnes d'ordre dorique huit diamètres de hauteur; on peut même n'en donner que six, comme faisaient les Grecs; aux colonnes de l'ordre ionique, neuf, et à celles du corinthien, dix : c'est-à-dire que la hauteur de la colonne doit équivaloir à dix fois la largeur prise à sa naissance; donc, si vous donnez 2 centimètres de largeur à la naissance de la colonne, vous lui en donnez 20 de hauteur, et pour l'entrecolonnement 6 centimètres de distance d'une colonne à une autre : on peut employer les mêmes proportions relativement à nos grosses pièces seulement. Nous avons encore l'ordre gothique qui nous convient beaucoup par la légèreté de ses détails, dont j'ai donné connaissance dans mon *Pâtissier pittoresque*.

Maintenant, je vais donner successivement une idée simple des pièces montées que j'ai dessinées, mais non pas les décrire dans tous leurs détails, comme on pourrait se l'imaginer, et cela, parce que ces mêmes détails me jetteraient dans une répétition continuelle qui me deviendrait à charge et finirait par être réellement insipide aux hommes de l'art, seuls capables d'entreprendre l'exécution de ces objets; car ce sera toujours vainement qu'on essayera ces colifichets si l'on n'est déjà un peu au fait de ce genre de travail, qui réclame des soins qu'on ne peut connaître sans la pratique. La cuisson seulement de ces petites pâtisseries exige tout le savoir d'un praticien; c'est donc pour ces mêmes praticiens que j'ai représenté quelques-unes de mes pièces montées, telles que je les ai exécutées, et mes figures leur en diront infiniment plus que tous les détails possibles que j'aurais pu analyser sur cette brillante partie, le plus bel ornement de notre grande cuisine moderne.

Avant d'entrer en matière, je dois rappeler que j'ai donné les détails de la pâte d'office au chapitre XX de la première partie, contenant les détrempes; mais je n'ai point parlé des montants, qui font vraiment les charpentes de nos pièces montées, puisque c'est d'eux que dépend la solidité de ces petites constructions. Ces montants ne sont autre chose que des parties de pâte d'office roulées de 2 centimètres de grosseur sur plus ou moins de longueur, selon les proportions des grosses pièces. On a soin de les sécher parfaitement au four doux ; car de là dépend leur force. On en fait aussi de un centimètre à un centimètre et demi de diamètre, qui servent pour les petites pièces montées d'entremets.

J'ai donné également les procédés pour la colorisation des amandes et du sucre de couleur, consignés dans la troisième partie, concernant les grosses pièces de fond ; on voudra donc bien s'y reporter, car les sucres, les amandes de couleur et la pâte d'office sont, en quelque sorte, le matériel du colifichet. Cependant nous avons les détails de la petite pâtisserie blanche, qui sont tout l'ornement de ce genre de travail ; mais le point essentiel est de donner douze tours à son feuilletage avec un bon quart de centimètre d'épaisseur seulement pour tous les petits croissants, anneaux, petits boutons, dents-de-loup, denticules et fleurons servant à former la tête d'un palmier et d'une gerbe ; vous les masquez de beau sucre en poudre et les mettez au four modéré ; aussitôt que vous voyez leur surface très blanche, et qu'au toucher ils sont fermes, vous les ôtez. Les soins que ces sortes de cuissons réclament n'appartiennent qu'aux praticiens.

Enfin, nous avons encore la mousse, qui est de bel effet pour orner les ruines, les rochers, les chaumières, les grottes, et généralement le genre rustique. Cette mousse n'est autre chose qu'un mélange (autant de l'une que de l'autre) de pâte d'amandes et d'office colorée vert tendre, vert plus foncé, et un peu mollette, passée par la pression d'une spatule à travers un tamis de crin un peu gros. Il en résulte une espèce de vermicelle très fin qui produit la mousse; vous la divisez par petites parcelles, que vous faites sécher à l'étuve, ou vous ne faites cette mousse que de pâte d'amandes; mais elle est trop fragile. On en fait également de couleur rouge, jaune et verte.

CHAPITRE II.

HARPE ORNÉE D'UNE COURONNE DE SUCRE FILÉ.

La harpe est de pâte d'office, masquée de sucre rose. Les cordes sont de sucre filé blanc et jaune; mais, pour rouler ces cordes convenablement, vous devez appuyer légèrement dessus en les roulant entre les doigts et le tour, sinon elles s'aplatissent et se séparent par morceaux. Ce sont ces cordes qui font toute l'élégance de cette jolie pièce montée.

La pomme de pin qui en fait le couronnement doit être de sucre filé couleur d'or. La couronne de laurier est imitée en biscuit vert; chaque feuille doit être rapportée l'une après l'autre pour former une couronne parfaite; ensuite vous la posez sur le haut de la harpe, tel que la figure le représente, de même que la couronne de fleurs doit être exécutée en sucre filé de diverses couleurs.

Les trois socles sont de pâte d'office masquée de sucre blanc. Le plus grand est décoré de guirlandes de sucre filé rose. Les trois garnitures se composent

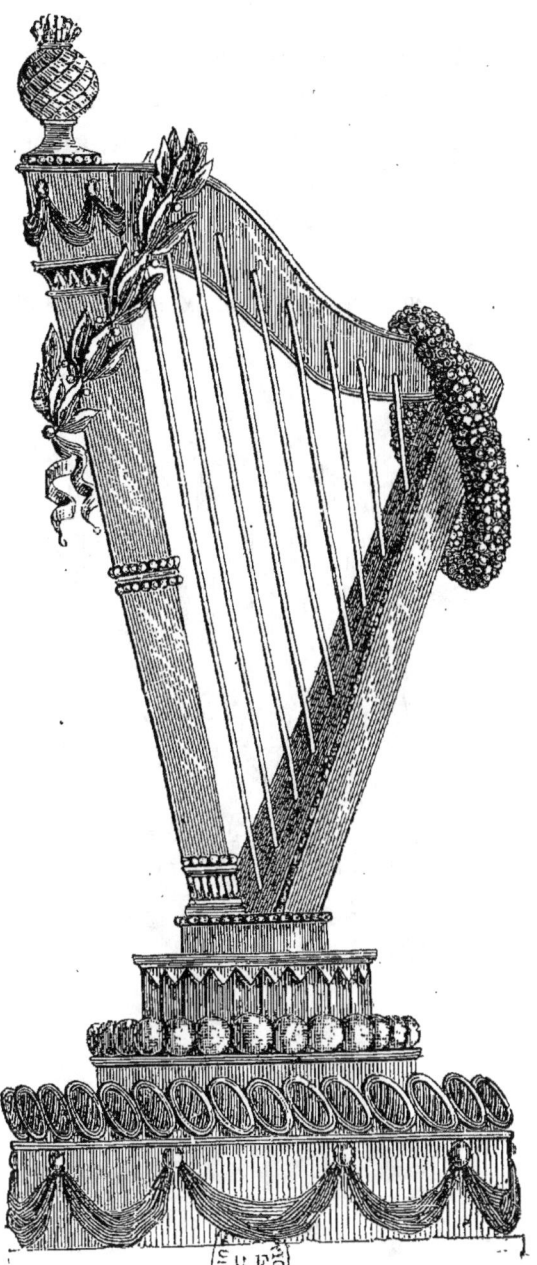

Fig. 1. — Harpe ornée d'une couronne de sucre filé.

de choux glacés au cassé, et masqués de gros sucre et de pistaches, puis de tartelettes d'abricots en mosaïques, et de gros gâteaux renversés, glacés au four.

La première fois que j'ai exécuté cette harpe, ce fut pour le célèbre Grétry.

LYRE ENLACÉE DES EMBLÈMES DE L'AMOUR.

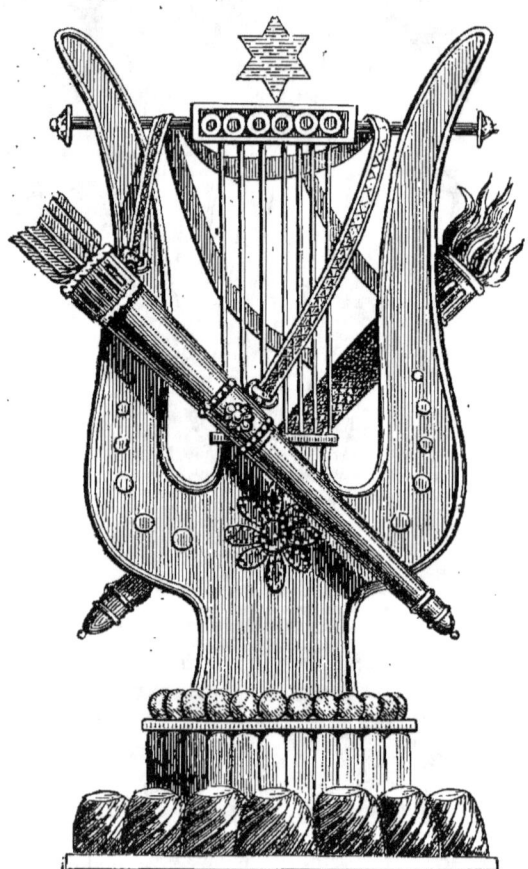

Fig. 2. — Lyre enlacée des emblèmes de l'amour.

Cette pièce est d'un effet charmant, et dans toutes

les grandes maisons où je l'ai fournie, elle a toujours fait plaisir.

Cette lyre est de pâte d'office, masquée de sucre rose, ou bien lilas, ou orange, ou citron ; le rose est préférable. L'étoile qui la couronne est glacée au sucre au cassé. Le carquois et le flambeau doivent être de pâte d'amandes couleur lilas très tendre ; la flamme du flambeau ainsi que les flèches du carquois sont en sucre filé rose. Ces deux objets sont suspendus à la lyre par des rubans de sucre filé argenté, tandis que les cordes de la lyre doivent être de sucre filé couleur d'or. Les rayons sont de sucre filé argenté (c'est-à-dire blanc). Les petits anneaux qui bordent le pied sont garnis de grains de verjus confit et égoutté ; les trois socles sont de gaufres à l'allemande ; la grande garniture qui ceint le pied de la pièce est de choux à la Mecque ; la seconde garniture est de meringues au gros sucre garnies de crème aux pistaches ; la troisième, de petites génoises glacées au cassé ou au caramel.

MAPPEMONDE EN SUCRE FILÉ.

Le globe est d'un sucre filé très blanc ; les cercles et le petit méridien sont de pâte d'office masquée de sucre pistache ou rose, ainsi que la rose des vents qui couronne la pièce. Le pied est à trois pans et de couleur rose. Les anneaux qui le bordent sont garnis de belles cerises confites et égouttées. Les trois socles sont en canapés masqués d'amandes-pistaches.

Le grand socle est garni d'abaisses à la Chantilly, masquées de fraises; la seconde garniture est de pe-

Fig. 3. — Mappemonde en sucre filé.

tits nougats moulés; la troisième, de biscuits coupés en carrés et masqués de glace rose.

La première fois que j'ai exécuté cette belle pièce, ce fut à Morfontaine, à l'époque du mariage de Marie-Louise.

CHAPITRE III.

CASQUE FRANÇAIS.

Lorsque ce casque, qui s'exécute en pâte d'office,

DES GROSSES PIÈCES ET DES ENTREMETS MONTÉS. 11

est collé sur son abaisse, vous le masquez légèrement

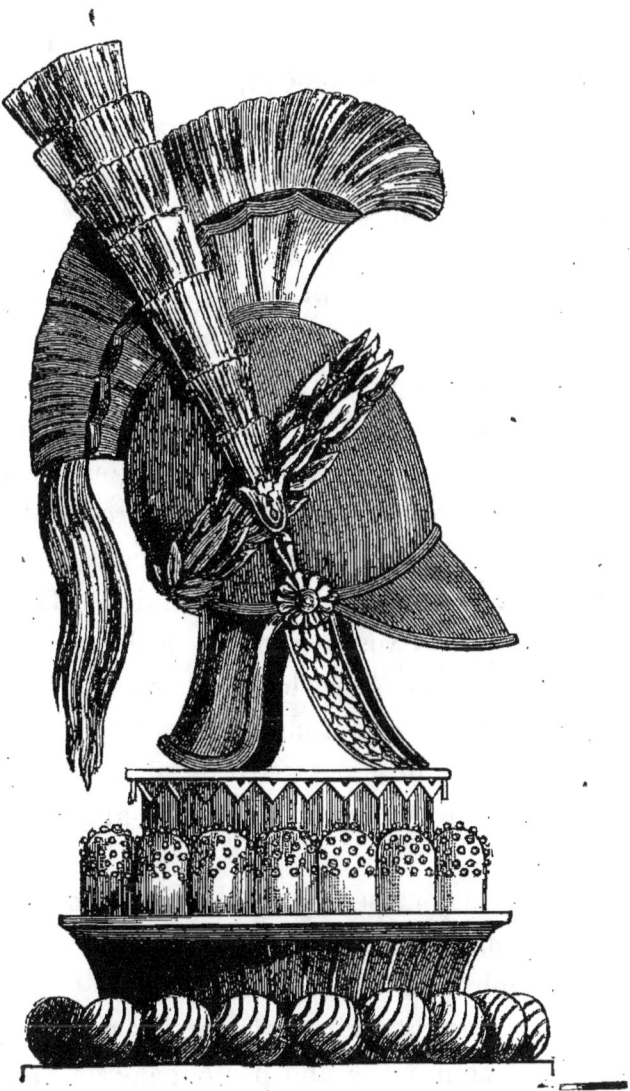

Fig. 4. — Le casque français.

avec un pinceau trempé dans la marmelade d'abricots

bien transparente, ou de la gelée de pommes ou de coings, afin de le rendre brillant. La crinière est de sucre filé couleur d'or; le plumet, en sucre filé blanc; la couronne doit être exécutée en biscuit vert. Les trois socles sont de gaufres à l'italienne. La garniture du second socle est de choux pralinés aux avelines; le troisième socle est entouré de madeleines. La garniture qui ceint le pied de la pièce est de génoises en croissants. Ces garnitures conviennent parfaitement à ce genre de grosses pièces. On peut cependant remplacer ces choux par des meringues au gros sucre et raisin de Corinthe; de même qu'on glace encore ces choux au caramel ou au sucre rose, sur lequel vous semez du gros sucre royal.

La première fois que j'ai exécuté ce casque, ce fut à l'Élysée-Bourbon. Il produisit l'effet que j'en attendais, et dans le courant de la soirée le casque fut redemandé. Apporté dans le salon, on s'en amusa beaucoup; il fut détaché des gradins par une dame de la cour, qui le posa ensuite sur la tête d'un grand général, qui finit par s'en amuser ainsi que toute la société.

Telle fut ma pensée dans la composition de mes grosses pièces montées : j'ai voulu captiver les regards des amphitryons et des conviés.

Dans une autre circonstance, j'ai exécuté le casque romain pour un grand personnage de l'empire qui avait invité à dîner le célèbre Talma. Comme j'en étais prévenu, j'imaginai d'exécuter mon casque semblable à celui que le grand acteur portait dans le rôle d'Achille dans *Iphigénie*. Alors la crinière du casque fut de sucre rose; et dans chacune des feuilles de laurier qui composaient la couronne, une ligne d'écriture rappelait les grands rôles que l'immortel Talma avait créés; et mon casque, ainsi présenté, produisit tout l'effet que j'en attendais.

Et si, depuis la Restauration, je m'étais occupé des *extras* de pâtisserie dans des banquets militaires, tels que les 1,200 couverts donnés en 1816 dans la grande galerie du Louvre, j'aurais voulu exécuter douze trophées et douze casques tant anciens que modernes. Ces trophées du temps de la chevalerie, de nos temps modernes, ces casques anciens et nouveaux; la diversité des panaches, des crinières; auraient produit de grands effets; et pour rappeler nos fastes militaires, j'aurais voulu placer sur la visière des casques anciens les noms des *Bayard*, des *Condé*, des *Catinat*, des *Turenne*, et, dans les feuilles, des couronnes de laurier, des légendes retraçant les noms des grandes batailles qui ont immortalisé nos grands capitaines; et ainsi de même pour caractériser nos casques et trophées modernes.

CASQUE ROMAIN.

Ce genre de casque antique est plus élégant que les nôtres; sa crinière a quelque chose de majestueux. Ces casques font d'autant plus d'effet qu'ils sont de grandeur naturelle; aussi ils ont été pendant longtemps ma pièce favorite. Je l'ai servie sur toutes les grandes tables de Paris. A l'époque d'un grand mariage, je servis ce casque. Je l'avais renversé sur un coussin; j'avais placé sous sa visière

Fig. 5. — Casque romain.

un petit Amour dans une belle rose en pastillage. Mais revenons à nos détails. Ce casque est, comme le précédent, masqué de marmelade d'abricots ou de sirop de coings, afin de le rendre éclatant. Sa visière est garnie d'un médaillon (au milieu duquel on met un chiffre), et de groupes de feuilles de laurier. Elle est entourée d'une bordure de sucre filé jaune. La grande couronne est de biscuit vert. La crinière est de sucre filé argenté, ce qui fait le plus bel effet que le sucre filé puisse jamais produire. Les trois socles sont en nougat; le petit est garni de petits pains à la Mecque; le second est ceint de génoises en croissants perlés. La garniture du troisième se compose de gâteaux à la turque.

CASQUE GREC.

Ce genre de casque est encore très élégant tant par sa forme que par sa crinière. On le masque comme ci-dessus pour le rendre brillant; on fait sa crinière de sucre filé, blanc, jaune ou rose. On le ceint d'une couronne de chêne que l'on découpe, soit en biscuits, pistaches, ou en pâte d'amandes vertes. La grande couronne qui s'élève au-dessus de celle-ci est composée de sucre filé argenté et or. Les trois socles sont en feuilletage blanc; le petit est entouré de meringues moyennes, sur lesquelles vous placez une belle cerise parfaitement égouttée; le tour du second socle est garni de gâteaux d'amandes glacés à royale. La troisième garniture est de choux garnis de crème au chocolat.

Les six grosses pièces décrites ci-dessus, ainsi que

les neuf suivantes, sont assurément ce que l'on peut

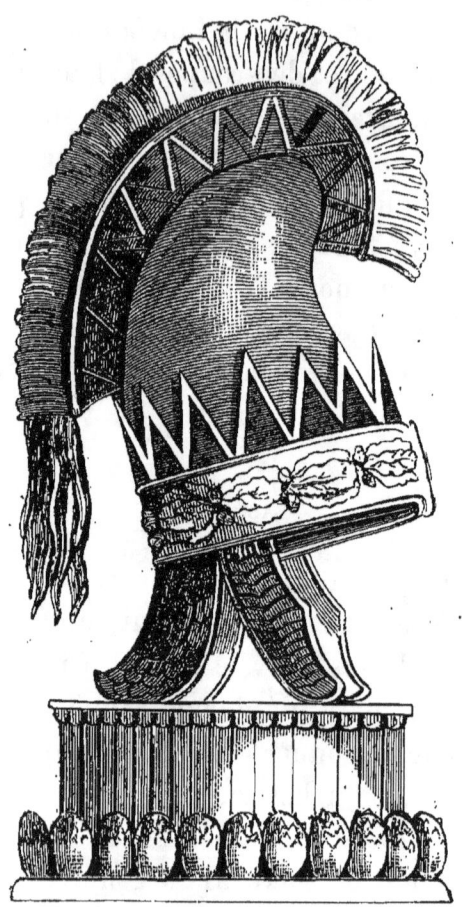

Fig. 6. — Casque grec.

donner de plus élégant et de plus distingué dans ce genre de décors.

CHAPITRE IV.

TROPHÉE DE GUERRE.

Ce trophée se compose d'un palmier de feuilletage blanc. Il y a deux sabres en pâte d'office; les poignées sont de sucre filé jaune; les deux boucliers, de même en pâte d'office, l'un entouré de petits boutons, l'autre de petits anneaux ou croissants. Le milieu est masqué de sucre rose ou jaune. Une sabredache est de la même couleur; l'effilé est en sucre filé jaune, ainsi que trois fleurs de lis qui en font l'ornement; les trois socles sont de nougats aux amandes hachées; la garniture du petit socle est de gâteaux royaux carrés; le second socle est entouré de madeleines glacées au cassé; le troisième, de tartelettes en mosaïque. Le grand socle est ceint de guirlandes en sucre filé blanc. Le corps du palmier est aux amandes pistaches, de même que la pointe des fleurons qui font la tête de ce joli arbre. J'ai mêlé quelquefois dans ces fleurons des gerbes de sucre filé, et j'ai fait même la tête du palmier de sucre filé argenté seulement, ce qui le rendait du plus brillant effet. La couronne est de biscuit vert.

SCHAKO FRANÇAIS.

Ce schako est porté sur une caisse de tambour dont les cordes sont en sucre filé, ainsi que les baguettes; le reste est glacé comme les casques précédents. Ce schako est de pâte d'office masquée de sucre rose pâle. Les ornements sont de pâte d'amandes ou de biscuit aux pistaches; les glands et la plaque sont en sucre filé au caramel, pour produire l'effet de l'or. Le panache est de sucre filé argenté; les trois socles sont en canapés aux amandes roses. La première bordure qui ceint le socle est composée de petites bouchées perlées. La seconde garniture est de gâteaux renversés et meringués ou glacés au four; la troisième, de choux glacés au cassé, et masqués de gros-sucre et de pistaches.

TROPHÉE DE MARINE.

Ce trophée se compose d'un baril, d'une poupe de navire, d'un trident, d'un mât, d'un pavillon de sucre filé, d'une branche de laurier, d'une couronne, d'une hache et d'une ancre. Les liens du tonneau sont de sucre filé; le reste du trophée est de pâte d'office masquée de sucre de couleur. Les trois socles sont de gaufres à l'allemande; le grand socle est ceint d'une couronne en sucre filé; les trois garnitures se composent de petits nougats garnis de crème, de croissants en diadème et de petits pains à la paysanne. Il est facile de voir que la poupe du navire ne peut être figurée que de profil, de même que le tonneau qui, au lieu d'être rond, doit être ovale, attendu que l'on est obligé de grouper ce trophée sur une abaisse de 27 à 29 centimètres de largeur; autrement cette pièce n'aurait pas de grâce, et nous devons nous attacher spécialement à grouper de manière à donner à ces sortes d'objets toute l'élégance dont ils sont susceptibles. Après tout, c'est de la pâtisserie que nous travaillons, et non pas du stuc.

CHAPITRE V.

TROPHÉE MILITAIRE.

Une colonne occupe le milieu du trophée (fig. 7); une mappemonde en sucre filé en fait le couronnement; les branches de laurier qui s'élèvent entre les boucliers sont en biscuit vert pistache ou en pâte d'amandes. Les sabres, les haches, ainsi que les autres détails du trophée, sont exécutés en pâte d'office, et masqués ensuite de sucre rose et blanc. La ceinture drapée sur les boucliers doit être de sucre filé argenté; elle doit être drapée de la même manière sur les deux boucliers.

Les trois socles des gradins sont de canapés glacés au four. Les trois garnitures se composent d'abaisses en pâte d'amandes, de choux au gros sucre et de génoises en croissant perlées.

CASQUE ANTIQUE.

Le fragment de colonne sur lequel pose le casque (fig. 8) doit être à cannelures, masqué de sucre rose; les guirlandes qui le décorent sont de sucre filé blanc, ainsi que le panache du casque; celui-ci est de pâte d'office, masquée de gelée de pommes ou de coings.

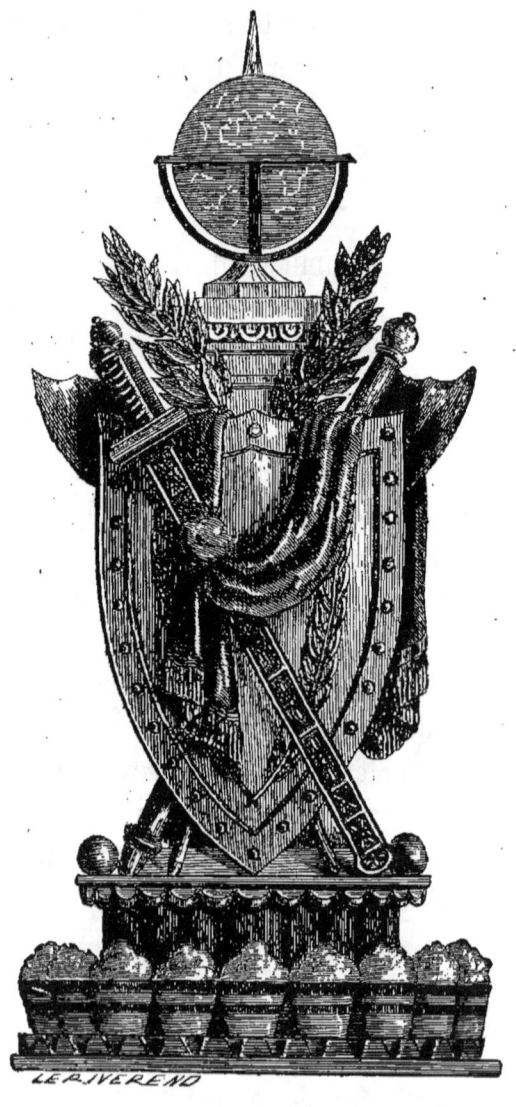

Fig. 7. — Trophée militaire.

La couronne et les branches de laurier sont exécutées en biscuit vert pistache, ou en pâte d'amandes vert tendre ; les graines, en sucre filé or. Les trois

Fig. 8. — Casque antique.

gradins sont de pâte d'office, masqués ensuite de sucre blanc rayé de sucre pistache. Les trois garnitures se composent de gâteaux renversés glacés au four, de gâteaux d'amandes masqués de glace dite royale au chocolat. La garniture du petit gradin est de choux glacés au caramel.

TROPHÉE MODERNE.

C'est d'abord une cuirasse dont le milieu est garni d'un faisceau couronné d'une enseigne sur laquelle ont peut inscrire les mots : *Valeur*, *Discipline*. Une couronne qui s'élève au-dessus doit être exécutée en pâte d'amandes, ou en biscuit vert pistache ; la cuirasse, en pâte d'office masquée de sucre blanc ; l'écusson qui la décore est de sucre filé couleur or. Les trompettes sont en pâte d'amandes jaune ; leurs draperies, en sucre filé argenté. Le ceinturon de giberne est de pâte d'amandes rose, encadrée de lisérés jaunes. La giberne doit imiter le maroquin rouge (masquée de sucre rouge).

Les trois socles sont de gaufres à l'allemande au gros sucre et pistaches hachées. Les trois garnitures se composent de choux à la Mecque, de génoises glacées rose, et de méringues blanches à l'italienne.

CHAPITRE VI.

TROPHÉE DES BEAUX-ARTS.

Cette grosse pièce est composée de trois lyres, que vous collez, formant l'équerre ; elles sont couronnées d'une mappemonde en sucre filé argenté ;

trois couronnes de laurier, de myrte et de lierre

Fig. 9. — Trophée des beaux-arts.

sont rapportées sur les branches des lyres; elles sont imitées en biscuit, ou en pâte d'amandes vert pistache. Les lyres sont en pâte d'office masquée de sucre rose; les cordes, en sucre filé argenté.

Le socle au pied de la pièce est décoré de guirlandes de sucre filé rose; les trois socles sont de feuilletage, deux glacés à blanc, et un masqué de sucre rose. Les trois garnitures se composent de choux glacés au cassé, de mosaïques d'abricots et de madeleines glacées au chocolat.

LA COUPE ÉLÉGANTE.

L'ananas qui couronne la coupe (fig. 10) doit être en pâte d'amandes jaune; la couronne, ainsi que les feuilles de la coupe, sont de pâte d'amandes vert pistache. Le pied de la coupe doit être à trois pans, exécuté en pâte d'office, de même que la coupe; le tout masqué de sucre rose. Les angles sont garnis de petits boutons en feuilletage blanc, ainsi que la figure les représente; les feuilles de laurier sont en biscuit vert pistache. Les guirlandes et les panaches qui sont au-dessus doivent être en sucre filé argenté; trois griffes de lion élèvent le pied de la pièce. Les trois gradins doivent être de pains à la duchesse glacés au cassé. Les trois garnitures se composent d'abaisses en pâte d'amandes colorée au four, et garnies de crème à la Chantilly au chocolat, de génoises en croissants et perlées, de choux glacés au caramel et masqués de gros sucre et de pistaches hachées.

DES GROSSES PIÈCES ET DES ENTREMETS MONTÉS. 25

Fig. 10. — La coupe élégante.

MAPPEMONDE ÉGYPTIENNE.

La mappemonde doit être en sucre filé argenté.

26 QUATRIÈME PARTIE.

Les cercles et le pied sont de pâte d'office, masquée

Fig. 11. — Mappemonde égyptienne.

de sucre lilas. Les quatre colonnes et l'entablement

sont de pâte d'office, masquée de sucre blanc. Les ornements des chapiteaux, de l'entablement et de la corniche doivent être exécutés en pâte d'amandes lilas. La cascade qui occupe le milieu de la pièce est de sucre filé blanc. Les trois gradins sont de génoises glacées blanc et rayées de glaces lilas. Les trois guirlandes se composent de gâteaux d'amandes glacés au chocolat, de gâteaux renversés glacés au café et de petits nougats à la Chantilly.

CHAPITRE VII.

GRANDE CASSOLETTE A SULTANE.

Le pied et la coupe de la cassolette (fig. 12) sont de pâte d'office masquée de sucre rose, pistache ou lilas, ornée de petits boutons de feuilletage blanc. La sultane qui la couvre est blanche, ornée de sucre filé jaune. Les trois socles sont en canapés aux amandes de couleur. La bordure du pied de la cassolette est en petits choux glacés au cassé; la seconde est de petites manons glacées et coupées rondes. La garniture du second socle est de meringues au gros sucre; elles sont garnies de crème au chocolat. La garniture du grand socle est de gâteaux d'amandes historiés à la glace rose sur un fond blanc. Cette grosse pièce est d'un bel effet. On peut mettre sous la sultane de petites meringues moelleuses.

28 QUATRIÈME PARTIE.

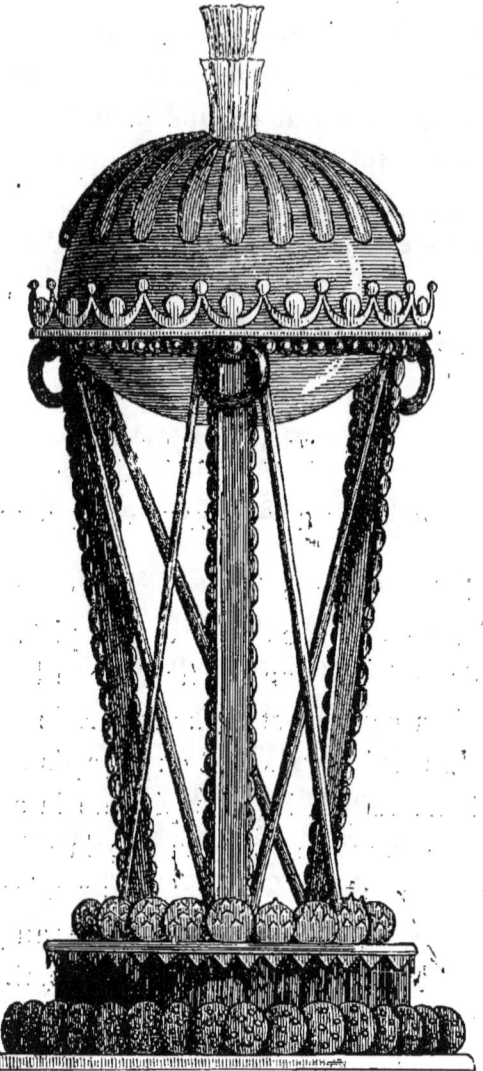

Fig. 12. — Grande cassolette à sultane.

PYRAMIDE D'ABAISSES EN PATE D'AMANDES.

La palme qui couronne cette pièce (fig. 13) est de

feuilletage blanc, orné de sucre filé or. On la fait également tout en filé. L'épaisseur des abaisses de pâte

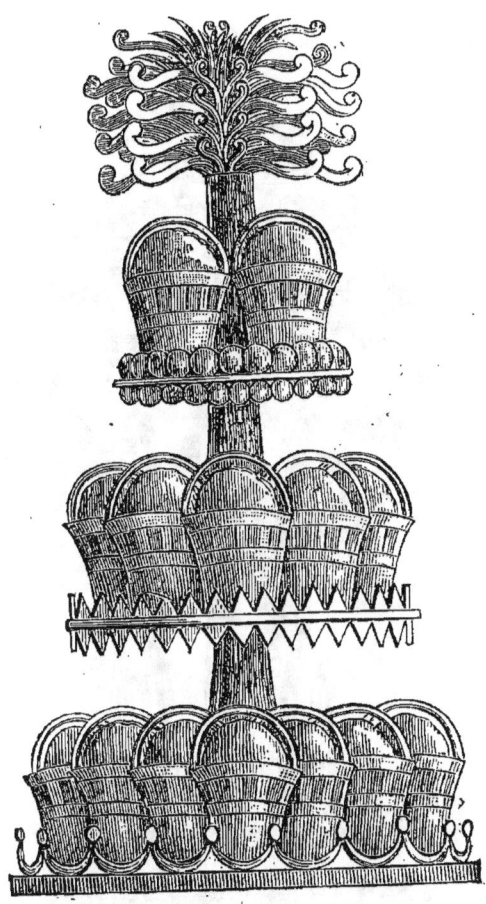

Fig. 13. — Pyramide d'abaisses en pâte d'amandes.

d'office est glacée au caramel et garnie de bordures de petite pâtisserie blanche. Les abaisses de pâte d'amandes sont colorées blondes au four doux ; elles sont ornées de filets de sucre filé. Au moment du service, on les garnit de crème fouettée ou plombière, ou de fromage bavarois, ou même de gelée fouettée.

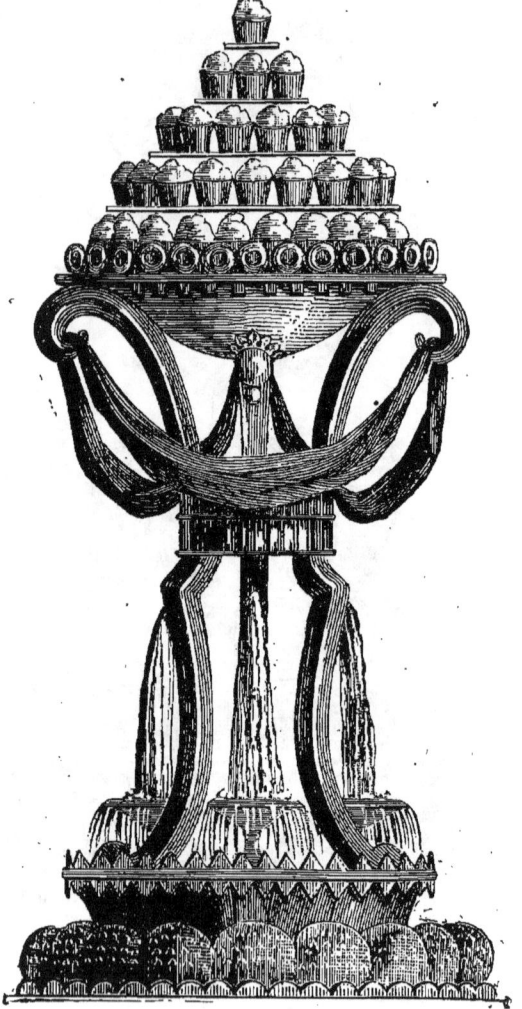

Fig. 14. — Cassolette à cascade.

On fait cette pyramide ronde, carrée ou à trois

pans. Le socle est en gaufre à l'allemande ; la garniture, de génoises perlées.

CASSOLETTE A CASCADE.

Cette cassolette (fig. 14) est de pâte d'office masquée de sucre rose ; elle est garnie de petites abaisses blanches de pâte d'amandes, dans lesquelles vous mettez de la crème fouettée à la rose. Les guirlandes sont de sucre filé, ainsi que les trois jets d'eau placés dans les petites coupes qui se trouvent entre chaque pied de la cassolette. Cette disposition donne beaucoup d'élégance à cette pièce. Les trois socles sont de pâte d'office aux amandes de couleur. Les trois garnitures se composent de choux glacés au caramel, de biscuits au citron, et de petits nougats garnis de crème à la Chantilly.

CHAPITRE VIII.

VASE EN NOUGAT.

Ce vase est de nougat blond, les amandes coupées en travers. Sa garniture se compose de pommes de pin moulées en nougat rose, les amandes hachées. Les fleurons sont de feuilletage blanc. Les trois socles sont en pâte d'office rose, rayés de sucre blanc. La garniture qui entoure le petit socle est de petits choux glacés dits à la royale ; la glace est rose ou blanche. La garniture du second socle se compose de pains à la duchesse glacés au cassé, et masqués ensuite de pistaches hachées ou de gros sucre rose et

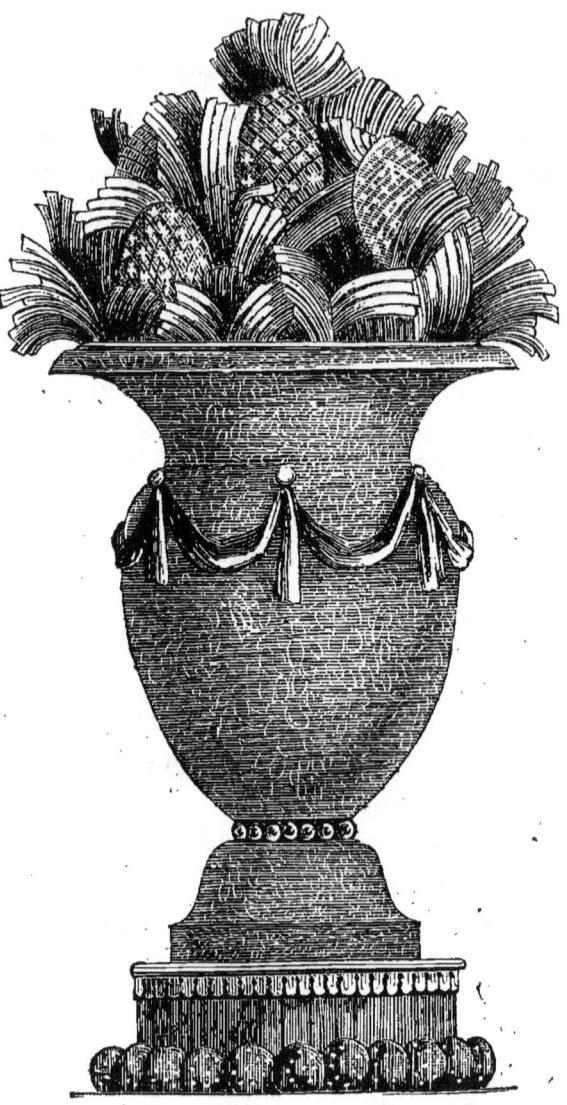

Fig. 15. — Vase en nougat.

blanc. La troisième garniture est de mirlitons.

GRANDE CORBEILLE GARNIE DE FRUITS.

Cette corbeille est de pâte d'office ou de mosaïque de pastillage lilas. Elle est garnie de pêches en pâte d'amandes, garnies de gelée de pommes ou de coings; elles sont ornées de feuilles en pâte d'amandes vertes. Les trois socles sont en pâte d'office masquée d'amandes aux pistaches. La bordure du pied de la corbeille est de petites couronnes en feuilletage glacées au cassé; elles sont garnies de belles cerises ou grains de verjus confit. La garniture qui ceint le petit socle est de génoises perlées; celle du second, de moyens choux glacés au caramel, et garnis de crème fouettée. La garniture qui ceint le pied de la pièce est de madeleines.

On garnira également les socles de cette grosse pièce d'abaisses en pâte d'amandes colorées au four, et garnies de crème rose.

COUPE GARNIE D'ORANGES.

Cette coupe est de pâte d'office masquée de sucre blanc; elle est garnie de belles oranges moulées en pâte d'amandes couleur orange. Les feuilles qui sont entre elles sont d'un vert tendre et en pâte d'amandes. La gerbe qui ceint le pied de la coupe est de feuilletage blanc. Les roseaux sont de pâte d'amandes au chocolat. On fait également ces roseaux en sucre filé couleur d'or, et le reste de la gerbe en sucre filé argenté. Les trois socles sont de gaufres, de pâte d'office aux pistaches. La garniture du petit socle

Fig. 16. — Coupe garnie d'oranges.

est de meringues à l'italienne ; celle du second, de gâteaux renversés glacés au cassé.

La grande garniture est de petits barils moulés en pâte d'amandes blanche, et garnis de crème au chocolat.

CHAPITRE IX.

OBSERVATIONS.

Sans cesse occupé des moyens à employer pour accélérer nos travaux, et plus particulièrement pour faciliter le travail du cuisinier qui veut faire lui-même ses grosses pièces montées, par suite de la nécessité où nous nous trouvons d'abréger autant que possible les détails des grosses pièces, et plus encore par l'extrême économie que l'on demande aujourd'hui dans les maisons, j'ai fait exécuter en fer-blanc des socles à trois gradins. Chaque fois que ces socles doivent servir, on doit les masquer de sucre blanc et rose ou vert et blanc ; mais les fonds qui remplacent les abaisses de pâte d'office sont toujours masqués de sucre blanc, pour déposer dessus la pâtisserie composant les trois garnitures, de même que les bords de ces fonds doivent être masqués de sucre rose et vert.

Certains confrères désapprouveront les socles que j'emploie ; mais je m'adresse aux cuisiniers-pâtissiers qui doivent eux-mêmes exécuter leurs pièces montées ; ils sentiront l'importance d'éviter les détails des abaisses en pâte d'office nécessaire pour la confection de deux socles à trois gradins, et verront là une économie considérable de sucre et de bras.

Fig. 17. — Ermitage chinois.

ERMITAGE CHINOIS.

Cette grosse pièce (fig. 17) doit être exécutée en pâte d'amandes blanche, et les ornements des toitures en pâte colorée vert pistache. Les petites clochettes, le store, ainsi que le reste des ornements, doivent être d'un jaune bordé de vert pâle. Le gradin du milieu du socle doit être masqué de sucre rose, et les deux autres gradins de sucre blanc. Les trois garnitures se composent de gâteaux renversés glacés au four, et ensuite de lames de gelée de pommes de Rouen ; la seconde garniture, de petites timbales de riz à la vanille, et de diadèmes en génoises perlées. Les bordures des gradins se composent de petites pâtisseries blanches et collées avec soin.

TOUR GOTHIQUE.

Cette pièce carrée a quatre archivoltes à deux colonnes posées en saillie, ce qui lui donne de l'élégance et de la légèreté. Elle doit être exécutée en pâte d'amandes blanche, et tous les détails en pâte couleur chocolat ; la tête du palmier, vert pistache, tandis que le corps de l'arbre doit être d'un vert très tendre en couleur.

Les trois gradins sont masqués de sucre blanc, rayés de sucre vert, ainsi que la figure 18 les représente. Les trois garnitures se composent de gâteaux à la dauphine, au gros sucre, de gâteaux d'amandes glacés au chocolat, et de madeleines en surprise garnies de marmelade d'abricots.

Fig. 18. — Tour gothique.

PAVILLON INDIEN.

Cette grosse pièce est octogone; elle doit être blanche, et ses toitures couleur orange; les autres détails doivent être rouge amarante, ou bien jaunes ou roses. Le socle a trois gradins à huit pans coupés et cannelés à jour; celui du milieu doit être masqué de sucre de la même couleur que les détails du pavillon.

DES GROSSES PIÈCES ET DES ENTREMETS MONTÉS.

Fig. 19. — Pavillon indien.

Les trois garnitures se composent d'abaisses en pâte d'amandes garnies de crème aux pistaches, de choux glacés roses, masqués ensuite de gros sucre, et de gâteaux d'amandes glacés à la glace dite royale blanche et masqués de pistaches.

CHAPITRE X.

ERMITAGE PARISIEN.

Cette pièce (fig. 20) est carrée ; elle est de pâte d'office masquée de sucre blanc. Le toit est de sucre filé ; les quatre frontons qui font la croix, ainsi que les huit colonnes, sont en nougat rouge. Les frontons sont couverts de sucre filé ; le rocher est de petits croque-en-bouche à la reine, glacés au caramel. La garniture qui l'entoure est d'abaisses en pâte d'amandes rose, moulée dans de petits moules à madeleines cannelées. Ces abaisses sont garnies de crème fouettée. Le socle est de pains à la duchesse ; sa garniture, du gâteaux d'amandes masqués d'amandes en filets.

On peut orner le rocher de petits groupes de mousse, ce qui produit de l'effet, et rend cette pièce plus pittoresque et plus attrayante.

ROTONDE RUSTIQUE.

Cette rotonde (fig. 21) se compose de huit corps d'arbres en nougat blond, les amandes hachées ; les toits

DES GROSSES PIÈCES ET DES ENTREMETS MONTÉS. 41

Fig. 20. — Ermitage parisien.

sont en chaume imité en sucre filé or, ce qui produit beaucoup d'éclat. La rotonde est posée sur un petit socle en canapés aux pistaches, qui se trouve presque

Fig. 21. — Rotonde rustique.

caché dans le rocher qui forme quatre arcades composées de petits pains à la duchesse, glacés en partie au caramel et au gros sucre mêlé de grains de raisin de Corinthe. La garniture qui ceint le pied se compose de gaufres à la parisienne. Le socle est de

DES GROSSES PIÈCES ET DES ENTREMETS MONTÉS. 43

canapés glacés au four ; sa garniture est de choux glacés au caramel et masqués de gros sucre.

On peut orner le rocher de mousse ou de petits fleurons de feuilletage blanc.

Fig. 22. — Berceau à treillage orné de vignes.

BERCEAU A TREILLAGE ORNÉ DE VIGNES.

Ce berceau est rond et à six arcades ; le treillage

est de pâte d'office vert tendre, sur lequel vous placez des pieds de vigne. Les bois sont couleur chocolat ; les grappes sont de raisin noir et blanc ; les feuilles, vert foncé et vert pistache, le tout à la main ou levé à la planche ; mais alors vous ajoutez un peu de gomme adragante dans la pâte d'office, afin de lui donner plus de liant. Cette pièce est portée sur un petit socle de pains à la duchesse ; sa garniture est de croissants de feuilletage blanc, dont les pointes sont glacées au cassé, et masquées ensuite de gros sucre mêlé avec des pistaches hachées. Le rocher forme quatre arcades, qui se composent de gimblettes de pâte à choux pralinés (que vous saupoudrez de sucre fin passé au tamis de soie). Vous enfilez simplement ces gimblettes sans les coller dans les montants, ce qui produit en un rien de temps une jolie rocaille. Vous l'entourez de meringues glacées et garnies de crème à la vanille. Le socle est de gaufres à l'allemande ; la garniture, de génoises en couronnes et perlées. Le berceau est couronné d'une petite cascade en sucre filé argenté.

CHAPITRE XI.

GROTTE ORNÉE DE MOUSSE.

L'effet de cette grosse pièce est des plus pittoresques. Sa forme est ronde et à quatre arcades. Elle se compose de croque-en-bouche à la reine, qui doivent être glacés ainsi : une partie au sucre

Fig. 23. — Grotte ornée de mousse.

rose, une au sucre au caramel, l'autre au sucre au cassé, et le reste au sucre au cassé dans lequel vous joignez du safran ; mais, en sortant ces croque-en-bouche du poêlon, vous les formez en groupes de cinq à huit, de dix à douze, sur lesquels vous semez du gros sucre et des pistaches hachées. En groupant le rocher, vous collez dedans un petit pont en pâte d'office masqué de sucre au chocolat, le tout orné de mousse de diverses couleurs. Le palmier est de pâte d'office, masqué de sucre aux pistaches (vert tendre).

La garniture qui ceint le pied est de petites génoises glacées à blanc. Le socle est de gaufres non ployées ; sa garniture, de gâteaux renversés glacés au four.

ROTONDE PARISIENNE.

Cette pièce (fig. 24) est ronde et à huit colonnes, lesquelles sont masquées, ainsi que le dôme, de sucre rose ; l'entablement et la coupe qui se trouvent au milieu de la rotonde sont masqués de sucre blanc ; le socle est en canapés glacés au four. Le rocher se compose de petits croissants de feuilletage blanc. La pointe de chacun d'eux est glacée au cassé et masquée ensuite d'anis roses de Verdun : la garniture est de choux glacés au cassé, et l'intérieur rempli de crème fouettée. Le socle est de pâte d'office, masqué de sucre rose et blanc. La garniture est de gâteaux d'amandes glacés au chocolat.

Fig. 24. — Rotonde parisienne.

CASCADE DES PALMIERS.

Cette cascade est carrée et a douze colonnes de pâte d'office masquées de sucre vert pâle. Les petits fleurons qui les couronnent sont de feuilletage blanc. Les pointes sont masquées d'amandes-pistaches ; l'entablement et le dôme masqués de sucre blanc ; le socle est de petites gaufres à l'allemande. Le rocher se compose de petits pains à la duchesse,

48   QUATRIÈME PARTIE.

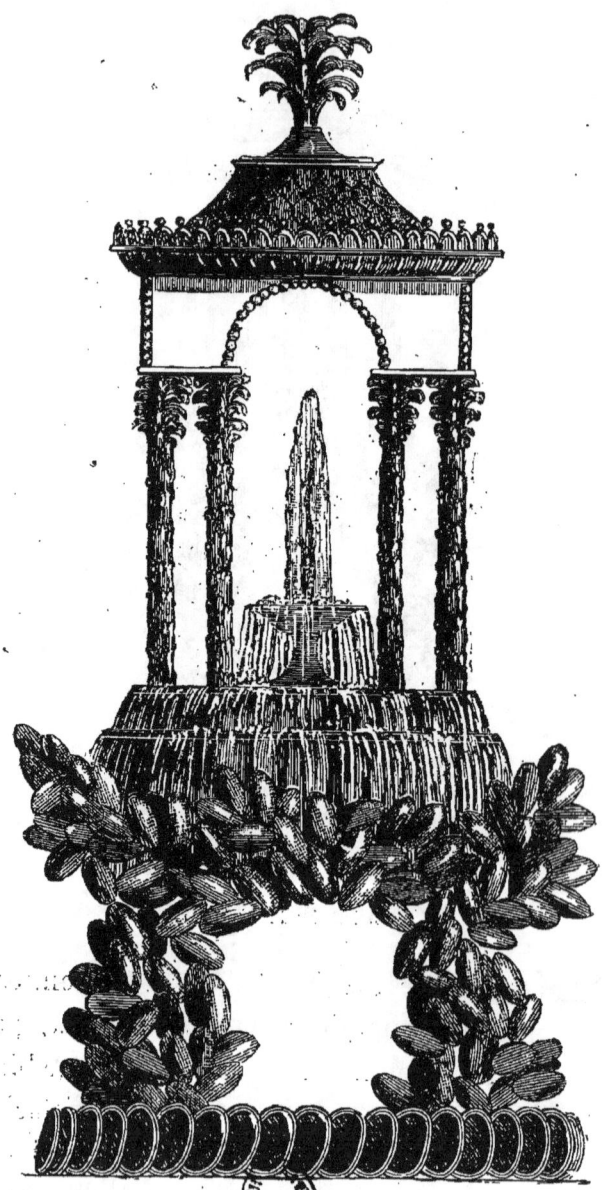

Fig. 25. — Cascade des palmiers.

glacés au sucre rose au cassé ; la garniture qui ceint le rocher est de mirlitons aux avelines. Le socle est en canapés masqués à blanc. La garniture se compose de meringues au gros sucre.

CHAPITRE XII.

CASCADE DEMI-CIRCULAIRE.

Cette cascade forme absolument le demi-cercle ; elle se compose de six colonnes dont le haut est orné de petits fleurons de feuilletage blanc ; l'entablement et les colonnes sont de pâte d'office masquée de sucre rose ou lilas. L'épaisseur des abaisses qui font la corniche est glacée de sucre au caramel. Le demi-dôme est de sucre filé jaune ; la coupe de la cascade est de pâte d'office masquée de sucre de la même couleur que les colonnes. Cette coupe est entourée de nappes de sucre filé argenté qui forment cascade, au milieu de laquelle vous placez le jet d'eau formé du même sucre. Cette colonnade demi-circulaire est d'un grand effet, attendu que la moitié de la cascade se trouve tout à fait à découvert, ce qui lui donne une physionomie toute différente ; et si on la regarde du côté des colonnes, cela produit un autre effet aussi très distingué.

Le petit socle qui ceint le pied de cette pièce est de nougat ; le socle suivant, de pâte d'office masquée de sucre de couleur pareil à la colonnade ; sa garniture est de petits choux au gros sucre ; le grand socle, de nougat (les amandes hachées). Sa garniture se compose de gâteaux d'amandes glacées à blanc. Le troisième gradin est de pâte d'office masquée de sucre blanc ; sa garniture se compose de génoises en diadème ; les dessous des abaisses des gradins sont garnis de petites pâtisseries blanches. L'ensemble de cette cascade est très brillant.

On peut faire également l'entablement avec des archivoltes demi-circulaires, ou dans le genre de celui de la rotonde parisienne décrite ci-devant page 46.

MAISONNETTE RUSTIQUE.

Cette pièce est carrée et forme deux étages : elle est de nougats (les amandes hachées), ainsi que les charpentes et la rampe. Le toit est de sucre filé jaune ; les quatre petites lucarnes sont de feuilletage blanc ou en nougats. Le rocher est de petits pains à la duchesse, dont l'un des bouts est glacé au cassé, et masqué ensuite de gros sucre mêlé avec de petits grains de beau Corinthe lavés et séchés au four avant de les employer. Les socles sont de gaufres à l'allemande. Les trois garnitures se composent de gâteaux renversés, de meringues à la vanille, et de petits nougats (les amandes hachées).

On peut également faire cette pièce en pâte d'office rose ou de gaufres à l'allemande ; mais les charpentes toujours en nougat.

DES GROSSES PIÈCES ET DES ENTREMETS MONTÉS.

Fig. 26. — Maisonnette rustique.

GRANDE CASCADE A SEIZE COLONNES.

Cette pièce est carrée ; à chaque coin est un petit socle carré sur lequel sont placées quatre colonnes couronnées par quatre frontons formant arcade ; cet entablement est de pâte d'office masquée de sucre blanc, rose ou pistache ; le dôme en mosaïque de pastillage ou pâte d'office (formant écaille de poisson) de la même couleur que l'entablement : on peut le filer en sucre jaune ou rose. Les colonnes sont de nougat blond (les amandes hachées) ; la coupe de la cascade, les quatre petits socles, ainsi que les socles suivants, sont de pâte d'office, masquée de sucre de couleur, pareille à l'entablement ; la cascade est formée de beau sucre filé. Les quatre abaisses des trois gradins sont garnies de petites pâtisseries blanches. Les quatre garnitures se composent de petites tartelettes d'abricots, de gâteaux d'amandes, de choux glacés au cassé, et d'abaisses en pâte d'amandes, garnies de crème à l'orange.

Les quatre faces de cette cascade sont d'un très bel effet.

CHAPITRE XIII.

FONTAINE TURQUE.

Cette fontaine est carrée et de pâte d'office, masquée de rayures de sucre de couleur pistache et jaune, ou blanc et jaune, ou rose et blanc ; le treillage est de pâte d'office verte. Si la rayure est verte

DES GROSSES PIÈCES ET DES ENTREMETS MONTÉS. 53

et le cadre blanc, le toit est masqué de sucre filé

Fig. 27. — Fontaine turque.

jaune, sur lequel vous placez de petites bandes de

pâte de la même couleur que le treillage. Les deux socles carrés de la fontaine sont de pâte d'office masquée de sucre blanc, sur lesquels retombent des nappes de sucre filé argenté formant cascade. Le troisième et le quatrième socle sont ronds, et se composent de pains à la duchesse glacés à la marmelade d'abricots. La garniture qui ceint le premier socle est de madeleines au rhum. Les deux autres se composent de gaufres à l'allemande, et de gâteaux renversés glacés au cassé, et masqués de pistaches au gros sucre.

FONTAINE ANTIQUE DANS UNE ILE.

Cette ruine (fig. 28) est d'un effet charmant : le fragment de colonne forme l'équerre à trois colonnes, le tout masqué de sucre jaune très pâle, orné de mousse. La cascade est masquée de sucre rose, ornée de sucre blanc ; le second socle, *idem*, et masqué ensuite de sucre filé argenté, ainsi que le dessus de l'abaisse sur laquelle est groupée la ruine, ce qui forme une espèce d'île. Le grand socle est de gaufres à l'italienne aux pistaches : sa garniture se compose de génoises en diadème. La seconde garniture est de meringues à la rose, ou de pains à la duchesse glacés à la royale (ancien style) ou au cassé.

FONTAINE GRECQUE.

Cette fontaine (fig. 29) a plus d'élégance et de légèreté que la précédente ; cela vient de l'effet du rocher sur lequel elle est groupée.

DES GROSSES PIÈCES ET DES ENTREMETS MONTÉS. 55

Cette fontaine grecque est carrée et en pâte d'of-

Fig. 28. — Fontaine antique dans une île.

fice, masquée de sucre rose. Les quatre niches d'où

jaillit l'eau sont masquées de sucre blanc ; le toit

Fig. 20. — Fontaine grecque.

est masqué de sucre blanc rayé de sucre vert ; le

grand dôme est rond, et aux quatre coins sont placées de petites tours carrées, masquées de sucre rose, ainsi que le grand dôme, dont les ornements sont de sucre filé : la boule et le grand croissant sont glacés au sucre au cassé ; les nappes d'eau sont de sucre filé argenté ; le bassin est rond et masqué de sucre blanc.

Le rocher se compose de moyens pains à la duchesse, garnis de gelée de groseilles ou autres, et glacés au caramel, sur lequel vous semez par places du gros sucre ou des pistaches, ou des raisins de Corinthe mêlés avec du gros sucre. La garniture se compose de petits nougats, et de gâteaux d'amandes glacés rose ou pistache.

CHAPITRE XIV.

GRAND CABINET CHINOIS.

Cette grosse pièce forme la croix grecque : le milieu, comme la figure 30 l'indique, est à jour ; les entre-colonnements sont garnis de treillage rouge amarante ; les douze colonnes sont masquées de sucre jaune ou bleu de ciel ; le petit pavillon est de la même couleur. Les petites clochettes, ainsi que les ornements des toits, sont en pâte d'amandes jaune. Les cinq toits sont masqués de sucre filé argenté ou rose ; le pont est bordé de sucre blanc, et le milieu masqué d'amandes-pistaches. La garniture est de gâteaux renversés glacés au caramel. Le socle est en pâte d'office masquée d'amandes vertes, sa garniture est de pains à la duchesse glacés au cassé et masqués de gros sucre.

On peut supprimer les treillages et les remplacer

Fig. 30. — Grand cabinet chinois.

par des draperies élégantes de pastillage vert, telles que les représente la draperie du milieu. La seconde garniture se compose de choux à la Mecque au gros sucre.

DES GROSSES PIÈCES ET DES ENTREMETS MONTÉS.   59

PAVILLON VÉNITIEN SUR UN PONT.

Ce pavillon est rond et à huit colonnes ; le petit pavillon qui le surmonte est aussi à huit colonnes :

Fig. 31. — Pavillon vénitien sur un pont.

toutes ces colonnes sont masquées de sucre blanc, lilas ou rose ; les entablements le sont de sucre blanc bordé d'amandes-pistaches ou roses ; les draperies sont blanches avec franges lilas, ou roses si les colonnes sont roses ; les toits sont masqués de sucre filé doré ou argenté, sur lesquels vous placez de petites bandes de pâte d'office rose ou lilas; les rampes sont de nougat blond (les amandes hachées) ainsi que l'encadrement de l'arche du pont qui s'ouvre sous le pavillon. Le reste est masqué de sucre blanc : la garniture est de madeleines glacées ou non glacées. Le gradin est de pâte d'office masquée de sucre blanc; sa garniture, de mosaïque glacées au caramel.

BELVÉDÈRE ÉGYPTIEN.

Cette pièce est carrée et à douze colonnes masquées de sucre rose mêlé de sucre blanc, ce qui produit l'effet d'un granit tendre de couleur (on le fait également de toutes sortes de couleurs); le petit belvédère est masqué de même, ainsi que les corniches; les entablements sont masqués de sucre blanc mêlé de sucre bleu de ciel; les degrés qui forment les couronnements sont de la même couleur; les degrés qui forment le pont ouvert sous le belvédère sont masqués de sucre orange ou aurore : la garniture se compose de diadèmes au gros sucre, que vous collez droits, et les uns sur les autres, comme l'indique la figure 32. Le socle est formé sur un moule à corbeille; sa garniture est de choux glacés au chocolat et au gros sucre.

Ces trois grosses pièces sont d'un effet mâle et étoffé : elles font encore plus d'effet sur des rochers et sont plus pittoresques. On les groupe sur des socles, et on compose des cascades en ajoutant dans le milieu une coupe ornée de sucre filé formant des

Fig. 32. — Belvédère égyptien.

nappes d'eau plus ou moins élevées. Alors on doit supprimer les draperies.

CHAPITRE XV.

MOULIN TURC.

Ce moulin est d'un effet très pittoresque : cela
ń.

tient au genre turc et à ces bariolements qui sont réellement agréables à la vue. J'ai fait dans le même genre des colifichets fort jolis, par exemple des

Fig. 33. — Moulin turc.

cascades, en masquant les colonnes de rayures blanches ou roses, ou blanches et pistaches, lilas et jaunes, jaunes et vertes, en y ajoutant le croissant sur les dômes.

Revenons maintenant au moulin. Il est rond et en pâte d'office masquée de rayures de sucre rose et blanc; les ailes sont garnies de sucre filé argenté, ce qui fait un bon effet : la rampe et l'escalier sont de pâte d'office découpée suivant le genre de la figure, et masqués ensuite, ainsi que les ailes, avec du sucre rose.

La rocaille qui porte le moulin est de croque-en-bouche glacés au cassé ; la garniture qui la ceint se compose de gâteaux turcs. Ces gâteaux ne sont autre chose que de petites timbales garnies de riz, dans lequel vous mettez des raisins de Corinthe, et glacées ensuite avec de la glace blanche et rose. Les deux socles sont de canapés glacés à blanc avec du sucre en poudre : ces garnitures sont composées de petits nougats d'avelines hachées, et de pains à la duchesse glacés au four.

ERMITAGE HOLLANDAIS.

Cette pièce forme le losange presque carré : la chaumière est de feuilletage (à douze tours) blanc, dont les charpentes sont masquées de sucre au chocolat; le toit, de sucre filé argenté; le palmier, de feuilletage blanc dont les pointes sont masquées d'amandes pistachées. Le socle se compose de petits pains à la duchesse glacés de sucre en poudre : le rocher est de nougat rouge, dont les amandes sont séparées dans leur largeur : la bordure est de choux glacés à blanc. Le grand socle est de pâte d'office rayée de sucre blanc et rose; sa garniture, de gâteaux de Pithiviers glacés au four. Il est essentiel

Fig. 34. — Ermitage hollandais.

de remarquer que les grosses pièces dont il est question dans les chapitres X, XI, XII, XIII, XIV et XV ont plus de légèreté que celles qui ont été décrites auparavant : cette légèreté vient de ce qu'elles sont groupées sur des ponts, ou sur des rochers ou rocailles, lesquels forment des arcades à jour, tandis que les socles ne peuvent avoir le même avantage : il serait d'ailleurs ridicule de vouloir grouper sur un rocher des vases, des corbeilles, des coupes, des cassolettes et une infinité de grosses pièces semblables, qui ne peuvent se grouper que sur des socles plus ou moins élégants. Donc le genre de rochers et rocailles ne convient réellement qu'aux pièces à colonnes ou chaumières, moulins, grottes, berceaux et autres colifichets dans le même genre, ainsi que je les ai décrits dans cette collection de grosses pièces montées.

MOULIN CHINOIS.

Ce moulin (fig. 35) est carré et en pâte d'office masquée de sucre blanc, et les détails de sucre amarante ; la boule est en pâte d'amandes jaune : les ailes sont également en pâte d'office masquée de sucre jaune ; elles sont garnies de sucre filé argenté. Le rocher qui porte ce moulin est de biscuit orné de mousse verte.

Les deux gradins sont formés sur des moules à corbeille, à cannelures ; les deux garnitures se composent de tartelettes mosaïques et d'abaisses en pâte d'amandes garnie de crème à la vanille et masquée ensuite de pistaches hachées.

Fig. 35. — Moulin chinois.

CHAPITRE XVI.

PAVILLON TURC.

Cette pièce (fig. 36) est carrée et à douze colonnes, lesquelles sont masquées de rayures de sucre jaune et blanc. Le grand dôme est rayé de la même manière ; l'entablement et le petit pavillon sont masqués de sucre rose ou pistache ; les stores et les draperies sont de pâte d'amandes rose, et décorés de couleur verte : le petit socle, ainsi que le pont, qui s'ouvre au milieu, sont masqués de sucre blanc ; les traverses et les bordures du pont, masquées de petites bandes de nougat haché. Le reste des ornements est de feuilletage blanc. La garniture se compose d'abaisses en pâte d'amandes garnie de crème fouettée de la même couleur que le petit pavillon, ce qui fait un bon effet et encadre la pièce. On peut faire ce pavillon rond. Le grand socle est de pâte d'office masquée de gros sucre rose ; sa garniture, de gâteaux d'amandes historiés.

ROTONDE EN RUINE.

Cette jolie pièce est ronde et à huit colonnes dont deux sont en ruine ; les six autres portent cinq archivoltes avec fragments des deux suivantes, comme la figure 37 l'indique. Les colonnes sont de pâte d'amandes rose, et l'entablement de pâte blanche.

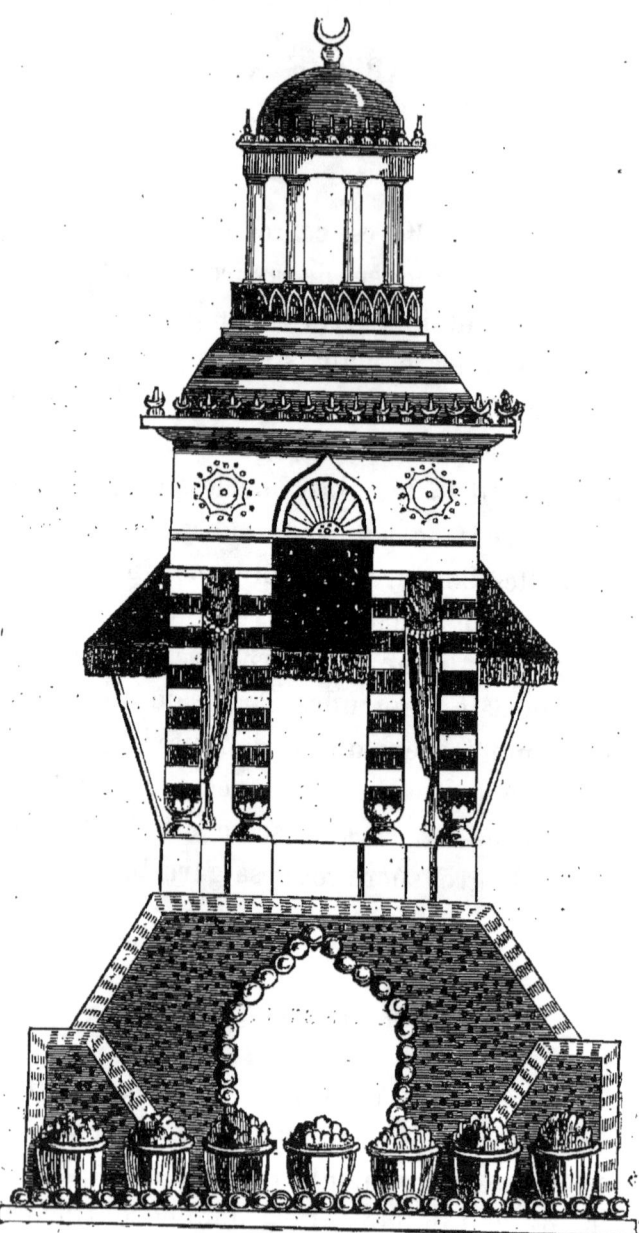

Fig. 36. — Pavillon turc.

Dans le milieu de la rotonde vous placez avec goût des fragments de colonnes et d'entablements.

Le rocher se compose de parties de feuilletage (à

Fig. 37. — Rotonde en ruine.

douze tours) coupées grosses et difformes; dès qu'elles sont groupées en y plaçant un pont en nougat, vous les masquez de sucre en poudre très fin : ce qui produit l'effet de la neige.

Vous ornez cette pièce de mousse en pâte d'amandes. Le socle est de gaufres à l'italienne ; sa garniture se compose de gâteaux à la dauphine au gros sucre.

GRANDE FONTAINE MODERNE.

Cette fontaine est carrée et à quatre arcades; elle est ornée de quatre frontons saillants formant la croix : ses huit colonnes sont masquées de sucre rose; le reste de la fontaine est masqué de sucre blanc. Le petit pavillon a seize colonnes également masquées de sucre rose, ainsi que le dôme. L'entablement est masqué de sucre blanc, ainsi que la petite coupe, que vous entourez de sucre filé argenté, puis le socle carré qui forme cascade. La garniture de ce socle est de petits choux au gros sucre; le grand socle est à quatre arcades : ce qui donne beaucoup de légèreté à cette pièce, que vous entourez d'une garniture d'abaisses de pâte d'amandes colorée au four et garnie de pâte à la Chantilly. Le grand socle est de pâte d'office masquée de gros sucre rose; sa garniture, de choux glacés au chocolat et au gros sucre.

CHAPITRE XVII.

FRONTONS EN RUINE.

On peut faire cette belle pièce à six colonnes dont trois dans sa longueur et deux dans sa largeur. Ces colonnes sont de pâte d'office d'un demi-centimètre d'épaisseur; de manière qu'après les avoir masquées de sucre blanc, vous entaillez, avec le couteau (avec soin), la colonne à l'endroit où vous voulez imiter les ruines.

Ensuite vous faites l'entablement en feuilletage blanc, ce qui formera le massif des grosses pierres en ruine. La corniche est de pâte d'office ornée de petits denticules de feuilletage : le pont, qui fait le soubassement de la pièce, est de pâte d'office épaisse, afin de pouvoir y tracer les indices des ruines ; cette partie est masquée de sucre jaune mêlé de rouge et de vert, ce qui forme un granit. Vous placez entre les colonnes des fragments de l'entablement, afin de leur donner de l'effet ; puis vous ornez cette pièce de groupes de mousse verte, ce qui lui donne de l'éclat et du ton. Le gradin est de pâte d'office masquée de sucre blanc, sa garniture se compose de gâteaux turcs.

RUINE DE PALMYRE.

Cette pièce est à seize colonnes : elle est carrée et forme trois arcades, une quatrième est en ruine. Les colonnes sont préparées comme il est dit ci-dessus, et masquées de sucre vert aux pistaches. L'entablement est de pâte d'office masquée de sucre blanc ; et pour imiter les parties en ruine, vous y collez des blocs de feuilletage blanc. La corniche est masquée de même que les colonnes : le rocher est de pâte à choux pralinée (que vous disposez plate et irrégulière). Les quatre arches sont de même pâte, mais glacées au four ou au cassé. Vous ornez la ruine et le rocher de groupes de mousse de diverses couleurs. Le socle est de pâte d'office masquée de sucre blanc ; sa garniture, de gâteaux d'amandes glacés rose.

GRANDE RUINE D'ATHÈNES.

Cette ruine est à huit colonnes : quatre dans sa longueur, et trois dans sa largeur. Cinq sont entières, et trois sont en ruine de diverses hauteurs : elles sont préparées comme les précédentes. L'entablement est de feuilletage blanc ; la corniche, de pâte d'office ornée de petits boutons de feuilletage blanc : le soubassement de cette colonnade se compose de trois arcades transversales en pâte d'office masquée de sucre rouge mêlé de sucre blanc.

Entre les colonnes vous placez des fragments de chapiteaux et d'entablements, le tout orné de mousse. Le socle est de pâte d'office masquée de sucre vert, sa garniture se compose de gâteaux renversés glacés au four.

CHAPITRE XVIII.

PETIT NAVIRE CHINOIS.

Ce navire est en pâte d'office masquée de sucre jaune. La galerie est découpée et masquée de sucre rouge, ainsi que la lanterne et les trois petits mâts. Les petits étendards sont en pastillage bleu de roi, orné de caractères chinois. La cabine est masquée rose, le toit est en sucre filé jaune. La mer est imitée en sucre filé argenté ; elle est entourée de madeleines au cédrat.

On garnit ce navire d'oranges en pâte d'amandes ou de citrons, ou bien de gâteaux d'amandes glacés au chocolat.

Le gradin est de pâte d'office masquée de sucre rouge ; les deux garnitures se composent de madeleines et de biscuits glacés au rhum.

GONDOLE VÉNITIENNE.

Cette pièce est en pâte d'office masquée de sucre bleu de ciel ; elle est élevée sur un petit socle bombé de 10 centimètres au milieu et de 5 centimètres sur les bords : c'est sur ce socle que vous placez des nappes de sucre filé argenté, pour imiter les vagues de la mer, ce qui fait bien, car cette gondole doit se trouver absolument entourée de vagues très brillantes. Le pavillon se compose de huit colonnes masquées de sucre rose ; les draperies sont de pâte d'office bleu de ciel (ou en sucre filé jaune) : le dôme est en sucre filé jaune, ainsi que la voile et le petit pavillon flottant.

Le mât est masqué de même que la gondole ; les cordages qui l'entourent sont de sucre filé blanc : la garniture se compose de moyennes meringues au gros sucre et garnies de crème.

Je servis cette gondole garnie de petits tonneaux

en pâte d'amandes garnie de confitures, puis de meringues, et une autre fois de grosses truffes cuites au vin de Champagne.

Le socle est de pâte d'office masquée de sucre rose ; sa garniture, de pains à la duchesse glacés au four.

CHAPITRE XIX.

PAIN BÉNIT GRANDIOSE.

Cette grosse pièce est d'un effet admirable ; elle fut exécutée à Neuilly pour la duchesse ***, qui en fit hommage à la paroisse du pays.

Lorsque j'eus terminé ce pain bénit, et qu'il fut au milieu de l'église, je trouvai qu'il avait quelque chose de grand et de religieux, sous le rapport de l'encens qui brûlait dans les petites cassolettes et dans la coupe, et qui parfuma en un moment la voûte du temple sacré.

Mais revenons à nos détails. Le piédestal de cette colonne est carré (fig. 38) ; et aux quatre coins sont de petits piédestaux qui sont détachés du grand, par 5 centimètres qu'ils ont de saillant, et sur lesquels sont placées quatre cassolettes roses. Dans leurs cuvettes vous collez un petit dôme de fer-blanc, dans lequel vous placez douze clous d'encens. Le dôme qui couvre les cassolettes est découpé à jour et s'ôte à volonté. Les trophées qui ornent les quatre façades de cette pièce sont en pastillage blanc ou doré. Toute cette grosse pièce est de pâte d'office masquée de sucre blanc et rose. La coupe qui cou-

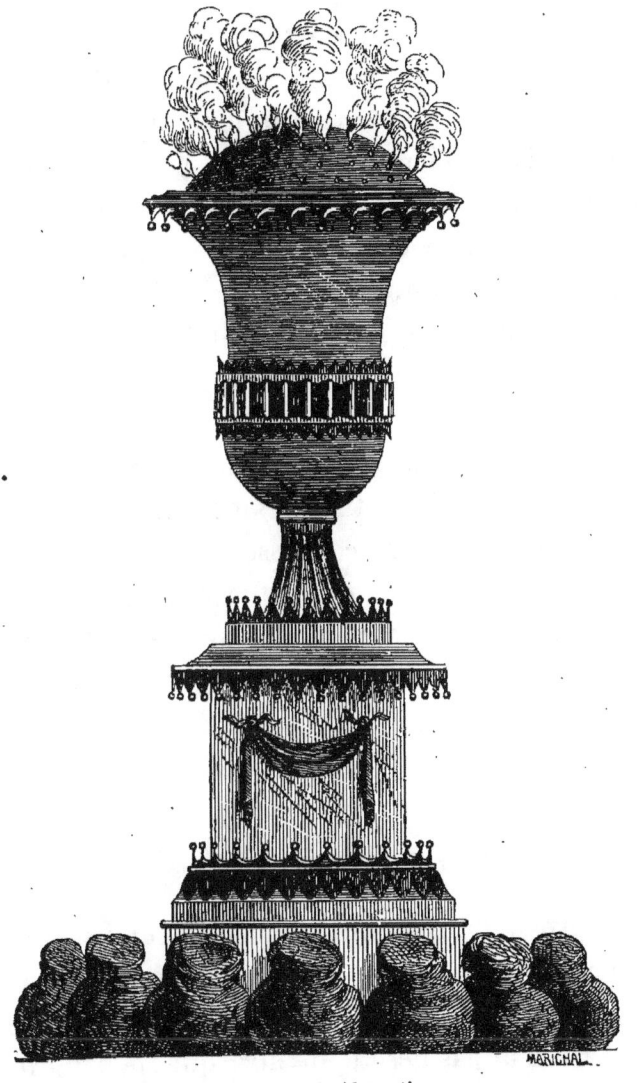

Fig. 38. — Vase brûlant l'encens.

ronne cette colonne est garnie en dedans d'un

dôme de fer-blanc, dans lequel vous placez une douzaine de clous d'encens.

Les guirlandes que vous voyez orner le piédestal sont de sucre filé argenté, ce qui produit beaucoup d'effet. La garniture se compose de vingt-quatre pains bénits en forme de coussins, pesant chacun un kilogramme. Elle est ceinte d'une couronne de rubans blancs, où sont attachées des bouffettes de faveur blanche, ce qui termine ce pain bénit d'une manière convenable. Au moment de partir de la sacristie, vous allumez l'encens et recouvrez les cassolettes et la grande coupe.

Le pain bénit dont je viens de parler avait $1^m,45$ de hauteur sur 97 centimètres de largeur.

On pourrait encore composer ces sortes de grosses pièces de grandes cassolettes ; de même encore d'une lyre, d'une mappemonde, d'une gerbe de blé, d'un palmier, d'un trophée de guerre, d'un vase élégant.

Ici finit la série des pièces montées.

OBSERVATION SUR LES GROSSES PIÈCES MONTÉES.

Ces grosses pièces ont depuis 48 centimètres de diamètre jusqu'à 65, et on leur donne de hauteur depuis 80 centimètres jusqu'à 1 mètre et même $1^m,30$. Je n'ai pas besoin de dire que, pour l'exécution de toutes ces sortes de colifichets, il faut, avant tout, en avoir les moules. Cependant, j'en ai fait un grand nombre sans leur secours : par exemple, un trophée de guerre, un gradin d'abaisse en pâte d'amandes, un ermitage parisien, une grotte, etc.

Voilà une idée des pièces que l'on peut faire sans moules.

On a sans doute remarqué que le sucre rose se trouve employé dans un très grand nombre de pièces montées contenues dans cette partie. Cela est facile à concevoir, parce que cette jolie couleur a le double avantage d'être agréable à la vue et en même temps de s'allier parfaitement avec nos petites pâtisseries de colifichets; avantage qu'on ne peut réellement obtenir avec le rouge, le vert, le bleu, le lilas, et même l'orange et le jaune, parce que ces sortes de couleurs sont trop tranchantes et trop disparates avec nos couleurs de pâtisserie. Cependant nous sommes forcés de les employer pour varier les pièces, surtout dès qu'on en doit servir quatre ou six ensemble, afin de les faire valoir l'une par l'autre. Cette différence de couleur leur donne du ton et de l'élégance; mais nous ne donnons à ces sucres colorés que des teintes extrêmement légères : car plus les couleurs sont tendres, et plus elles sont jolies et agréables à la vue. Néanmoins, si elles sont par trop pâles, elles perdent leur éclat, et finissent par devenir insipides par leur fadeur. Le juste milieu est donc bien nécessaire pour la colorisation des sucres qui produisent tant d'effet et d'éclat. Ils ont l'avantage réel d'être plus brillants que la pâte d'amandes de couleur, et même le pastillage. Ce résultat est bien important, puisque en moins d'une journée on peut aisément exécuter plusieurs de ces pièces montées. Elles seront trouvées charmantes; tandis que, pour les obtenir en pâte d'amandes ou en pastillage, il faut au moins six et huit jours, pour ne pas dire plusieurs semaines. Ce genre est tout à fait pâtissier, et ne ressemble en rien au décor de l'office.

Le sucre filé joue aussi un grand rôle dans cette partie, qu'il enrichit d'une manière si éclatante. Pour les casques, par exemple, quel brillant effet ce sucre ne produit-il pas, ainsi que d'autres colifichets, tels que mappemonde, lyre, harpe, cascades, chaumières !

Ces grosses pièces montées sont généralement faciles à exécuter, parce que leurs détails sont courts et aisés à concevoir; ce qui les fera sans doute apprécier par mes confrères. Elles sont d'autant plus intéressantes pour notre état qu'elles furent composées par l'homme qui les a exécutées mille fois, et toujours avec des modifications plus ou moins simplifiées. Ce résultat est, ce me semble, d'autant plus important, que j'ai levé les difficultés qui se présentaient dans ce genre de décor.

Cette collection de colifichets, tant pièces montées qu'entremets (comme on va le voir), est le résultat des progrès rapides qu'a faits notre grande pâtisserie moderne. Ce genre nous appartient particulièrement.

Mais il n'est pas toujours possible d'appliquer les règles de l'architecture dans un genre de décor qui n'appartient qu'à notre état. Mon premier devoir a donc été de me renfermer dans certaines limites, et j'ai été contraint de produire des choses telles que mon art l'exige : car, après tout, il fallait donner des idées, ou, si l'on veut, décrire de petits modèles qui pussent être prompts et aisés à faire en pâtisserie, et dans un court espace de temps, comme je l'ai démontré dans cette partie. Telle est la cause principale qui m'a forcé de ne produire que des objets de goût et de fantaisie, et les plus simples possibles, mais élégants et corrects.

CHAPITRE XX.

DES CROQUE-EN-BOUCHE D'ENTREMETS.

CROQUE-EN-BOUCHE DE QUARTIERS D'ORANGES.

Ayez douze belles oranges rouges et de bon fruit. Après en avoir enlevé l'écorce, séparez chacune d'elles en douze quartiers d'égale grosseur; mais ayez soin d'en séparer exactement toute la peau blanche, sans cependant endommager la pellicule qui contient le jus du fruit. Tous les quartiers étant ainsi préparés, vous les trempez séparément et entièrement dans du sucre cuit au cassé (légèrement coloré) et vous les placez à mesure dans un moule uni de 16 centimètres de diamètre sur 13 de hauteur : mais vous les placez inclinés comme l'indique la figure 39. Aussitôt que le sucre devient caramel, vous en faites cuire d'autre et continuez à monter le croque-en-bouche, que vous démoulez et servez de suite; il ne doit pas attendre, parce que le sucre s'amollit rapidement par l'humidité du fruit. Par ce triste résultat, au bout d'une heure d'attente, le

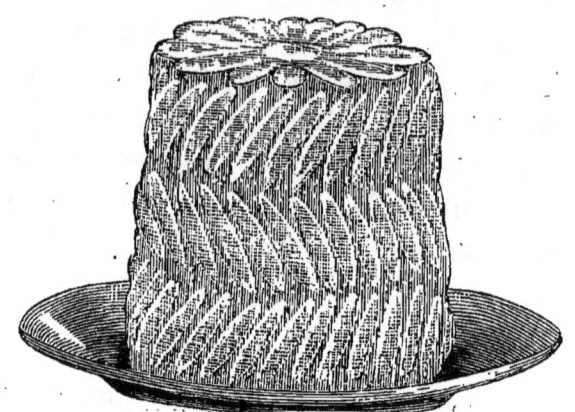

Fig. 39. — Croque-en-bouche des quartiers d'oranges glacés au caramel.

croque-en-bouche est susceptible de tomber par fragments ; il est donc important de le mouler au moment du service.

CROQUE-EN-BOUCHE DE GÉNOISES AU GROS SUCRE.

Préparez l'appareil des génoises à l'orange (*voyez* cet article, cinquième partie), et faites-les cuire selon la coutume. Vous les détaillez avec un petit coupe-pâte rond uni de 3 centimètres de diamètre : ensuite vous videz le milieu avec un petit coupe-pâte de 1 centimètre et demi à 2 centimètres de largeur : de manière que vos génoises forment des anneaux que vous masquez légèrement dessus avec

DES GROSSES PIÈCES ET DES ENTREMETS MONTÉS. 81

de la glace colorée vert pistache, sur laquelle vous semez du gros sucre très égal de grosseur. A mesure que vous avez une douzaine de génoises préparées ainsi, vous les mettez à la bouche du four

Fig. 40. — Croque-en-bouche de génoises au gros sucre.

deux minutes seulement; et vous continuez le même procédé pour le reste des génoises. Vous les mettez ensuite dans un moule en dôme de 18 centimètres de diamètre sur 13 de hauteur, vous les collez avec du sucre cuit au cassé; vous renversez le moule sur son plat, et, après l'avoir ôté, vous garnissez le milieu de chaque anneau de génoises d'une belle cerise confite bien transparente et égouttée comme la figure ci-dessus l'indique.

En glaçant les génoises à la glace blanche, vous semez dessus des pistaches hachées et les garnissez au milieu d'une cerise; ou bien vous les glacez à blanc et au gros sucre garni aussi d'une cerise.

Mais lorsque vous voulez les garnir de beau verjus, mettez-les à la glace blanche et au gros sucre, ou à la glace rose et au gros sucre, ou à la glace citron et au gros sucre : garnissez-les de verjus.

CROQUE-EN-BOUCHE DE FEUILLETAGE A BLANC.

Donnez douze tours à trois quarts de litre de feuilletage, détaillez-le en petits anneaux comme les précédents; et, après les avoir rangés sur le tour, saupoudrez-les de sucre fin et placez-les de suite sur un grand plafond, ou sur une plaque d'office. Mettez-les au four chaleur modérée, et cuisez-les bien blancs. Lorsqu'ils sont froids, vous les montez dans un moule en dôme uni et les collez avec du sucre cuit au cassé. Vous garnissez le milieu des anneaux avec une belle cerise ou du verjus.

On peut masquer le dessus des anneaux avec de la glace rose, blanche ou verte. Sur la rose, on peut semer du gros sucre; sur la blanche, des pistaches hachées; et sur la verte, du gros sucre.

On glace encore ces anneaux au sucre au cassé blanc ou rose, ou au caramel.

CROQUE-EN-BOUCHE DE MARRONS GLACÉS AU CARAMEL.

Avec soixante beaux marrons (de Lyon) grillés, et, après les avoir parfaitement épluchés et parés des parties colorées par le feu, vous les glacez (trempez) un à un dans du sucre cuit au caramel bien blond, et les placez à mesure dans un moule rond uni de 18 centimètres de diamètre sur 13 de hauteur.

On doit monter ce croque-en-bouche au moment

Fig. 41. — Croque-en-bouche de marrons glacés.

du service, parce que l'humidité des marrons ramollit le sucre au point qu'en peu de temps il perd sa consistance et son brillant.

CROQUE-EN-BOUCHE DE NOIX VERTES GLACÉES AU CARAMEL.

On peut également colorer le sucre rose ou au safran, ou simplement cuit blanc au cassé.

Épluchez soixante belles noix vertes, mais ayez soin de les conserver bien entières. Vous les mettez au four chaleur douce pour les colorer légèrement. Lorsqu'elles sont froides, vous les glacez, les unes après les autres, et les placez à mesure dans le moule avec ordre, comme la figure 42 l'indique, et vous servez. On peut mouler les croque-en-bouche sans faire sécher les noix. On en fait également aux amandes vertes; mais ce n'est qu'au moment du service, pour s'assurer de l'opération.

On fait aussi des croque-en-bouche d'entremets

Fig. 42. — Croque-en-bouche de noix vertes.

dans le genre des recettes décrites au croque-en-bouche de grosses pièces de fonds. (*Voyez* la quatrième partie.)

CHAPITRE XXI.

BISCUIT GLACÉ DIT A LA ROYALE.

Faites un biscuit de Savoie (*voyez* les grosses pièces de fond) de neuf œufs, 375 grammes de sucre et 155 grammes de fécule; ajoutez un peu de poudre d'iris et de fleur d'oranger pulvérisée. Le biscuit étant cuit de belle couleur (dans un moule à huit côtes et refroidi, vous mettez dans une petite terrine un blanc d'œuf et demi que vous remplissez avec 310 grammes de beau sucre passé au tamis de soie.

Vous remuez parfaitement cette glace avec une cuiller de bois ou d'argent, en ajoutant de temps en temps quelques gouttes de jus de citron. La glace

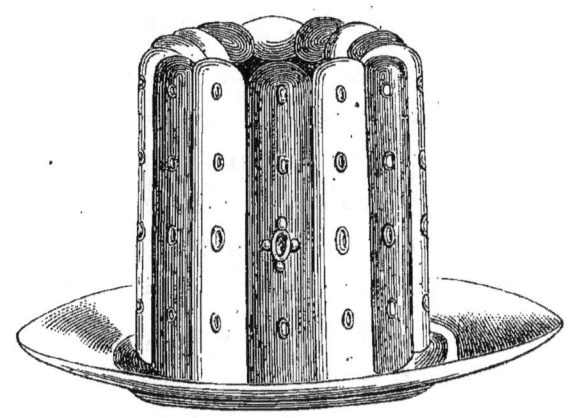

Fig. 43. — Biscuit glacé dit à la royale.

étant très blanche, vous la séparez en deux parties égales; vous mettez dans l'une assez de carmin ou de rouge végétal pour la colorer d'un beau rose, après quoi vous masquez une côte seulement et correctement avec la glace blanche : vous masquez la côte suivante de rose que vous lissez avec la lame du couteau. Ayez soin que la glace soit mince et aussi unie que possible. Suivez le même procédé pour masquer la surface du biscuit; une côte blanche, une rose, une blanche, une rose, et ainsi de suite, comme le représente la figure ci-dessus.

Pour avoir la facilité de masquer ce biscuit, vous le placez sur une assiette creuse renversée; vous le mettez quinze minutes à la bouche du four chaleur molle, afin que la glace se sèche sans changer de couleur, point essentiel de l'opération ; car si le rose ou le blanc se trouve altéré par la chaleur du four, ce joli entremets est de mauvaise mine ; et, au lieu du beau fini, il n'a plus que l'indice du vulgaire qui ne produit que des choses médiocres.

Il est important de remarquer que la glace doit se trouver d'un corps lisse, coulant et un peu épais, en la versant de la cuiller. La glace étant trop liée, elle n'est pas unie ; trop molle, elle ne peut masquer convenablement. Je ne puis déterminer la quantité de sucre, à cause de la grande variation des œufs dans leur grosseur.

BISCUIT A LA PARISIENNE.

Faites un biscuit de même que le précédent, mais faites-le cuire dans un moule uni de 18 centimètres de diamètre. Lorsqu'il est cuit de belle couleur et refroidi, vous le cernez dans le genre d'un vol-au-vent à 2 centimètres près du bord et à 8 de profondeur. Otez-en le couvercle et une grande partie de la mie ; ensuite préparez une glace comme il est dit ci-dessus, et colorez-la d'un beau vert pistache avec de l'essence de vert d'épinards. Vous en masquez la surface et le pourtour du biscuit, que vous mettez quelques minutes au four chaleur molle, pour sécher la glace seulement, sans la changer de couleur.

Au moment du service, vous garnissez l'intérieur

du biscuit avec l'appareil du fromage bavarois aux pistaches. Vous placez par-dessus une sultane très blanche filée dans un dôme de 16 centimètres de diamètre, et vous servez de suite.

On peut également garnir ce biscuit avec toutes les sortes de recettes contenues dans le chapitre des fromages bavarois, de même des crèmes plombières ou glacées. (Voyez mon *Cuisinier parisien*.)

On le garnit encore de crème fouettée et de fraises : on peut encore changer la couleur de la glace du biscuit, c'est-à-dire la faire rose, jaune, chocolat, orange, citron et blanc.

On peut semer sur ces glacés du gros sucre ou des pistaches hachées.

BISCUIT AUX CONFITURES ET MERINGUÉ.

Faites un biscuit de la même force que les précédents, mais formez-le dans un moule rond uni de 16 centimètres de largeur sur 13 à 16 de hauteur. Lorsqu'il est parfaitement refroidi, vous le coupez sur son diamètre en lames d'un centimètre et demi d'épaisseur. Vous le séparez à mesure ; et lorsque vous êtes à la dernière épaisseur, vous masquez légèrement le dessus de marmelade d'abricots sur laquelle vous placez une lame de biscuit que vous masquez encore d'abricots. Placez ainsi le biscuit en le masquant à mesure de marmelade, de manière qu'il se trouve être dans sa forme première ; après quoi vous fouettez trois blancs d'œufs bien fermes.

Vous les mêlez avec 125 grammes de sucre fin; vous masquez de ce mélange la surface et le tour du biscuit, et semez par-dessus du sucre écrasé fin. Vous remettez au four chaleur douce, pour le colorer d'un beau blond : lorsqu'il est refroidi, vous le servez.

On peut semer sur le meringué (fig. 44) du gros

Fig. 44. — Meringue montée et au gros sucre.

sucre ou des pistaches coupées en dés, ou du raisin de Corinthe mêlé avec du gros sucre, ou du gros sucre mêlé avec des pistaches hachées.

On remplace la marmelade d'abricots par des marmelades de coings, de pêches ou de prunes, ou par des groseilles de Bar et de la gelée de pommes.

BISCUIT FOURRÉ A LA PATISSIÈRE ET MERINGUÉ.

Vous préparez la moitié de la recette décrite à l'article *Crème-pâtissière eu chocolat* : vous employez cette crème de même que ci-dessus ; c'est-à-dire que vous coupez le biscuit en lames que vous masquez légèrement de crème au lieu d'abricots, et vous le meringuez de même que le précédent.

On peut varier cette crème selon les recettes indiquées dans le chapitre des *Crèmes-pâtissières*. (*Voyez* cinquième partie.)

BISCUIT A L'ITALIENNE.

Vous préparez le biscuit de même que les précédents ; et après l'avoir coupé en lames, vous commencez à verser sur la dernière une cuillerée de vrai marasquin : à mesure que vous replacez les lames de biscuit les unes sur les autres, vous versez dessus une cuillerée de marasquin ; de manière que la mie se trouve légèrement imbibée de cette agréable liqueur. Le biscuit ayant repris sa forme première, vous le meringuez de même que le précédent ; ou bien vous le masquez avec de la marmelade d'abricots : vous semez par-dessus des macarons pulvérisés.

On peut également imbiber la mie de ce biscuit de liqueurs fines des îles, et le masquer ensuite de l'appareil des meringues à l'italienne.

CHAPITRE XXII.

CORBEILLE A LA FRANÇAISE.

Ayez un moule à corbeille dans le genre de la

figure n° 45 : montez dedans des croquignoles à la reine, que vous glacez, à mesure, dans du sucre cuit au cassé et légèrement collé ; mais vous les collez avec symétrie. Après avoir ôté la corbeille du moule,

Fig. 45. — Corbeille à la française.

vous la placez sur le plat d'entremets et la garnissez en pyramide avec de le crème plombière assaisonnée aux fraises : vous placez légèrement dessus de grosses fraises entières et de bon fruit ou de belles fraises-ananas. Servez de suite.

On peut garnir cette corbeille selon les recettes contenues dans le chapitre des *Crèmes plombières*.

CORBEILLE A L'ANGLAISE.

Vous la montez dans le même moule que la précédente, mais vous la formez en collant, à côté l'un de l'autre, de petits macarons doux ou aux avelines.

Après l'avoir démontée, vous la placez sur son plat et la garnissez avec l'une des recettes indiquées au chapitre des *Crèmes fouettées*. Vous semez sur la surface de la crème (que vous aurez dressée en pyramide) de gros raisins de Corinthe bien lavés et essuyés dans une serviette. Servez de suite.

CORBEILLE A LA GÉNOISE.

Vous préparez l'appareil indiqué à l'article *Genoise au chocolat* : vous le détaillez avec un petit coupe-pâte rond de 2 centimètres au moins de diamètre ; après quoi vous glacez ces petits ronds dans du sucre cuit au cassé. Vous les montez à mesure dans le moule à corbeille : lorsqu'ils sont démontés, et au moment du service, vous la garnissez en rochers avec une gelée fouettée, que vous aurez fait prendre comme d'habitude. On fait, dans le même genre, des corbeilles en nougat d'avelines et d'amandes ordinaires, de petits croque-en-bouche à la reine et au gros sucre.

COUPE EN PATE D'AMANDES ORNÉE D'UNE SULTANE.

Faites 250 grammes de pâte d'amande comme il est indiqué à la *Croquante de pâte d'amandes* (*voyez* la troisième partie) ; vous l'abaissez ronde et à un demi-centimètre au plus d'épaisseur, et la placez ensuite sur un dôme (légèrement beurré) de 16 centimètres de diamètre sur 5 de hauteur. Vous la parez en lui donnant la forme du dôme, que vous placez de suite sur un plafond; vous le mettez au four chaleur douce, afin de colorer la pâte d'amandes d'un beau blond. Avec le reste de la pâte, vous faites le pied de la coupe et le colorez blond. Quand

Fig. 46. — Coupe en pâte d'amandes ornée d'une sultane.

il est refroidi, vous le collez à la coupe avec du sucre cuit au cassé, dans lequel vous glacez assez de petits boutons de feuilletage ou de pâte d'amandes, pour orner le bord de la coupe (*voyez* la figure ci-dessus); alors vous les collez après. Vous placez la coupe sur son plat d'entremets et la garnissez de crème fouettée aux fraises, ou d'une crème plombière sur laquelle vous placez çà et là de grosses fraises ou framboises. Recouvrez la crème, en plaçant sur le bord de la coupe une sultane blanche filée sur le même moule qui a servi à former la coupe. Vous placez sur le milieu de la sultane une aigrette en sucre filé. Servez de suite.

Pour monter cet entremets avec sûreté, observez les détails de la figure.

On fait, dans le même genre, des coupes en nougat et en petits croque-en-bouche à la reine.

CHAPITRE XXIII.

PREMIER TRAITÉ DES CHARLOTTES.

CHARLOTTE A LA PARISIENNE.

Ayez 185 grammes de biscuit à la cuiller bien glacés, et une petite caisse de biscuit vert aux pistaches; vous coupez ce dernier en lames minces, et le découpez en losanges allongés de 3 centimètres. Vous en formez une double étoile au fond d'un moule uni et octogone; vous disposez de petits biscuits en pointe et les placez sur l'étoile, afin de masquer le fond du moule. Avec le reste des biscuits vous masquez la hauteur du moule, en les posant droits dedans et tout près les uns des autres. Ayez soin de placer le côté glacé sur le moule : alors vous emplissez la charlotte avec la préparation décrite au *Fromage bavarois à la vanille* (*voyez* cet article), mais vous la versez au moment où elle se trouve prête à servir. Le moule étant plein, vous couvrez le fromage avec des biscuits; après quoi vous entourez le moule dans de la glace pilée, et, quarante minutes après, vous renversez la charlotte sur un plat d'entremets. Servez-la de suite.

Cette jolie charlotte ne laisse rien à désirer. Quelques personnes nomment cette charlotte *à la russe*, tandis que je l'ai dénommée *à la parisienne*, attendu que j'en eus l'idée pendant mon établissement : car les premières qui aient paru, ce fut chez les ministres de la police et des relations extérieures ; je les ai envoyées toutes moulées au moment du service, avec les commandes de pâtisserie qui m'étaient faites pour ces grandes maisons.

On garnit également ce délicieux entremets avec toutes les sortes de recettes contenues dans le chapitre des *Fromages bavarois*.

CHARLOTTE A LA FRANÇAISE.

Vous foncez cette charlotte comme la précédente ; mais, en place de biscuits, vous employez des croquettes (longues) à la parisienne. Vous la garnissez avec la préparation décrite à l'article *Blanc-manger à la crème*; vous la versez au moment où elle se trouve prête à être démoulée, et, après avoir couvert la surface avec des croquettes, vous placez le moule à la glace : une heure après, vous renversez la charlotte sur son plat et la servez de suite.

Cette charlotte diffère singulièrement de la précédente, tant par sa physionomie que par sa qualité croquante et moelleuse. Quoique je n'aie pas vu l'effet de cette charlotte, je suis persuadé qu'elle sera bien accueillie par les gourmands : je suis sûr qu'en la composant de blanc-manger à la crème et de croquettes à la parisienne, elle ne peut qu'être savourée agréablement.

On peut ainsi garnir ces entremets selon les recettes décrites dans les chapitres des *Blanc-manger*, en préparant ceux-ci à la crème.

CHARLOTTE A L'ITALIENNE.

Faites un petit entremets de génoises au rhum (*voyez* cet article, cinquième partie). Vous les coupez de la forme et du volume des petits biscuits à la cuiller, c'est-à-dire d'un carré très long ; alors vous foncez avec un moule rond uni, mais vous les placez un peu inclinées et les unes appuyées sur les autres : vous remplissez la charlotte avec la préparation décrite à l'article *Crème plombière au rhum*; ajoutez dans cette crème 16 grammes de colle de poisson clarifiée. Aussitôt qu'elle commence à se lier très épaisse, vous la versez dans la charlotte, que vous couvrez avec des génoises, et la mettez à la glace pendant une petite heure ; vous la démoulez et la servez de suite.

On pourrait la garnir avec toutes les sortes de recettes détaillées dans le chapitre des *Crèmes plombières*, mais toujours en y ajoutant 16 grammes de colle de poisson clarifiée.

CHARLOTTE AUX MACARONS D'AVELINES.

Après avoir préparé la crème à la française et aux macarons (*voyez* cet article), vous la faites prendre comme le blanc-manger à la crème ; aussitôt qu'elle commence à se lier, à devenir bien coulante, vous y amalgamez une petite assiette de crème fouettée ; vous masquez le fond d'un moule d'entremets uni avec des macarons aux avelines ou autres ; vous en placez d'autres droits le long des parois du moule, mais vous remplissez les petits vides qui se trouvent entre eux avec des fragments de macarons. Vous commencez à verser assez de crème dans la charlotte pour contenir les macarons du tour, sur lesquels vous en placez d'autres ; vous remettez encore de la crème, ensuite des macarons et de la crème. La charlotte étant ainsi garnie, vous la placez à la glace ; et une heure après, vous la servez.

On peut également garnir cette charlotte avec toutes les différentes recettes contenues dans le chapitre des *Crèmes françaises,* mais en y mêlant, comme ci-dessus, un petit fromage à la Chantilly.

CHARLOTTE AUX GAUFRES AUX PISTACHES.

Préparez la moitié de la recette des gaufres dites aux pistaches (*voyez* cet article, cinquième partie) : aussitôt qu'elles ont cuit de belle couleur, vous les coupez de la hauteur du moule et leur donnez

5 centimètres de largeur ; vous les roulez tout à fait en petites colonnes, que vous placez droites dans le moule pour en garnir le tour. Vous masquez le fond du moule avec des gaufres coupées en carrés allongés et pliées en cornets, de manière que la charlotte se trouve foncée exactement : alors vous la garnissez avec l'une des recettes décrites dans le chapitre des gelées fouettées (d'entremets), et vous la placez à la glace pendant une petite heure ; après quoi vous la renversez et la servez de suite.

Cette charlotte est d'une physionomie tout à fait distincte des précédentes, et ne leur cède en rien pour la qualité.

On peut ajouter du gros sucre aux pistaches, afin que la surface des gaufres se trouve plus brillante encore.

Il est important de remarquer que, pour faire toutes ces jolies charlottes avec succès, on ne doit les garnir des crèmes indiquées que quand ces mêmes crèmes se trouvent fermes ; on les sert ordinairement démoulées.

CHAPITRE XXIV.

SECOND TRAITÉ DES CHARLOTTES.

CHARLOTTE DE POMMES D'API.

Après avoir épluché quatre-vingts pommes d'api, vous les coupez par petits quartiers minces ; vous les sautez dans une grande casserole avec 125 grammes de beurre tiède et autant de sucre en poudre, sur lequel vous aurez râpé le zeste d'une orange ou d'une bigarade bien jaune. Ensuite vous placez les pommes couvertes sur un feu modéré, et les sautez de temps en temps afin de les cuire bien également et le plus entières possible. Vous y mêlez un pot de belles cerises égouttées de leur sirop. Pendant leur cuisson, vous coupez carrément la mie d'un pain d'un kilogramme, que vous aurez commandé la veille, et de la même pâte que le pain mollet ordinaire. Vous coupez cette mie dans son épaisseur avec un coupe-racine d'un centimètre et demi à 2 centimètres de diamètre. Ensuite vous trempez ces colonnes de mie dans 125 grammes de beurre tiède, et les placez à mesure dans le moule pour en garnir le fond et le tour. Vous versez les pommes dans la charlotte, et masquez le dessus encore de mie trempée dans le beurre trois quarts d'heure avant le moment du service; vous la mettez au four gai, ou bien vous la placez sur des cendres rouges et l'entourez de moyennes braises ardentes : vous la couvrez de même. Après une demi-heure de cuisson vous observez la charlotte : si elle se trouve colorée bien blonde, vous la renversez sur son plat ; mais, dans le cas contraire, vous renouvelez le feu. Lorsqu'elle est cuite, vous enlevez le moule et masquez légèrement la charlotte avec un doroir imbibé de marmelade d'abricots, de gelée de pommes ou de groseilles rouges, ou avec le jus du pot de cerises, ce qui lui donne une physionomie brillante.

On aura soin de beurrer le moule avant de s'en servir. On le glace aussi avec du sucre en poudre ; mais je préfère le beurrer simplement, attendu que le sucre est susceptible de colorer la charlotte de places plus foncées les unes que les autres.

CHARLOTTE DE POMMES-REINETTE.

Épluchez trente-six belles pommes-reinette bien saines, coupez-les par quartiers, et chaque quartier émincé en six parties égales. Vous les sautez dans une grande casserole avec 125 grammes de beurre tiède et autant de sucre en poudre sur lequel vous aurez râpé le zeste d'un citron ou la moitié d'un zeste de cédrat ; après quoi vous faites cuire les pommes sur un feu modéré, avec les soins donnés aux précédentes. Vous y mêlez quatre cuillerées de marmelade d'abricots.

Vous foncez la charlotte comme il est dit ci-dessus, ou bien vous coupez la mie d'un pain de mie, le plus mince possible, et la parez en lames de 2 bons centimètres de largeur et de la hauteur du moule, dans lequel vous les placez droites en les croisant un peu l'une sur l'autre ; mais auparavant vous masquez le fond du moule avec des lames coupées en cœur, et toujours en les trempant dans du beurre tiède à mesure que vous les placez. La charlotte étant ainsi foncée, vous la garnissez et vous recouvrez le dessus des pommes de lames de pain masquées de beurre. Vous faites cuire et servez la charlotte comme il est indiqué à l'article précédent.

Pour la charlotte de pommes au raisin de Corinthe, vous procéderez de même que ci-dessus, en supprimant 60 grammes et demi de sucre, que vous remplacez par 125 grammes de beau raisin de Corinthe parfaitement lavé.

On peut encore employer du raisin muscat, en place de celui de Corinthe.

CHARLOTTE D'ABRICOTS.

Ayez vingt-quatre beaux abricots de plein vent, rouges en couleur, et pas trop mûrs. Après en avoir ôté la pelure, le plus mince possible, vous coupez chacun d'eux en huit quartiers. Vous les sautez dans une casserole avec 125 grammes de sucre fin et 62 grammes et demi de beurre tiède, sur un feu modéré, pendant dix minutes. Dans ce laps de temps, vous foncez la charlotte dans le même genre que celle aux pommes d'api. Vous versez dedans les abricots tout bouillants ; vous recouvrez la charlotte, que vous faites cuire suivant la règle : aussitôt qu'elle a atteint une belle couleur blonde, vous la renversez sur son plat. Vous la glacez légèrement de marmelade d'abricots, et la servez de suite.

CHARLOTTE DE PÊCHES.

Coupez par moitié vingt moyennes pêches de vigne, un peu fermes de maturité. Vous les faites blanchir dans un sirop léger. Quand elles sont parfaitement égouttées, vous coupez chaque moitié en trois quartiers d'égale grosseur. Vous les sautez dans une casserole avec 125 grammes de sucre en poudre et 60 bons grammes de bière tiède. Vous les versez de suite dans la charlotte, que vous avez foncée de la même manière que la précédente, et vous la terminez selon les procédés décrits. Après l'avoir dressée sur son plat, vous la masquez parfaitement dessus et autour avec le sirop (dans lequel vous avez fait cuire le fruit) que vous avez fait réduire à la nappe. Servez de suite.

On procédera de même que ci-dessus pour confectionner des charlottes de prunes de mirabelle ou de reine-claude.

CHAPITRE XXV.

MERINGUE MONTÉE ET AU GROS SUCRE.

Fouettez six blancs d'œufs bien fermes, que vous mêlez avec 250 grammes de sucre en poudre : le tout étant bien amolli, vous formez avec trois bonnes cuillerées d'appareil une meringue ronde et plate du diamètre de 18 centimètres ; vous la saupoudrez de sucre fin, et la placez sur une planche. Mettez-la au four doux, et laissez-la parfaitement sécher des deux côtés. Pendant sa cuisson, avec le reste du blanc d'œuf vous formez une meringue ronde de la grosseur ordinaire ; vous la saupoudrez de sucre, et la placez à côté de la grosse. Vous en formez huit plus petites rondes ; mais vous aurez soin de les aplatir, afin qu'elles n'aient qu'un centimètre et demi à 2 centimètres d'épaisseur. Vous en formez encore huit plus petites, et dans le même genre; après cela huit autres plus petites, et encore huit dernières qui doivent avoir 2 centimètres de diamètre au moins, tandis que les huit premières auront 8 centimètres de largeur. Enfin vous les masquez de beau sucre écrasé seulement, pour que les meringues puissent grêler. Sitôt que ce sucre est fondu, vous placez les meringues sur une planche et les mettez au four. Lorsqu'elles se trouvent colorées blond, vous les détachez du papier pour les placer à mesure dans l'ordre suivant : vous posez droites les huit plus grandes autour d'un dôme (de 16 centimètres de diamètre sur 8 de hauteur) de pâte d'amandes qui sera cuite bien blonde.

Vous masquez ensuite légèrement avec le reste de l'appareil des meringues (conservez-en deux cuillerées), ce qui fait que les meringues s'attachent au dôme. Vous placez, en formant l'écaille de poisson, le reste des petites meringues ; vous remettez le dôme au four pendant un bon quart d'heure, pour que les meringues s'attachent et, par ce résultat, ne forment qu'une seule et même meringue que vous laissez refroidir sur le moule.

Étant prêt à servir, vous placez la grande meringue plate sur son plat d'entremets; vous la garnissez en dôme avec de la crème fouettée au café, ou autre odeur, ou bien avec de la crème plombière. Vous placez la meringue moulée par-dessus. Vous l'enlevez du moule avec précaution, de peur de la casser; et sur le milieu vous placez la meringue ordinaire, que vous avez garnie de même que la grande. Servez de suite.

On pourrait encore garnir cette meringue avec la moitié de l'une des recettes contenues dans le chapitre des *Fromages bavarois*, ou dans le chapitre des *Gelées fouettées* ou du *Blanc-manger à la crème* : mais vous feriez prendre ces sortes de préparations à la glace, comme pour les servir moulées; et sans les remuer, vous les prenez cuillerée par cuillerée pour en garnir la meringue.

CHAPITRE XXVI.

VASE GARNI DE NOIX EN PATE D'AMANDES.

Après avoir fait 1 kilogramme de pâte d'amandes (*voyez* cet article), vous en colorez la moitié d'un beau rose; et dans les trois quarts de l'autre moitié vous mettez une demi-gousse de vanille pilée et passée au tamis de soie, et assez de chocolat râpé et légèrement mouillé, pour le dissoudre seulement, afin de lui donner la couleur cannelle et d'imiter le coloris des noix naturelles. Vous teignez le reste de la pâte d'un beau vert pistache avec de l'essence d'épinards, avec laquelle vous détaillez de petites feuilles de la même forme que celle du noisetier ; ensuite vous abaissez la pâte au chocolat, et la coupez en petites abaisses ovales. Vous les appuyez tour à tour dans de petits moules formant la coquille de noix. Vous en faites quatre-vingts, afin d'obtenir quarante noix entières. Vous abaissez la pâte rose, et la placez sur un moule de cuivre ou de fer-blanc

Fig. 47. — Vase garni de noix en pâte d'amandes.

(se séparant en deux parties) formant un vase d'entremets dans le genre de la figure ci-dessus ; et après l'avoir légèrement appuyée pour qu'elle prenne parfaitement la forme, vous la parez en coupant la pâte qui excède le moule.

Vous placez le tout à l'étuve ou sur le four pendant vingt-quatre heures, afin que les feuilles, les noix et le vase se sèchent sans perdre leur couleur.

Vous garnissez les coquilles de noix avec de la gelée de pommes, de coings, d'ananas, d'oranges ou de groseilles de Bar. Vous formez vos noix en collant deux coquilles ensemble avec un peu de repère de la même couleur. Vous démoulez le vase, et réunissez et collez les deux parties avec du repère rose. Vous le collez de même sur le milieu d'une abaisse ronde de pâte d'office, du diamètre de 18 centimètres. Vous collez droits dans le vase trois montants (de 2 bons centimètres moins hauts que le vase) sur lesquels vous placez et collez une abaisse de pâte d'office de la même largeur que l'intérieur du vase, vous y collez un petit dôme (formant la moitié de l'œuf) de 10 centimètres de diamètre sur autant de hauteur; et autour de ce dôme vous collez les noix en les groupant en buisson, comme la figure 47 l'indique. Entre chacune d'elles, vous placez les feuilles; et vous garnissez le tour de l'abaisse avec des génoises à l'orange.

On observera bien les détails de la figure, afin de grouper ce joli entremets avec élégance.

On peut le conserver un mois ou deux, et le servir pendant ce laps de temps plusieurs fois en remplaçant seulement la garniture de génoises par d'autres petites pâtisseries fraîches du jour.

On fait également ce vase en nougat, en pâte d'office de couleur et en sucre filé; alors on le garnit avec de moyens croque-en-bouche ou de petits choux glacés au sucre rose, ornés de feuilles avec du biscuit aux pistaches. On le garnit aussi tout simple-

ment de petites meringues moelleuses, dans lesquell[es]
on met de la crème ou des confitures.

COUPE GARNIE D'UN ANANAS EN PATE D'AMANDES.

Préparez 750 grammes de pâte d'amandes, selo[n]
la règle. Séparez-en un cinquième, que vous colo[-]

Fig. 48. — Coupe garnie d'un ananas en pâte d'amandes.

rez d'un beau vert tendre ; coupez le reste en deux
parties égales : colorez l'une avec une petite infusion de safran, pour lui donner la couleur ananas ;
vous colorez l'autre moitié lilas, avec du bleu de
Prusse et du carmin (le tout dissous). Après l'avoir

abaissée, vous la montez sur un dôme de 16 centimètres de diamètre et 5 au moins de profondeur. Avec les parures de la pâte, vous foncez le pied de la coupe; vous abaissez la pâte jaune et la séparez en deux pour la monter dans un moule d'ananas (en plâtre ou en cuivre), du diamètre de 9 centimètres; ensuite vous faites une abaisse de la pâte verte, et la découpez en feuilles longues pour imiter celles de l'ananas. Vous faites sécher toute votre pâte d'amandes comme il est dit ci-dessus, vous collez la coupe sur son pied, vous fixez dans l'intérieur l'ananas, que vous aurez collé et garni de marmelade d'ananas: ensuite vous couronnez le fruit de feuilles dans le genre de la figure 48 et vous placez le reste des feuilles autour de l'ananas; vous garnissez l'abaisse de pâte d'office (sur laquelle vous aurez collé la coupe) avec de petites meringues garnies de confitures. Le petit socle doit avoir 8 centimètres.

On fait encore la coupe en pâte d'office rose, l'ananas de nougat blond et les feuilles en sucre filé, ce qui compose un entremets fort distingué.

Pour le grouper avec sûreté, observez les détails de la figure.

CORBEILLE GARNIE DE POMMES D'API EN PATE D'AMANDES.

Après avoir préparé 500 grammes de pâte d'amandes, vous mettez dans les trois quarts une petite infusion de safran pour la colorer d'un jaune pâle, vous colorez le reste d'un beau vert, et, après l'avoir abaissé, vous en découpez des feuilles de pommier; ensuite vous faites une abaisse de pâte jaune, que vous détaillez avec un petit coupe-pâte rond de 6 bons centimètres de diamètre, et vous en formez les

Fig. 49. — Corbeille garnie de pommes d'api en pâte d'amandes.

fruits dans des moules de petites pommes d'api. Faites sécher le tout comme de coutume.

Vous colorez d'un beau jaune serin 185 grammes de pâte d'office, dans laquelle vous joignez un peu de gomme-adragante; vous roulez cette pâte en petites boules aussi fines que possible, et vous les placez, à mesure, sur un moule à corbeille (dans le genre de la figure 49) : vous les faites sécher également à l'étuve.

DES GROSSES PIÈCES ET DES ENTREMETS MONTÉS. 109

Le tout étant parfaitement sec, vous garnissez les fruits de gelée de pommes ; et, après avoir réuni ces petites pommes entières, vous les colorez légèrement d'un côté, en les frottant avec le bout du doigt, que vous aurez posé sur du carmin. Ajoutez un socle et la garniture.

BALLON EN SUCRE FILÉ.

Ayez un dôme de 16 centimètres de diamètre et à

Fig. 50. — Ballon en sucre filé.

côtes, comme la figure l'indique ; puis filez dedans ou dessus deux sultanes bien blanches : vous les réunissez afin d'en former le ballon de sucre filé, que vous collez sur un petit socle d'au moins 2 centimètres de hauteur. Ce socle sera placé sur un autre de 5 centimètres de hauteur sur 8 de diamètre ; le tout collé sur une abaisse de 18 centimètres de diamètre, sur laquelle vous placez une bordure de petits nougats, comme le représente la figure : ensuite vous filez un peu de beau sucre bien blanc avec lequel vous formez le panache sur le ballon, que vous aurez ceint du même sucre filé. On fait également ce ballon en nougat ou en petits croque-en-bouche à la reine et au sucre rose : alors on garnit le tour de l'abaisse de diverses petites pâtisseries, telles que génoises, madeleines, choux pralinés ou glacés au caramel.

CORBEILLE EN SUCRE FILÉ GARNIE DE MERINGUES.

Ayez un moule à corbeille de 18 centimètres d'évasement sur 16 de hauteur, et 13 de largeur à son fond : alors vous le frottez intérieurement avec très peu d'huile, puis vous filez dedans une sultane bien blanche ou bien jaune ; mais vous la filez à la fourchette et un peu épaisse en sucre. Au moment du service, vous la sortez du moule et la collez légèrement sur une abaisse de pâte d'office de 18 centimètres de diamètre ; puis vous collez droit dans la corbeille trois montants de 13 centimètres de hauteur sur lesquels vous collez une abaisse de pâte d'office du diamètre de la largeur de l'intérieur de la corbeille, dans laquelle vous groupez un buisson de meringues rondes, garnies de crème plombière ou glacée, ou de fromage bavarois, ou de gelée fouettée : ensuite vous collez à la corbeille quatre guirlandes de sucre filé, et garnissez l'abaisse de petites

Fig. 51. — Corbeille en sucre filé garnie de meringues.

madeleines au citron. Vous pouvez également garnir cette corbeille avec des pommes d'api imitées en pâte d'amandes ; ajoutez un petit socle.

Vous les placez (faisant voir le côté rose) dans la corbeille, que vous aurez mise sur une abaisse de pâte d'office ; vous placez entre chacune d'elles des feuilles préparées à cet effet. Garnissez le tour de l'abaisse avec de petites gaufres au gros sucre.

Cet entremets a encore l'avantage de se conserver

112 QUATRIÈME PARTIE.

et de servir plusieurs fois. On peut garnir cette corbeille avec de moyens choux glacés au sucre rose cuit au cassé, et les orner ensuite de feuilles de biscuits aux pistaches.

On fait également cette corbeille en mosaïque de pastillage rose, lilas, orange, amarante, ou bleu de ciel. Je la préfère en pâte d'amandes ou d'office.

COUPE EN NOUGAT GARNIE DE CRÈME AUX FRAISES.

La coupe est de nougat, les amandes coupées en

Fig. 52. — Coupe en nougat garnie de crème aux fraises.

filets. Elle est montée sur un gradin formant la corbeille. Le pied de la coupe se compose de trois petits gradins garnis de petites pâtisseries blanches. La grande garniture est de gâteaux en diadèmes.

ENTREMETS MONTÉ A TROIS GRADINS.

Faites quatre abaisses rondes de pâte d'office, la première de 20 centimètres de diamètre, la deuxième de 16, la troisième de 12, et la quatrième de 8. Vous faites neuf montants en forme de C un peu courbés, et de 8 centimètres de hauteur. Le tout étant cuit de belle couleur, vous parez vos abaisses parfaitement rondes et les masquez sur l'épaisseur d'amandes pistaches ou roses : ensuite, sur le bord de la grande abaisse vous collez une bordure de petits anneaux ; sur la deuxième une bordure de petites dents-de-loup, et sur la troisième une bordure de croissants. Après avoir masqué les montants d'amandes de couleur ou de sucre rose ou vert, vous en collez trois sur la grande abaisse et à 5 centimètres au moins de distance entre eux : vous posez dessus la deuxième abaisse, afin d'éprouver si réellement elle se trouve d'aplomb ; après quoi vous mettez du caramel bien chaud sur les montants, et vous replacez l'abaisse, en observant si elle est bien au milieu de la première. Vous collez sur la deuxième abaisse trois montants, avec les mêmes soins que précédemment, et collez dessus la troisième abaisse, sur laquelle vous adaptez les trois derniers montants pour y placer la petite abaisse. Collez sur cette dernière une petite coupe en pâte d'office masquée de sucre de couleur. Placez sur la grande abaisse une couronne de vingt-quatre génoises en croissants perlés ; sur la deuxième, une couronne de petits gâteaux glacés et fourrés de crème aux pistaches ; sur la troisième, de ces petits gâteaux qu'on a appelés jadis gâteaux royaux.

CHAPITRE XXVII.

BISCUIT EN TIMBALE A L'ESPAGNOLE.

Vous cassez dix-huit jaunes d'œufs sur un tamis

Fig. 53. — Biscuit en timbale à l'espagnole.

de crin, afin qu'ils passent sans pression ; ensuite vous clarifiez 750 grammes de sucre. Étant arrivé au perlé et en parfaite ébullition, vous versez les jaunes dans un petit vase de 8 centimètres de diamètre au fond duquel sont placés trois petites mamelles en forme d'entonnoir : c'est-à-dire que, du côté où elles sont soudées au fond du moule, elles doivent avoir un centimètre et demi d'ouverture ; tandis que vers la pointe elles ne doivent pas avoir tout à fait un demi-centimètre de diamètre. Cet ustensile doit avoir un manche de bois de 16 centimètres de longueur. Alors, une partie de vos œufs y étant déposée, vous semez vos jaunes dans le sirop en formant une espèce de vermicelle, et faisant aller les jaunes çà et là. A mesure que vous les versez de cette manière, vous ajoutez un peu d'eau afin de maintenir le sucre à son même point de cuisson. Tous les jaunes étant passés à la mamelle, vous les égouttez du sirop sur un grand tamis de crin ; et, pour qu'ils se détachent plus aisément, vous versez légèrement dessus de l'eau froide avec la main, pour leur ôter un peu de sucre, et les détacher plus facilement. Vous aurez soin de faire cette partie de l'opération deux heures avant le service. Ce moment étant arrivé, vous videz un biscuit de Savoie uni. Alors vous mêlez légèrement à l'appareil des jaunes quatre cuillerées de bon marasquin et autant de vieille eau-de-vie, ou seulement de bon rhum, et une gousse de vanille pilée en poudre et passée au tamis de soie ; après quoi vous en garnissez la timbale, que vous renversez sur son plat. Puis avec le reste des jaunes filés vous faites une couronne sur la timbale, et une semblable alentour au pied de l'entremets. Vous devez servir votre entremets aussitôt.

BEIGNETS A L'ESPAGNOLE.

Vous préparez le même *appareil* que ci-dessus étant froid. Vous le placez sur des feuilles de pain à chanter d'un centimètre et demi d'épaisseur ; ensuite vous coupez vos beignets en losanges : vous les trempez dans une pâte à frire, et vous leur donnez une belle couleur blonde ; saupoudrez-les de sucre fin et servez.

GATEAU DE MILLE FEUILLES A LA NAPOLITAINE.

Détrempez 1 kilogramme de farine, 500 grammes

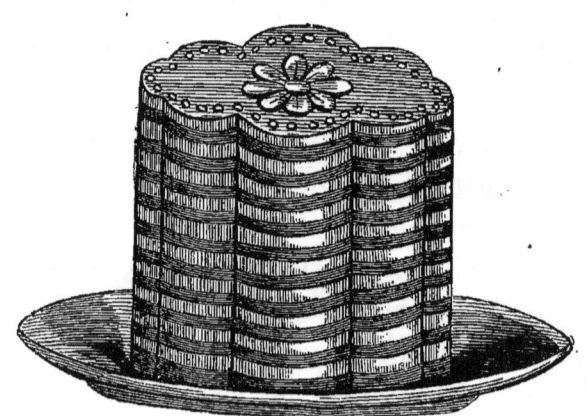

Fig. 54. — Gâteau de mille feuilles à la napolitaine.

de sucre, autant de beurre, autant d'amandes douces pilées ; huit jaunes d'œufs ; le zeste d'une orange exprimé sur le sucre. Vous fraisez cette pâte dans le genre de celle d'office ; ensuite vous la séparez en dix-huit parties égales, que vous moulez et abaissez rondes pour les placer à mesure sur des plafonds beurrés légèrement. Après les avoir coupées avec un couvercle de casserole de 21 centimètres de diamètre, vous les dorez et les mettez au four chaleur modérée. Ayez soin que vos abaisses soient de bonne cuisson (blondes dessous comme dessus), afin qu'elles soient croustillantes. En les sortant du four, vous les séparez des plafonds, pour les mettre par cinq les unes sur les autres, et posez par-dessus un plafond que vous appuyez un peu, afin que vos abaisses soient aussi lisses que possible. Lorsqu'elles sont froides, vous les parez d'un égal diamètre ; puis vous les masquez avec trois pots de confitures : c'est-à-dire que vous commencez à masquer une abaisse de marmelade d'abricots ; ensuite vous en masquez une autre de gelée de groseille, que vous posez sur la première ; vous en masquez une troisième de gelée de pommes et, après l'avoir posée sur les deux déjà masquées de confitures, vous recommencez quatre fois encore la même manière d'opérer pour terminer votre gâteau de mille feuilles, en continuant à masquer vos abaisses d'abricots, de gelée de groseilles et de gelée de pommes.

Maintenant, pour terminer ce gâteau ainsi que la figure ci-contre le représente, vous masquez la dix-huitième abaisse avec l'appareil de meringue ; puis vous la décorez au milieu d'une rosace formée en cornet de papier (*voyez* Discours préliminaire), et d'un rang de perles en couronne que vous glacez de sucre : puis vous faites sécher cette décoration à la bouche du four, en observant que les perles doivent rester blanches. L'abaisse étant froide, vous la posez sur le gâteau dont vous masquez le pourtour de gelée de pommes : ce qui donne de l'éclat à l'entremets, que vous terminez en plaçant entre chaque perle un petit dé de gelée de groseilles ; et entre les perles qui forment la rosace, vous placez une petite perle de marmelade d'abricots. Vous devez servir cet entremets sur le plat sans mettre de serviette comme on est dans l'usage de le faire. On masque également le tour du gâteau de cette manière : tour à tour de gelée de groseilles et de gelée de pommes, par côtes d'au moins 5 centimètres de largeur.

VOL-AU-VENT A LA FRANÇAISE.

Cet entremets excellent ne peut se faire que dans la belle saison de l'été, saison propice à l'entremets de fruits ; et, à mesure que la variété des fruits augmente, vous rendez cet entremets plus agréable, plus savoureux. Cependant, sitôt que les fruits rouges sont en parfaite maturité, vous pouvez commencer à servir cet entremets.

Manière d'opérer. — Vous égrenez 500 grammes de belles groseilles blanches, vous ôtez les noyaux à autant de grosses cerises de Montmorency, vous épluchez 500 grammes de fraises et autant de fram-

DES GROSSES PIÈCES ET DES ENTREMETS MONTÉS. 119

boises blanches et rouges; et, après avoir lavé ces fruits, vous les égouttez dix minutes sur un grand tamis à sucre : ensuite vous roulez ces fruits dans un grand bol avec 375 grammes de sucre passé au tamis de soie, puis vous déposez cette macédoine dans une sorbétière entourée de glace et de salpêtre. Une heure après vous remuez vos fruits avec soin, en passant la houlette sur les parois de la sorbétière; vous recommencez encore deux fois la même opération, à un quart d'heure de distance.

Au moment du service, vous remuez de nouveau la macédoine de fruits et vous la versez dans un beau vol-au-vent glacé; servez tout de suite. Ces fruits ainsi glacés, et surtout étant servis dès qu'ils sortent de la sorbétière, constituent certainement l'un de nos plus délicieux entremets de fruits.

OBSERVATION. — A mesure que les abricots, les brugnons, les pêches, les cerises blanches, les prunes de reine-Claude, de mirabelle, les poires de crassane et de Saint-Germain, et les raisins blancs et noirs paraissent dans la macédoine, vous devez ajouter de ces fruits en supprimant à peu près la même quantité de fruits rouges, afin que cette macédoine de fruits puisse tenir dans un vol-au-vent d'entremets.

Sur la fin de l'été j'ai fait également cette macédoine glacée, composée seulement de poires, de pêches, de fraises et de melon cantaloup; j'ai aussi servi ce vol-au-vent à la française garni seulement de fraises glacées ou bien de framboises, ou de cerises et d'autres fruits en particulier et séparément. Cet entremets, étant ainsi servi, devient un mets de fantaisie, et selon le goût de l'amphitryon que l'on sert. On peut le servir également sans être glacé.

CHARLOTTE A LA POLONAISE.

Vous préparez un peu moins d'un litre (93 centilitres) de crème pâtissière (Voyez *Crème pâtissière*) bien délicate, puis vous la séparez en deux parties : dans l'une vous mettez du chocolat râpé et un peu de vanille en poudre ; dans l'autre partie vous mêlez des pistaches pilées avec quelques amandes amères et du cédrat confit, et un peu de vert d'épinards, afin que la crème se trouve d'un beau vert pistache. Cette opération terminée, vous coupez en lames d'un centimètre et demi d'épaisseur un biscuit de Savoie fait de la veille ; puis vous commencez à masquer un rond du biscuit de crème au chocolat, sur celui-ci vous en posez un second que vous masquez de crème aux pistaches : vous suivez le même procédé pour garnir les ronds du biscuit, afin de le remettre dans son entier.

Maintenant vous préparez trois blancs d'œufs de meringue, pour en masquer le biscuit entièrement ; ensuite vous décorez le dessus d'une rosace et d'une couronne de petites meringues ; puis vous semez du gros sucre dessus et autour, et lui donnez à four doux une jolie couleur blonde. La charlotte étant froide, vous devez la servir.

J'ai garni également cette charlotte de marmelade d'abricots, ou bien de crème à la vanille, ou de

Fig. 55. — Charlotte à la polonaise.

crème au café, au chocolat ou aux pistaches, mais d'une seule espèce seulement.

NOUGAT D'AVELINES ET PISTACHES A LA PARISIENNE.

Vous faites sécher à l'étuve 500 grammes de pistaches émondées et autant d'amandes d'avelines torréfiées dans un poêlon d'office ; ensuite vous faites

Fig. 56. — Nougat d'avelines et pistaches à la parisienne.

fondre 375 grammes de sucre passé au tamis de soie ; et, sitôt qu'il commence à bouillonner, vous y mêlez vos avelines et pistaches ; puis vous montez votre nougat dans un dôme de 18 centimètres de diamètre; vous le laissez refroidir, et vous recommencez de suite un second dôme : vous devez avoir soin de couper les avelines et pistaches qui dépasseraient le bord du moule, afin que les deux nougats réunis puissent former une boule parfaite, ainsi que le représente la figure ci-contre. Avec le reste du nougat vous formez encore une demi-boule, mais plus épaisse que les deux premiers dômes; vous renversez celle-ci sur une abaisse de pâte d'office; puis, vos deux nougats étant réunis en une boule parfaite, vous la collez sur le dôme fixé sur l'abaisse, vous mettez pour couronnement une gerbe en sucre filé. En montant ce nougat, vous pouvez y joindre du gros sucre de la même manière que je l'ai indiqué au *Gros Nougat à la française.* Cet entremets est des plus distingués.

GATEAU DE MILLE FEUILLES A LA FRANÇAISE.

Pilez bien parfaitement 1 kilogramme d'amandes douces et 62 grammes et demi d'amères émondées; ajoutez, en les pilant, deux blancs d'œufs et, après les avoir passés au tamis, vous les mêlez avec 750 grammes de sucre en poudre. Votre pâte d'amandes étant desséchée, selon la règle, vous commencez à foncer un moule d'entremets hexagone, et vous le mettez à la bouche du four, afin de donner une belle couleur blonde à la pâte d'amandes; après cette opération, vous séparez le reste de la pâte d'amandes en quinze abaisses, que vous coupez également à six pans (ou hexagones), mais en observant que les abaisses doivent avoir un petit centimètre de diamètre de moins que le moule d'entremets,

Fig. 57. — Gâteau de mille feuilles à la française.

afin que la croustade de pâte d'amandes puisse renfermer le gâteau de mille feuilles, ainsi que je vais le décrire. Vous déposez vos abaisses sur des plafonds légèrement cirés, comme cela se pratique pour les gaufres à l'allemande ; et, après les avoir colorées bien blondes, vous les détachez des plafonds ; et, dès qu'elles sont froides, vous commencez à masquer une abaisse de gelée de pomme broyée. Dessus celle-ci, vous placez une seconde abaisse que vous masquez de marmelade d'abricots ; puis vous recommencez la même opération pour masquer et poser les unes sur les autres toutes les abaisses.

Ensuite vous retournez le moule d'entremets, en déposant la croustade de pâte d'amandes par-dessus le gâteau, ce qui doit le masquer entièrement; avec le reste de la pâte, que vous colorez d'un vert tendre, vous découpez de petites feuilles de trois grandeurs différentes, pour les grouper ensuite dans le même genre que la figure 57 le représente. Après les avoir détaillées, vous les faites sécher à la bouche du four ou à l'étuve; puis vous les collez avec du repère sur chaque pan du gâteau, en formant la décoration, de même que vous faites une couronne avec ces feuilles sur le gâteau : alors votre entremets est fini. Ce gâteau réclame beaucoup de soin dans son exécution, mais on en est bien dédommagé par son agréable physionomie.

GATEAU DE MILLE FEUILLES A LA VÉNITIENNE.

Après avoir détrempé 750 grammes de pâte de châtaignes (Voyez *Petits Pains de châtaignes*), vous en faites quinze abaisses que vous déposez sur des plafonds légèrement beurrés; vous les dorez; vous les piquez avec la pointe du couteau, afin d'éviter qu'elles fassent des cloches à la cuisson; lorsqu'elles ont une belle couleur, vous les détachez des plafonds. Lorsqu'elles sont froides, vous les parez pour les obtenir bien rondes; ensuite vous les posez les unes sur les autres, en les masquant de crème glacée que vous avez préparée ainsi qu'il suit.

Vous faites cuire, dans 375 grammes de sucre en léger sirop, un demi-cent de gros marrons torréfiés et épluchés avec soin; afin qu'ils ne soient pas tachés par la cuisson, vous y joignez une gousse de vanille réduite en poudre; puis vous passez votre crème au tamis à pâte d'amandes, en y mettant un demi-verre de bon marasquin de Zara. Puis vous déposez cet appareil dans une sorbétière entourée de

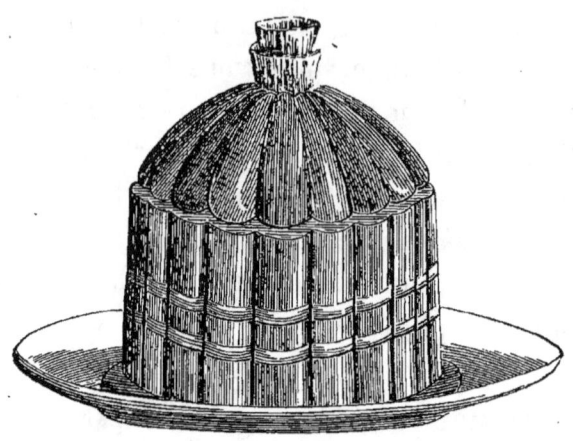

Fig. 58. — Gâteau de mille feuilles à la vénitienne.

glace pilée et de salpêtre. Cette crème est excellente, vous la travaillez comme une glace; et, dès qu'elle est prise, vous en masquez avec vivacité les abaisses en les posant l'une sur l'autre : votre entremets étant réuni, vous le déposez dans un moule que vous entourez sur-le-champ de glace pilée; vous couvrez également le moule avec un plat à sauter rempli de glace pilée. Trois heures après vous pouvez servir ce gâteau, sur lequel vous posez une sultane à côtes filées blanches et jaunes afin de produire plus d'effet.

Cet entremets peut être servi sans être à la glace.

MOUSSE EN COURONNES DE MERINGUES A LA CRÈME ET AU CHOCOLAT.

Faites six blancs d'œufs d'appareil à meringue ; ensuite vous couchez sur des demi-feuilles de papier six couronnes de 18 centimètres de diamètre et

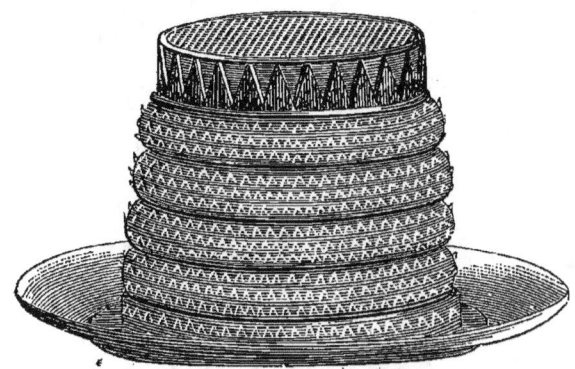

Fig. 59. — Mousse en couronnes de meringues à la crème et au chocolat.

de 3 centimètres et demi à 4 centimètres de largeur, et, après les avoir placées, vous semez dessus du gros sucre. Vous les placez ensuite sur des plaques ou plafonds, et vous les mettez à four doux pour obtenir vos couronnes de belle couleur. En les sortant du four, vous les détachez des papiers, et vous les laissez refroidir. Au moment du service, vous posez vos couronnes sur une abaisse de pâte d'amandes ; et, entre chacune d'elles, vous ajoutez un cordon de sucre filé argenté ; puis vous garnissez l'intérieur de la meringue avec un fromage à la Chantilly, dans lequel vous ajoutez du chocolat râpé; je le préfère dissous dans l'eau, et réduit (sur un feu modéré) en pâte. Pour masquer la crème, vous posez une sultane sur l'entremets, ce qui lui donne de la grâce et de l'élégance. On peut mêler à la crème du sucre de café ou du sucre de vanille, en place de chocolat.

FLAN DE POIRES A LA GERMANIQUE.

Pour confectionner ce flan avec succès, vous faites faire un moule de cette façon : le fond doit

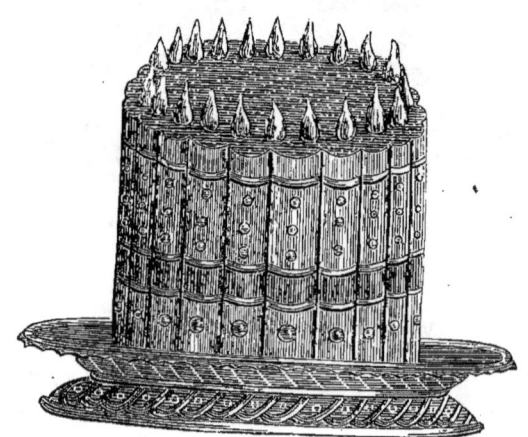

Fig. 60. — Flan de poires à la germanique.

se détacher des parois du moule, et les parois ou le pourtour en deux parties égales; elles doivent se réunir par deux charnières que vous fixez par de petites goupilles en gros fil de fer, que vous posez à volonté. Au pied des parois il doit exister une petite fêlure circulaire dans laquelle vous faites entrer le fond; ensuite vous fermez les charnières, et le moule se trouve dans son entier, et par conséquent composé de trois pièces bien distinctes. Ce moule doit être de toute nécessité composé ainsi ; je vais en analyser les causes et les effets.

Manière d'opérer. — Coupez par quartiers quinze poires de catillac, épluchez-les ; après les avoir émincées, vous les sautez dans une casserole avec 185 grammes de sucre en poudre, un demi-verre d'eau, la moitié du zeste d'un citron coupé en petits filets, et vous placez la casserole sur le feu ; dès que l'ébullition a lieu, vous sautez les poires ; vous les couvrez pour les faire mijoter ensuite sur des cendres rouges pendant une heure, afin d'obtenir la parfaite cuisson. Durant ce laps de temps, vous aurez épluché 62 grammes et demi de raisin de Corinthe, autant de Smyrne, et autant de raisin de Malaga ; puis vous les lavez et vous les égouttez sur un tamis à pâte d'amandes ; ensuite vous détrempez 375 grammes de farine, 125 grammes de sucre en poudre, 185 grammes de beurre, quatre ou cinq jaunes d'œufs et un peu de sel. Vous devez fraiser cette pâte, elle doit se trouver lisse et un peu ferme. Vous la montez en la roulant de 40 centimètres de longueur ; puis vous l'abaissez, et vous coupez cette bande de la hauteur du moule d'entremets que vous avez beurré légèrement. Maintenant, avec le reste de la pâte, vous faites une abaisse ronde pour foncer le moule ; vous mouillez le pourtour de l'abaisse pour y poser et coller la bande, que vous roulez sur elle-même pour la placer avec facilité sur les parois du moule ; vous soudez celle-ci en l'appuyant sur l'abaisse du fond : alors le moule se trouve parfaitement foncé. Avant d'employer les poires, vous aurez soin de faire réduire le sirop qu'elles ont rendu ; ensuite vous commencez à masquer de poires la surface du fond du moule ; sur les poires vous semez des raisins (ils doivent être mêlés ensemble) ; puis vous ajoutez par-dessus des poires, des raisins, et vous recommencez à opérer de la même manière pour remplir le flan ; vous devez observer que les poires doivent terminer la garniture de l'entremets, que vous mettez au four chaleur modérée, ou vous le cuisez sous le four de campagne. Après une heure de cuisson, vous masquez le flan d'appareil de meringue sur lequel vous semez du gros sucre ; puis vous remettez l'entremets au four, afin de lui donner une belle couleur. En le retirant du four, vous placez dessus et en couronne vingt-quatre petites meringues cuites séparément, ce qui donne de l'élégance à l'entremets. Au moment du service, vous ôtez les petites goupilles des charnières, afin de séparer le moule en deux parties ; alors votre flan se trouve de belle couleur, et surtout d'une croûte très agréable, étant croustillante et moelleuse, ce qu'on ne peut véritablement obtenir sans le moule à charnières : ainsi la pâte au sucre ne peut s'employer pour flan sans le secours de ce nouveau moule, qui du reste a beaucoup d'analogie avec les moules de fer-blanc que l'on emploie ordinairement pour foncer les pâtés froids à la Laforge.

On peut également masquer le flan avec de l'appareil de biscuit ou de génoises, ce qui n'est pas à dédaigner. Vous pouvez faire ce genre de flan aux pommes-reinettes préparées de même que les poires indiquées ci-dessus ; seulement vous ajoutez un pot de marmelade d'abricots dans les pommes.

FLAN DE POMMES A LA PARISIENNE.

Faites infuser une gousse de vanille dans environ un litre (par exemple, 90 à 95 centilitres) de bon lait bouillant ; après vingt minutes d'ébullition, vous y amalgamez 93 grammes de semoule ; puis vous placez la casserole sur des cendres rouges encore vingt minutes. En même temps que vous préparez cet appareil, vous épluchez par quartiers dix pommes-reinettes, et vous les faites cuire dans 185 grammes de sucre en sirop ; après les avoir égouttées sur une assiette, vous ajoutez le sirop dans la semoule avec 125 grammes de beurre fin et autant de sucre en poudre, six jaunes d'œufs, et deux grandes cuillerées à ragoût de crème fouettée.

Maintenant vous foncez votre moule à flan de pâte sucrée, comme il est démontré pour le flan à la viennoise ; puis vous y versez votre appareil en le remplissant à 2 centimètres près du bord, afin de pouvoir y placer vos quartiers de pommes. Lorsqu'elles sont arrangées en couronne avec soin, vous mettez le flan au four chaleur modérée, ou bien sous le four de campagne. Ayez soin d'observer ce détail, attendu que la surface des pommes doit se colorer légèrement.

Après une heure de cuisson, vous retirez le flan du four; puis, au moment du service, vous masquez les pommes avec un pot de marmelade d'abricots.

Cet entremets de pâtisserie est excellent.

CHAPITRE XXVIII.

COUPE MONTÉE SUR UNE CASSOLETTE.

Cette coupe, ainsi que le pied de la cassolette,

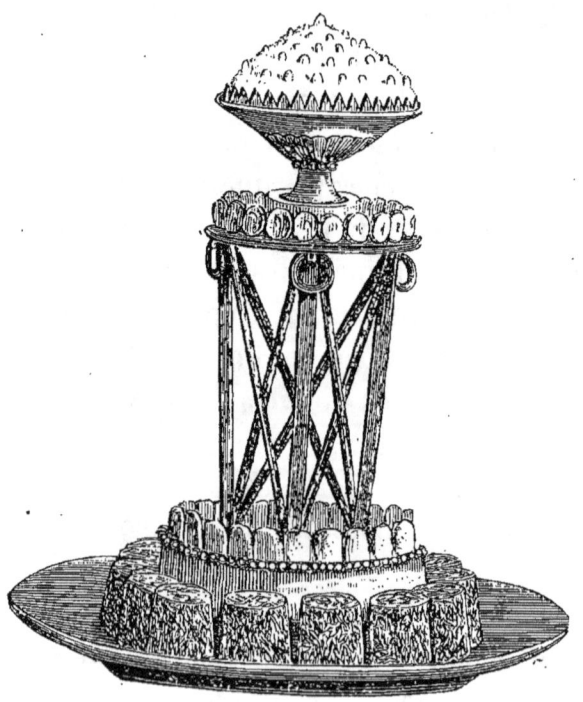

Fig. 61. — Coupe montée sur une cassolette.

sont en pâte d'office masquée de sucre rose. Le petit

socle sur lequel elle est montée est un canapé aux amandes pistaches. La grande abaisse est entourée de petits nougats unis : la coupe a 13 centimètres de diamètre sur 5 de hauteur, le pied de la cassolette en a 16 ; le socle a 8 centimètres de hauteur sur 13 de diamètre, la grande abaisse a 21 centimètres de diamètre.

VASE GARNI D'UNE PALME.

Ce vase a 24 centimètres de hauteur sur 10 de diamètre à son évasement ; son pied forme un socle

Fig. 62. — Vase garni d'une palme.

de 8 centimètres de diamètre sur 8 de hauteur ; on le fait en nougat ou en pâte d'office masquée de sucre bleu de ciel ou rose : vous le garnissez d'une tête de palmier, de fleurons de feuilletage blanc ou de sucre filé ; ensuite vous garnissez l'abaisse de petits choux glacés au cassé et masqués de pistaches hachées.

SULTANE MONTÉE SUR UNE CASSOLETTE.

Cette cassolette est plus légère que la précédente, sa coupe est presque plate ; elle est masquée de su-

Fig. 63. — Sultane montée sur une cassolette.

cre lilas : dessus est une sultane filée dans un dôme de 13 centimètres de diamètre sur 8 de profondeur ; elle est ornée de sucre filé. Le socle est de gaufres à l'allemande ; il a 13 centimètres de diamètre sur 9 de hauteur. L'abaisse du fond de l'entremets a 21 centimètres de largeur ; elle est garnie d'abaisses en pâte d'amandes de couleur lilas, dans lesquelles vous mettez de la crème plombière, du fromage bavarois ou de la crème à la Chantilly.

On peut mettre sous la sultane quelques meringues.

GERBE DE BLÉ ORNÉE DE SUCRE FILÉ.

Cette gerbe a 18 centimètres de hauteur sur 8 de diamètre à son lien, on la fait en feuilletage blanc ;

Fig. 64. — Gerbe de blé ornée de sucre filé.

on forme les épis en sucre filé : elle est montée sur deux socles de 10 centimètres de hauteur (de canapé vert) ; l'un a 10 centimètres de diamètre ; l'autre, 16. La grande abaisse de l'entremets est garnie de gâteaux dits royaux fourrés de marmelade d'abricots.

VASE FORMAMT CASCADE.

Ce vase a 18 centimètres de hauteur sur 13 d'évasement ; on le fait en nougat ou en pâte d'office

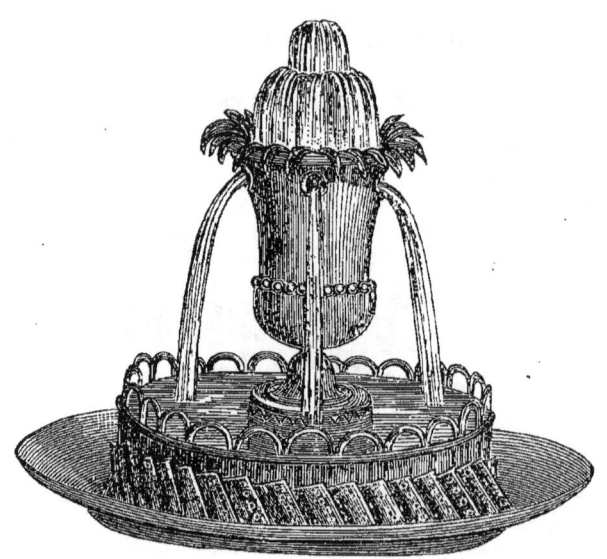

Fig. 65. — Vase formant cascade.

masquée de sucre vert aux pistaches ou rose. Le socle sur lequel il est monté a 18 centimètres de diamètre sur 6 centimètres environ de hauteur. Vous garnissez le tour de l'abaisse de l'entremets avec de petits gâteaux d'amandes coupés carré long ; vous garnissez le vase de sucre filé de manière à former la cascade, comme l'indique la figure ci-dessus.

ARBUSTE EN NOUGAT PORTANT DE PETITS PANIERS.

Vous montez cet arbuste en nougat, comme l'indique la figure ci-dessous ; mais vous écartez les bran-

Fig. 66. — Arbuste en nougat portant de petits paniers.

ches de manière que vous puissiez y suspendre de petits paniers par l'anse ; vous formez quinze de ces paniers, sur de petits dômes de 4 centimètres de diamètre, avec des mosaïques de pâte d'office, dans laquelle vous joignez un peu de gomme adragant, afin de lui donner plus de corps. Vous le colorez au four, et ornez les branches de losanges de biscuits aux pistaches. Les socles qui portent l'arbuste sont en petites gaufres d'office de 6 bons centimètres de longueur.

La grande abaisse est garnie de gâteaux renversés glacés de sucre rose cuit au cassé.

Au moment du service, vous garnissez les petits paniers de crème fouettée, sur laquelle vous mettez une belle fraise. Servez de suite.

CHAPITRE XXIX.
ROTONDE A PALMIER.

Cette rotonde est à six colonnes dont le haut est

Fig. 67. — Rotonde à palmier.

orné de petits fleurons de feuilletage blanc; on la fait en pâte d'office masquée de sucre rose vif, ou bien en pâte d'amandes blanches, et alors les petits palmiers doivent être de pâte verte : on masque le toit de sucre filé blanc, ce qui produit un riche effet. Vous ornez le dessous de la corniche de petits denticules de feuilletage blanc. Le socle est de pâte d'office masquée de sucre vert; il a 18 centimètres de diamètre et 6 bons centimètres de hauteur. La bordure qui ceint le pied de la rotonde est de nougat ou de feuilletage blanc. La grande abaisse est garnie de petites madeleines au cédrat.

Fig. 68. — Petit temple en pâtes d'amandes.

PETIT TEMPLE EN PATE D'AMANDES.

Ce temple est rond et a six colonnes; elles sont

bleu de ciel clair, le dôme de même couleur. L'entablement est blanc; le premier socle a 17 centimètres de diamètre sur 4 de hauteur, le second est plus large d'un bon centimètre et a la même hauteur : tous deux sont de pâte d'amandes blanche. La garniture de la grande abaisse se compose d'abaisses de pâte d'amandes de la même couleur que les colonnes : elles sont garnies de fromages bavarois.

Cet entremets est fort joli, on peut le faire en pâte d'office ou en nougat et orné de sucre filé.

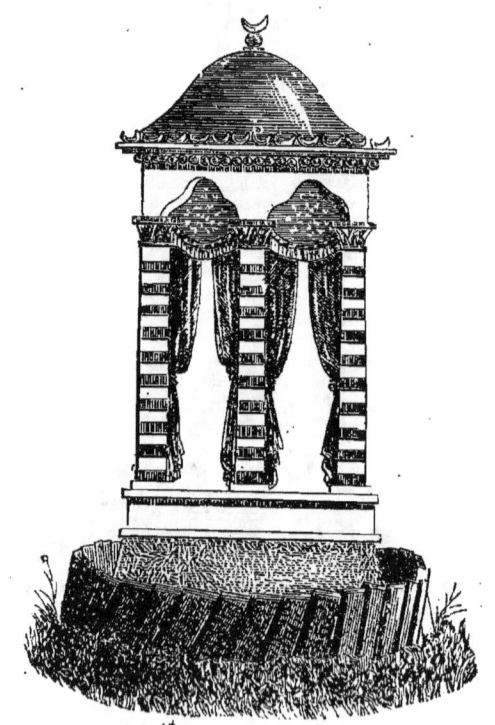

Fig. 69. — Petit pavillon turc orné de sucre filé.

PETIT PAVILLON TURC ORNÉ DE SUCRE FILÉ.

Ce pavillon (fig. 69) est carré et a quatre colonnes rayées de sucre vert et blanc ; le dôme est de sucre vert ou de pastillage jaune. Vous collez ce pavillon sur un socle en nougat de 13 centimètres carrés et de 6 bons centimètres de hauteur ; vous l'entourez d'une garniture de biscottes coupées carré long et glacées au citron.

On peut faire également cet entremets en pâte d'amandes et orné de sucre filé.

PETITE RUINE DANS UNE ILE.

Cette ruine a six colonnes ; deux sont cassées,

Fig. 70. — Petite ruine dans une île.

comme l'indique la figure 70 : les fragments de colonne et de l'entablement sont tombés dans l'intérieur. Les colonnes sont en pâte d'office masquée de sucre blanc ; l'entablement est en feuilletage, afin d'avoir des épaisseurs pleines. Vous ornez la ruine de petites parties de mousse : le premier socle doit avoir 2 bons centimètres de hauteur sur 17 bons centimètres de longueur et 9 de largeur. Vous le masquez entièrement de sucre filé, ce qui entoure la ruine de nappes d'eau formant cascade. Le second socle est dans le même genre, de 5 centimètres de hauteur : ce sont des gaufres qui les composent, et la garniture de la grande abaisse est de choux pralinés et garnis de crème à l'orange.

On peut faire cet entremets en pâte d'amandes.

PETIT CABINET CHINOIS.

Ce pavillon (fig. 71) est à six colonnes rayées jaune et blanc ; sa forme est polygone. L'entre-colonnement est garni d'un châssis avec treillage, le toit est couvert de sucre filé ; les petits œufs sont en pastillage ou en blanc. Les draperies sont en sucre filé ou en blanc, et suspendues avec de petits bouts de soie. Le socle est rond et a 17 bons centimètres de diamètre sur 6 de hauteur au moins. Le tout est en pâte d'office ou d'amandes.

La garniture de cet entremets est de choux garnis de marmelade d'abricots, et glacés ensuite au sucre rose au cassé ; ou bien vous les meringuez au gros sucre.

DES GROSSES PIÈCES ET DES ENTREMETS MONTÉS. 143

Fig. 71. — Petit cabinet chinois.

PETITE ROTONDE EN RUINE.

Cette rotonde est dans le genre gothique par la légèreté de ses colonnes, qui sont accouplées deux par deux ; elles sont au nombre de douze, dont quatre sont cassées, comme la figure 72 l'indique. Vous les collez sur un socle de 2 bons centimètres de hauteur sur 17 bons centimètres de diamètre. Le second socle doit avoir 18 centimètres de largeur. Pour la garniture de la grande abaisse, ce sont des nougats d'avelines coupés en filet : vous pouvez placer entre chaque colonne du sucre filé pour former cascade.

OBSERVATION. — Il est facile de voir que ces sortes d'entremets montés ne sont autre chose que de grosses pièces montées et arrangées pour faire de petites pièces de 29 à 32 et même 40 centimètres de

Fig. 72. — Petite rotonde en ruine.

hauteur sur 21 de diamètre ; car, si on ajoutait à ces entremets un grand socle ou deux, on obtiendrait bientôt des grosses pièces montées tout aussi élégantes que celles que nous avons décrites dans les chapitres VI à XII. Ainsi, avec les couronnements de ces sortes de grosses pièces, on pourrait faire des entremets dans le même genre que ceux-ci. Il est bon de remarquer que les chapitres XXVI à

XXIX, dans lesquels j'ai décrit mes entremets montés, offrent quatre genres bien distincts. Les premiers sont mâles et brillants, et peuvent être servis tous les jours sur nos tables opulentes; les seconds sont d'une physionomie plus pittoresque, et font plus d'effet : ceux-là sont pour être servis sur des tables à cérémonie; les troisièmes sont d'un genre plus élégant, et conviennent plus parfaitement pour les buffets et les grands dîners de quarante à soixante personnes. Les derniers sont plus agréables encore; car toutes ces petites pièces à colonnes sont d'un effet plus riche et sont plus attrayantes.

Je finis enfin ici la série des entremets montés, quoique j'eusse pu aisément en grossir encore le nombre, en dessinant d'autres objets que j'ai composés et exécutés, comme, par exemple : un petit char chinois couvert de son parasol; une petite barque turque; un canon sur son affût, monté sur un petit rempart; un mortier aussi monté; un petit tonneau de porteur d'eau avec ses deux seaux; un petit puits avec sa poulie, sa corde et ses seaux; des moulins à vent et à eau; un gradin d'abaisses en pâte d'amandes; un arbuste de nougat portant des nids d'oiseaux; une gerbe de roseaux ornée de sucre filé, etc., etc., et tant d'autres fantaisies que j'ai exécutées sur l'heure.

REMARQUE IMPORTANTE. — Après avoir moulé les colonnes en pâte d'office, vous avez le soin de les piquer, afin qu'elles se conservent bien lisses à la cuisson; mais ces soins sont insuffisants, puisque la chaleur les fait toujours clocher çà et là. Voici un procédé que la pratique seule m'a donné.

Les colonnes étant placées sur une plaque et à 5 centimètres au moins de distance entre elles, vous les mettez au four chaleur modérée ; et dès l'instant qu'elles sont prises et seulement blanchies par la cuisson, vous les retirez à la bouche du four ; vous les roulez l'une après l'autre sur le tour, en les appuyant à peine, afin de faire disparaître les globules d'air, ce qui s'opère aisément. Après cela, vous les laissez sécher doucement, et, en les sortant du four, vous avez l'attention de les détacher des moules ; sinon, étant froides, vous les retireriez par morceaux : il est aussi essentiel d'observer que la pâte à choux, qui sert pour les rochers, les rocailles et les socles (quelles que soient les formes qu'on lui aurait données), doit être parfaitement ressuyée au four ; sinon elle se détache aisément de la veille au lendemain. Le tout après les avoir collées au sucre au cassé.

CHAPITRE XXX.

OBSERVATION.

Ces six entremets montés ont toute l'élégance et la légèreté des grosses pièces ; aussi les ai-je exécutés en grand comme en petit. Ce nouveau genre de gradins formés de corbeilles de différentes grandeurs produit beaucoup d'effet ; et ces espèces de socles en pâte d'amandes doivent faire plaisir aux pâtissiers de maison, qui désormais auront des gradins en pâte d'amandes bien plus élégants que tous les gradins imaginés jusqu'à ce jour. Ce genre d'entremets monté appartient particulièrement aux pâtissiers de maison. C'est encore un nouveau service que mon livre va leur rendre; mais l'entremets que je leur recommande est la grande fontaine du Parnasse. Je l'ai exécutée deux fois pour servir dans mes grands dîners; elle produisit tout l'effet que j'avais lieu d'attendre. Cet entremets était monté en forme de fontaine antique, couronnée d'un palmier et de deux lauriers qui décoraient les deux côtés de la pièce. Sur ses couronnes j'avais placé les noms de Sophocle, de Schiller, de Shakspeare, de Racine. Le palmier chez les iconologistes est l'arbre génial; par les lauriers qui décoraient les deux côtés de la fontaine, j'avais voulu rappeler les lauriers qui avaient couronné ces hommes illustres; puis les fontaines qui entouraient le pied du monument ne pourraient-elles pas rappeler les eaux de l'Hippocrène?

En composant cette grosse pièce, j'ai voulu charmer les loisirs des amphitryons à table. Dans un autre grand dîner, j'ai de nouveau exécuté ces grosses pièces et j'ai mis dans les quatre couronnes les noms de quatre grands poètes : Homère, Virgile, le Dante, Milton; mais pour rendre ces pièces plus nationales, dès qu'elles devront être servies sur la table d'un ministre, on placerait dans les quatre couronnes les noms de l'abbé Suger, de L'Hôpital, de Sully et de Colbert. Pour la table d'un maréchal de France, on rappellerait les noms des Condé, des Bayard, des Vendôme et des Turenne. Pour un amiral, on peut mettre dans les quatre couronnes les noms de Duguay-Trouin, de Tourville, de Jean Bart et de Suffren. Pour les dîners de savants et d'artistes, on pourrait ajuster des couronnes de laurier détachées et enlacées aux deux branches de laurier qui décorent les deux côtés de la pièce ; puis on rappellerait par des légendes les noms illustres de nos poëtes, de nos peintres, de nos sculpteurs et de nos artistes en tout genre.

Je le répète, cette grosse pièce montée, étant exécutée avec goût, produira toujours de l'effet. J'en donnerai les détails à son numéro descriptif.

COUPE GOTHIQUE A SULTANE ORNÉE DE LAURIER.

Cet entremets monté est des plus élégants. On doit l'exécuter en pâte d'amandes blanche et lilas. Les trois gradins doivent se faire sur des moules à corbeille (de 16 centimètres, de 12 et de 8 centimètres de diamètre par le haut et de 10 centimètres de hauteur), afin de donner à l'entremets la grâce telle que le représente la figure 73. Les abaisses doivent être également en pâte d'amandes blanche et lilas. Si, par exemple, on veut faire la pièce blanche et rose, vous mettez les gradins blanc et rose, et ainsi des autres couleurs, violet, vert, jaune, orange, amarante, bleu et chocolat : mais que toujours une seule couleur soit mêlée à la pâte d'amandes blanche.

Vous devez, après avoir foncé le moule de la coupe et les trois corbeilles, les découper en filets à jour de un centimètre au plus de largeur, et à autant de

Fig. 73. — Coupe gothique à sultane ornée de laurier.

distance les uns des autres. Sus les filets restants, vous rapportez un filet lilas de moins d'un demi-centimètre de largeur ; puis vous décorez la coupe dans le genre de la figure, avec des filets et des bandes lilas ; ensuite vous faites les fleurons qui décorent les bordures des abaisses en pâte d'amandes blanche ornée de filets lilas. Tous ces détails doivent s'exécuter quelques jours d'avance. Vous devez avoir le soin de coller cet entremets avec du repère blanc. Le jour du service vous filez une sultane (argentée) sur un moule, qui, étant réuni à la coupe, doit former un œuf parfait, tel que la figure le représente. Avant d'ôter la sultane de dessus son moule, vous la décorez de trois branches de laurier, ainsi que la figure l'indique encore. Les feuilles sont en pâte d'amandes d'un vert tendre; vous employez le reste du sucre à filer pour les coller à la sultane. Étant prêt à servir, vous garnissez les trois gradins de génoises en croissants glacés au caramel, puis d'abaisses en pâte d'amandes colorées au four et garnies de crème à la Chantilly; et la troisième garniture, de dauphines garnies d'abricots.

Vous pouvez garnir la coupe soit de meringues moelleuses, ou à l'italienne ou à la crème; mais je préfère la garnir d'un bouquet de roses. Cet entremets est des plus distingués. On peut également l'exécuter monté en pâte d'office.

LYRE EN PATE D'AMANDES, ORNÉE D'UN CADRAN ET DE SUCRE FILÉ.

Les trois gradins sont exécutés en pâte d'amandes blanche et rose, ainsi que la lyre; pour les détails, *voyez* la figure 74. Vous devez toujours exécuter cet entremets d'avance, afin que la pâte d'amandes soit bien sèche; autrement les abaisses pourraient fléchir et faire manquer l'entremets. Les trois gradins sont garnis de petits nougats au gros sucre et

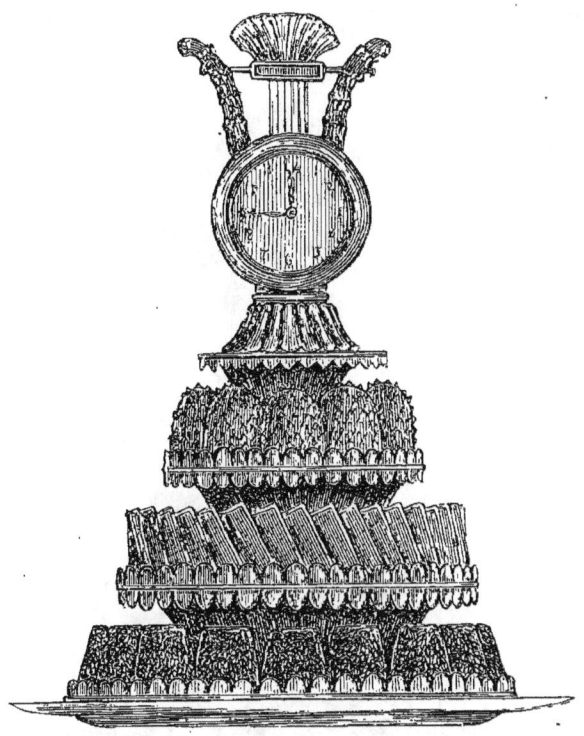

Fig. 74. — Lyre en pâte d'amandes, ornée d'un cadran et de sucre filé.

aux pistaches, de gâteaux d'amandes glacés au chocolat, et de choux pralinés et ensuite glacés au cassé à blanc.

CORBEILLE GOTHIQUE GARNIE DE FLEURS EN SUCRE FILÉ.

Cet entremets monté doit être fait en pâte d'amandes blanche, et les ornements en pâte colorée vert pistache ; pour la décoration, *voyez* la figure ci-dessous. On peut découper la corbeille à filets à jour ; mais je la préfère pleine, et les ornements posés

Fig. 75. — Corbeille gothique garnie de fleurs en sucre filé.

dessus en relief. Vous devez également préparer une soixantaine de feuilles de laurier en pâte d'amandes verte tendre en couleur. Puis vous faites de petits montants verts sur lesquels vous collez les feuilles (avec du repère vert pistache), afin de former les branches du bouquet. Deux heures avant le moment du service, vous faites six belles marguerites (*voyez* la figure 75) en sucre filé, dont trois argentées et trois couleur or. Vous les groupez dans la corbeille, ainsi que la figure le représente ; puis vous ajustez vos branches de feuillage, ce qui produit un joli bouquet. Les trois gradins sont garnis de diadèmes en feuilletage au gros sucre, de madeleines glacées au caramel, et de biscuits aux pistaches glacés de glace blanche sur laquelle vous semez des pistaches coupées en filets. Cette corbeille produit beaucoup d'effet.

ERMITAGE DE SION EN SUISSE.

Vous exécutez cet entremets en pâte d'amandes blanche, tandis que les toits et les charpentes seront en pâte couleur chocolat. Le corps du pin sera vert pâle, et les branches de l'arbre vert printanier. Vous pouvez ajouter de petits groupes de mousse après l'ermitage, et sur les toitures vous placez çà et là (*voyez* la figure 76) de petits carrés irréguliers de pâtes d'amandes marbrée de chocolat et de vert pâle. Ces petits carrés sont pour imiter les pierres que les Suisses sont dans l'habitude de poser sur leurs maisons, afin de préserver les toits des coups de vent impétueux qui viennent des montagnes. Les trois gradins sont également en pâte d'amandes blanche et rayée de pâte couleur chocolat. Les trois garnitures se composent de petits croque-en-bouche

QUATRIÈME PARTIE.

glacés au caramel, de gâteaux à la dauphine, au gros sucre et aux pistaches, et d'abaisses en pâte d'aman-

Fig. 76. — Ermitage de Sion en Suisse.

des colorées au four et décorées ensuite de filets couleur pistache; elles doivent être garnies de crème fouettée au chocolat.

LA DOUBLE CASCADE A L'ITALIENNE.

Cet entremets carré a trente-deux colonnes; vous l'exécutez en pâte d'amandes blanche, et les détails en pâte couleur lilas. Les deux cascades doivent se filer en sucre argenté, ce qui produit toujours de l'effet. Les trois gradins du socle sont également en

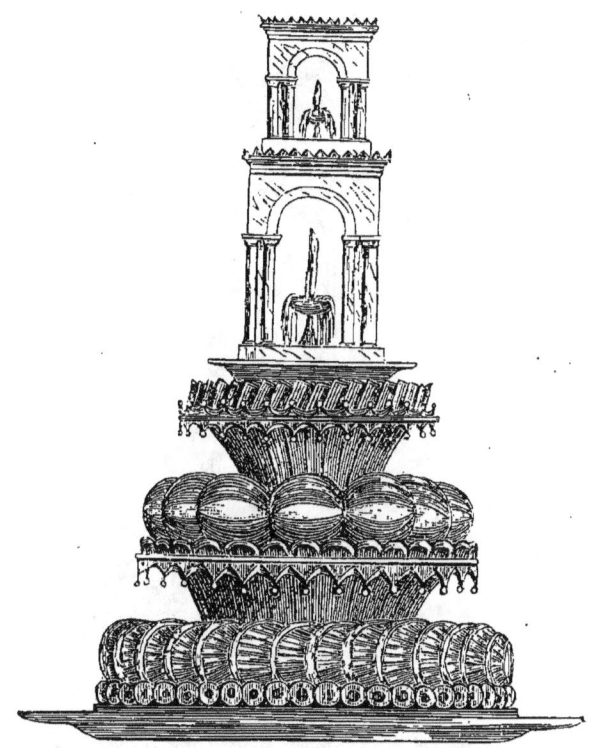

Fig. 77. — La double cascade à l'italienne.

pâte d'amandes blanche et lilas : les trois garnitures se composent de petits gâteaux d'amandes glacés à la glace blanche, sur laquelle vous semez des raisins de Corinthe et de gros sucre ; la seconde, de gâteaux renversés en feuilletage et glacés de lames de gelée de pommes ; la troisième, de génoises en croissants perlés. Cet entremets a de l'élégance et de la légèreté.

GRANDE FONTAINE DU PARNASSE.

Me voilà arrivé aux détails de cette grosse pièce

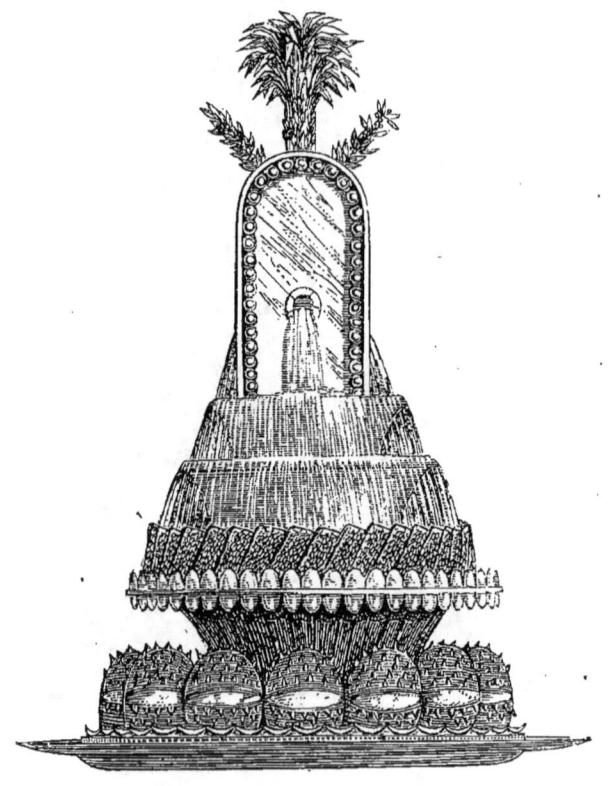

Fig. 78. — Grande fontaine du Parnasse.

montée, la plus distinguée que j'aie composée : je le répète, elle produira toujours de l'effet étant exécutée avec goût; je vais donc la décrire dans les proportions dans lesquelles je l'ai exécutée deux fois dans mes grands dîners.

Vous commencez par foncer huit abaisses rondes pour des socles à trois gradins, puis trente montants de 10 centimètres de hauteur ; ensuite vous masquez de pâte d'office une grosse colonne en fer-blanc de 64 centimètres de hauteur ayant 6 à 7 centimètres de diamètre à sa base et 5 au moins à sa hauteur, afin d'obtenir un centimètre et demi de fût pour faciliter le dépouillement de la pâte. Lorsqu'elle sort du four, vous recommencez une seconde colonne.

Maintenant, vous détaillez quatre abaisses de 16 centimètres de largeur sur 32 de hauteur (*Voyez* la figure 78) ; vous coupez ces abaisses carrés de 32 centimètres, demi-circulaires par en haut, ainsi que la représente la figure, puis vous recommencez la même opération pour faire quatre abaisses de 8 centimètres de largeur sur 18 de hauteur, et toujours demi-circulaires par le haut : vous détaillez encore deux abaisses de 18 centimètres de longueur sur 10 de largeur, et puis douze montants de 8 centimètres de hauteur. Ces deux abaisses sont pour grouper les pièces montées. Toute votre pâte d'office ainsi préparée, vous faites en feuilletage quarante-huit fleurons de 13 centimètres au moins de hauteur sur 10 de largeur. Lorsque vous leur avez donné la grâce convenable, examinez la figure. Vous devez détailler assez de petits boutons à blanc pour encadrer les huit abaisses demi-circulaires des gradins. Vous pouvez former les huit gradins de cette manière : deux de gaufres, deux de pains à la duchesse, deux de génoises, et deux de feuilletage en canapé ou à blanc. Vous parez toutes vos abaisses ; vous bordez les rondes de sucre au cassé, ou au sucre rose et vert. Vous masquez la colonne de sucre blanc, ainsi que les huit abaisses demi-circulaires ; vous masquez la pointe des fleurons pour les palmiers de sucre pistache ; après quoi vous groupez les grosses pièces selon la figure ; étant montées, vous collez au milieu des abaisses demi-circulaires un anneau en feuilletage blanc sur chaque façade des fontaines ; puis vous en faites sortir de grosses gerbes de sucre filé qui doivent tomber sur les gradins sur lesquels sont collées les fontaines. Ainsi vous entourez ces gradins de sucre filé, afin que le pied des fontaines se trouve entouré de nappes d'eau imitées en sucre filé argenté ; vous formez également de même sucre huit couronnes de 9 centimètres et demi de diamètre, dans lesquelles vous placez des ronds de papier de 8 centimètres sur lesquels vous avez tracé les noms des grands hommes que vous voulez rappeler. Vous devez garnir les huit gradins de gâteaux riches et élégants. On peut exécuter cette grosse pièce en pâte d'amandes ; je vais faire l'analyse de l'entremets qui la représente, en petit.

Après avoir préparé les trois gradins à corbeille (*Voyez* les détails de la figure), vous exécutez le corps du palmier de pâte d'amandes légèrement colorée de vert, tandis que vous faites les feuilles d'un beau vert pistache ; vous les disposez de manière qu'après les avoir collées, la tête du palmier doit imiter la couronne élégante d'un gros ananas ; vous préparez également la fontaine en pâte d'amandes blanche ; vous entourez les quatre façades de filets verts levés à la planche et représentant des feuilles de chêne. Quant à la couronne qui doit ceindre les noms des grands hommes dont vous voulez rappeler le souvenir, vous la formez d'étoiles dorées et levées à la planche ; puis vous préparez les deux branches de laurier d'un beau vert printanier. Les graines doivent être imitées en pâte d'amandes au chocolat. Votre pièce étant montée, vous entourez le pied de sucre filé ; comme vous imitez avec le même sucre les fontaines qui sortent des quatre façades de la pièce. Les gradins doivent être en pâte d'amandes blanche décorée de filets de couleur chocolat. Les petits fleurons qui entourent les abaisses rondes sont vert pâle. Les trois garnitures des gradins se composent de petites génoises glacées au chocolat, de gâteaux turcs rayés de sucre vert, et de meringues aux pistaches en forme de hérissons et garnies de crème au chocolat.

CINQUIÈME PARTIE.

DES ENTREMETS DE PATISSERIE

DÉTACHÉS ET NON DÉTACHÉS.

CHAPITRE PREMIER.

DES ENTREMETS DE PATE A CHOUX EN GÉNÉRAL.

RÂMEQUINS, ENTREMETS CHAUDS.

Mettez dans une casserole deux verres de bon lait et 62 bons grammes de beurre fin ; lorsque ce mélange commence à bouillir, vous l'ôtez de dessus le feu, puis vous y joignez 155 bons grammes de farine tamisée. Le tout bien mêlé, vous remettez la casserole sur le fourneau ; en remuant toujours l'appareil, afin qu'il ne s'attache pas au fond de la casserole. Lorsque la pâte se trouve ainsi desséchée pendant trois minutes, vous la versez dans une autre casserole pour y mêler au moins 62 grammes de beurre, autant de fromage parmesan râpé, et deux œufs ; le tout bien incorporé, ajoutez une bonne pincée de mignonnette, une demi-cuillerée de sucre en poudre, un œuf et 90 à 95 grammes de fromage de vrai Gruyères coupé en petits dés carrés d'un centimètre au plus : travaillez bien ce mélange, puis joignez-y encore trois bonnes cuillerées de crème fouettée. Cet appareil, ainsi disposé, doit donner une pâte d'un corps semblable à la pâte à choux ordinaire : vous couchez les ramequins un peu moins gros que les choux, et les dorez de même. Mettez-les au four un peu gai : vingt minutes de cuisson. Servez de suite.

Détail de l'appareil. — Deux verres de lait, 155 bons grammes de farine, 125 de beurre d'Isigny, trois œufs 62, grammes de parmesan, trois cuillerées de crème fouettée, 90 à 95 grammes de Gruyères, une demi-cuillerée de sucre, une bonne pincée de mignonnette; pas de sel.

Observation. — En disant 155 grammes de farine, je conviens que le procédé est susceptible de ne pas être toujours précis ; voici pourquoi : les farines ne sont pas toutes propres à ce genre de travail. Souvent des farines de même blancheur diffèrent beaucoup entre elles pour nos opérations, car si elles se trouvaient toutes avoir le même résultat et la même qualité que celles que j'ai employées chez moi, alors quelque farine que ce puisse être (dans les premières qualités) remplirait ma manière de procéder ; mais si, au contraire, la farine relâche, ma manière ne peut s'opérer qu'en faisant un mauvais effet, car, au lieu de 155 grammes de farine, on pourrait bien en employer 215 à 220, sans cependant obtenir le même résultat. Or il est important de faire cette observation, puisque tout changement de farine peut faire manquer nos opérations ; il est nécessaire de les étudier la première fois que nous les employons, mais les praticiens seuls peuvent en prévenir les mauvais effets.

Je mets un peu de sucre dans cette recette, quoiqu'elle soit au fromage : ce peu de sucre est précisément pour adoucir l'âcreté du fromage, quelque bon qu'il soit.

CHOUX PRALINÉS AUX AVELINES.

Mettez dans une casserole un verre d'eau, un de lait, et 62 bons grammes de beurre fin ; ce mélange étant en ébullition, vous le retirez de dessus le feu : ayez tout prêt un peu de farine tamisée, que vous amalgamez dans le liquide en le remuant avec une spatule ; et lorsque cela commence à former une petite pâte mollette, vous cessez l'addition de la farine. Remettez la casserole sur le fourneau en remuant continuellement l'appareil, afin qu'il ne s'attache pas et qu'il soit sans grumeaux. Après l'avoir ainsi desséchée pendant trois minutes, changez la pâte de casserole ; mêlez-y 30 à 32 grammes de beurre fin, deux œufs ; ensuite mêlez encore 90 à 95 grammes de sucre en poudre, deux œufs, une pincée de sel, une cuillerée d'eau de fleur d'orange, et deux cuillerées de crème fouettée. Si votre pâte se trouve un peu ferme, vous l'amollirez avec un jaune, ou seulement la moitié ; puis vous couchez les choux de moyenne grosseur. Après les avoir dorés, vous les masquez avec 125 grammes d'amandes d'avelines émondées, hachées fin, mêlées avec 62 à 63 grammes de sucre en poudre et la sixième partie d'un blanc d'œuf (vous les remuez afin qu'ils prennent parfaitement le sucre par l'effet de l'humidité du blanc d'œuf). Mettez-les au four doux, et servez-les de belle couleur et bien ressuyés, si vous voulez qu'ils ne s'affaissent pas.

Détail de l'appareil. — Un verre de lait, un verre d'eau, 125 grammes d'avelines, 90 à 95 grammes de beurre d'Isigny, 155 bons grammes de sucre en poudre, une cuillerée d'eau de fleur d'orange, quatre œufs entiers, deux cuillerées de crème fouettée, un grain de sel.

Observation. — Cette manière de marquer mon appareil est plus grande que la précédente, attendu que je mets la farine sans la peser. Cette manière d'opérer est plus facile; mais comment aider l'apprenti qui n'entreprend qu'avec crainte? Il est donc nécessaire de lui tracer une méthode sûre et facile; car réellement le remplissage de ces sortes de pâtes, sans peser la farine, est d'autant plus difficile, qu'elle est le point essentiel de l'opération, et qu'un peu plus ou moins de farine influe singulièrement sur cette pâtisserie : elle sera plus ou moins claire ou terne, et moins agréable au palais friand et connaisseur. Avant de mettre les choux au four, vous les masquez de sucre écrasé.

CHOUX GRILLÉS AUX AMANDES.

Vous procéderez de la même manière que ci-dessus. Ces choux ne diffèrent que par les amandes douces, qui, du reste, sont de même mêlées avec du sucre et du blanc d'œuf.

GIMBLETTES GRILLÉES AUX AMANDES.

Vous les faites avec la même pâte que ci-dessus, vous les couchez seulement un peu plus petites que les choux; et lorsqu'elles sont dorées, vous les appuyez légèrement avec une cuiller que vous trempez dans la dorure, pour qu'elle ne s'attache pas à la pâte. Ces gimblettes ainsi disposées, vous avez plus de facilité pour les faire de belle forme, ce que vous faites en trempant le bout du doigt dans la dorure, ensuite vous percez la pâte au milieu, l'élargissez à volonté, et la couvrez d'amandes. La cuisson est la même que celle des choux ordinaires.

CHOUX AU GROS SUCRE.

Vous préparez l'appareil de la même manière que les précédents. Lorsque vos choux sont dorés, vous les masquez de gros sucre, et les mettez au four de suite.

Pour les gimblettes au sucre, vous procédez de la même manière.

CHOUX A LA MECQUE.

Mettez dans une casserole deux verres de lait et 62 à 63 grammes de beurre fin; après avoir rempli la pâte mollette de farine, et l'avoir desséchée quelques minutes, ajoutez la même quantité que ci-dessus de beurre et un demi-verre de lait; puis desséchez quelques minutes encore. Ensuite vous la changez de casserole, en ajoutant, avec deux œufs, encore le même poids de sucre en poudre. Ce mélange étant bien travaillé, vous y mêlez deux œufs, deux cuillerées de bonne crème fouettée, et un grain de sel. Cette pâte ne doit pas être plus molle que de coutume. Vous couchez ces choux à la cuiller, et en forme de navette, de 8 centimètres de longueur. Lorsqu'ils sont dorés, vous les masquez de gros sucre et les mettez au four, chaleur modérée. Servez-les de belle couleur.

Vous pouvez parfumer ces choux au cédrat, à l'orange, à la bigarade ou au citron. A cet effet, vous râpez sur un morceau de sucre la moitié du zeste de l'un de ces fruits, et vous pesez ce sucre parfumé dans les 62 grammes qui entrent dans l'appareil.

Détail de l'appareil. — Deux verres de lait, 62 bons grammes de sucre, 125 de beurre, 155 de farine, le zeste d'un cédrat, 125 grammes de gros sucre, quatre ou cinq œufs, une cuillerée de crème fouettée, un peu de sel. Vous devez travailler cet appareil avec la cuiller de bois, afin de le rendre bien lisse.

CHOUX AUX ANIS BLANCS.

Vous les couchez ainsi qu'il est indiqué plus haut, et avec la même pâte que ci-dessus; lorsqu'ils sont dorés, vous les masquez avec des anis blancs de Verdun. Mettez-les au four chaleur modérée.

PETITS CHOUX A LA D'ARTOIS.

C'est la même pâte que pour les choux à la Mecque. Vous les couchez aussi à la cuiller, en leur donnant la forme et le volume des petits biscuits à la cuiller. Vous les dorez légèrement, et les mettez à four plus gai que les précédents. Lorsqu'ils sont assez ressuyés, vous les glacez avec du sucre passé au tamis de soie; puis vous mettez une allume à la bouche du four et les glacez à la flamme. Servez chaud, car ils ne doivent pas attendre.

CHOUX A LA SAINT-CLOUD.

Vous les faites semblables en tous points aux choux à la Mecque. Cependant vous ne mettrez point de gros sucre dessus; vous les glacez à la flamme du four, de même que ci-dessus. Dans la crème qui doit marquer votre appareil, vous ferez infuser un bâton de vanille. Servez en sortant du four.

CHOUX SOUFFLÉS AU ZESTE D'ORANGE OU DE CITRON.

Après avoir mis dans une casserole 62 bons grammes de beurre d'Isigny, et deux verres de bonne crème, aussitôt que ce mélange est en ébullition, vous le remplissez légèrement avec de la farine de crème de riz desséchée quelques minutes. Vous changez la pâte de casserole, vous y joignez 31 à 32 grammes de beurre, deux œufs et un grain de sel ; le tout étant bien mêlé, vous y mettez encore deux jaunes d'œufs, 90 à 95 grammes de sucre sur lequel vous aurez râpé la moitié du zeste d'un citron bien sain, ou la moitié du zeste d'une orange. Travaillez bien ce mélange, fouettez les deux blancs d'œufs bien ferme, et mêlez-les dans la pâte avec deux cuillerées de crème fouettée.

Cette pâte ne doit être ni plus molle ni plus ferme que les précédentes. Garnissez de cet appareil de petites caisses rondes ou carrées, et ne les remplissez qu'à moitié. Ensuite vous renversez la caisse sur un tas de gros sucre, afin que les choux en soient couverts. Mettez au four chaleur ordinaire ; servez-les chaudement. Ces choux ne sont pas dorés.

Détails de l'appareil. — Deux verres de crème, quatre œufs, 90 à 95 grammes de beurre, deux cuillerées de crème fouettée, 90 forts grammes de sucre en poudre, un peu de sel et un peu de zeste, orange ou citron.

CHOUX EN CAISSE AU CÉDRAT.

Vous procédez de la même manière que ci-dessus ; avec cette différence que vous hachez très fin 62 bons grammes de cédrat confit, que vous mêlez dans la pâte.

Vous pouvez parfumer ces sortes de choux à la vanille, à la fleur d'orange pralinée, au zeste de citron, ainsi qu'au zeste de cédrat, d'orange et de bigarade, aux pistaches, aux avelines, aux amandes amères, au café, au chocolat, aux anis étoilés, au marasquin et au rhum.

PATE A CHOUX POUR LES PETITS PAINS A LA DUCHESSE ET LES CHOUX GLACÉS.

Cette pâte est moins fine en beurre, en sucre et en farine que les précédentes, en ce qu'elle doit faire plus d'effet au four, afin qu'elle soit creuse au milieu, pour pouvoir la garnir intérieurement avec des crèmes ou des confitures, comme on va le voir dans les articles suivants.

PETITS PAINS A LA DUCHESSE.

Mettez dans une casserole deux verres d'eau et 62 grammes au moins de beurre fin; ce liquide étant en ébullition, vous le retirez de dessus le feu; ensuite vous y mêlez 185 bons grammes de farine tamisée, le tout bien amalgamé et sans grumeaux. Vous desséchez la pâte de la manière accoutumée et, après l'avoir changée de casserole, vous y joignez deux œufs et au moins 62 grammes de sucre en poudre. Le tout bien mêlé, ajoutez-y encore deux œufs et le zeste d'un citron haché très fin. Mettez encore un œuf ou deux, selon que la pâte pourra en prendre : elle doit être un peu plus ferme que celle des choux précédents.

Saupoudrez le tour à pâte avec de la farine, puis

couchez vos choux de la grosseur ordinaire; ensuite vous les roulez bien égaux et de 8 centimètres de longueur (roulez-les avec le moins de farine possible, afin qu'ils soient plus clairs à la cuisson); et à mesure vous les placez sur une plaque à 5 bons centimètres de distance les uns des autres; dorez-les légèrement et mettez-les au four un peu plus chaud que pour les choux ordinaires, lorsqu'ils sont bien ressuyés : ce que vous voyez facilement quand ils sont fermes au toucher. Vous les glacez avec du sucre fin passé au tamis de soie, puis vous faites un feu clair à la bouche du four, et les glacez de couleur vive à la chaleur de cette flamme, qui ne doit pas être trop âpre ; car autrement votre glacé ne serait plus égal de couleur. En retirant cette pâtisserie du four, vous aurez le soin de la détacher de suite de dessus la plaque.

Lorsque vos pains à la duchesse sont froids, vous les coupez d'un côté, et entr'ouvrez cette coupure, afin de pouvoir les garnir intérieurement avec de la marmelade d'abricots, ou de pêche, ou de gelée de groseilles. Refermez l'ouverture et dressez votre entremets.

Détail de l'appareil. — Deux verres d'eau, 62 bons grammes de beurre, autant de sucre en poudre, 185 grammes de farine, cinq ou six œufs, le zeste d'un citron haché, un peu de sel et un pot de confiture, plus 125 grammes de sucre.

CHOUX GLACÉS.

Vous procédez de la même manière que ci-dessus, avec cette différence seulement que vous les couchez un peu moins gros et de forme ronde.

PAINS AUX AVELINES.

Faites ces petits pains comme les précédents. Lorsqu'ils sont dorés, vous les couvrez d'amandes d'avelines (125 grammes) hachées très fin, mêlées dans deux cuillerées de sucre en poudre, et un peu de blanc d'œuf.

Vous mouillez la plaque sur laquelle vous les placez, afin qu'ils ne s'en détachent pas lorsque vous penchez la plaque pour en séparer les amandes qui ne sont point attachées aux gâteaux. Lorsqu'ils sont cuits à point et de belle couleur, vous les détachez; et lorsqu'ils sont froids, vous procédez comme ci-dessus pour les garnir avec une petite crème-pâtissière (*Voyez* cet article) dans laquelle vous mettez le reste des avelines qui ont servi à masquer les petits pains. Avant de les joindre dans la crème, vous les pilez très fin.

CHOUX AUX AVELINES.

Vous les faites de la manière décrite ci-dessus, mais cependant plus petits en pâte: couchez-les ronds.

Les pains et les choux aux amandes ordinaires se disposent par les mêmes procédés.

PETITS PAINS AU CHOCOLAT.

Vous les faites de même que ceux à la duchesse. Lorsqu'ils sont refroidis, vous les garnissez selon la règle, avec une petite crème pâtissière (*Voyez* cet article) dans laquelle vous mêlez 125 grammes de bon chocolat à la vanille (vous assaisonnez la crème de sucre à la vanille) ; ensuite vous mettez dans une petite terrine 90 à 95 grammes de sucre fin passé au tamis de soie, avec 185 bons grammes de chocolat et la moitié d'un blanc d'œuf. Travaillez ce mélange quelques minutes avec une cuiller d'argent et bientôt vous aurez une glace d'un velouté luisant, mollette et bien liée ; sinon vous ajouterez un peu de blanc d'œuf, puis vous masquez avec cette glace le dessus et les côtés des petits pains. Vous arrangez et égalisez ce masqué avec la lame d'un couteau.

Cette opération faite, vous les mettez quelques minutes à la bouche du four. Lorsque vos gâteaux sont refroidis, vous pouvez les dresser, si toutefois vous êtes prêt à servir.

Détail de l'appareil. — Deux verres d'eau, 62 bons grammes de beurre, 185 au moins de farine, cinq ou six œufs, au moins 62 grammes de sucrre, 250 de chocolat, crème pâtissière, un verre de lait, un grain de sel.

PETITS PAINS A LA REINE.

Vous les disposez comme les précédents, puis vous pilez 125 grammes d'amandes, de pistaches (émondées lorsqu'elles sont parfaitement pilées). Vous les mêlez avec un demi-pot de marmelade d'abricots, ce qui vous donnera une espèce de crème verdâtre d'un goût exquis; car l'arome de l'abricot se lie fort bien avec la délicate odeur des pistaches, et ces fruits sont tous deux d'une saveur douce et agréable. Vous garnirez donc vos gâteaux de cette crème; ensuite vous mêlez dans une petite terrine 185 bons grammes de sucre fin passé au tamis de soie, un peu de blanc d'œuf et un peu de vert d'essence d'épinards (*Voyez* cet article.). Ce mélange étant travaillé, vous en masquez les petits pains de la manière décrite plus haut.

Faites-les sécher deux minutes à four très doux, pour que la chaleur n'altère point la couleur. Ayez soin de mettre peu de vert à la fois, afin que votre glacé soit d'un vert extrêmement tendre; on peut y ajouter du gros sucre.

DÉTAIL DE L'APPAREIL. — Deux verres d'eau, 62 bons grammes de beurre, 185 de farine, au moins 62 de sucre, cinq ou six œufs, 125 grammes de pistaches, un pot de marmelade d'abricots, 185 grammes de sucre, une pincée de sel.

Pour les choux à la reine, vous procéderez de la même manière que ci-dessus, avec cette différence que vous faites ceux-ci ronds.

PETITS PAINS A LA ROSE.

Vous les faites de même que ci-dessus, puis vous les glacez d'une glace rose. Vous pilez 125 grammes d'amandes douces avec 62 bons grammes de sucre. Prenez deux ou trois cuillerées de bonne eau de rose et le double de crème pâtissière ; puis vous garnissez avec ce mélange vos gâteaux avant de les glacer. Les choux à la rose se préparent de la même manière.

PETITS PAINS A LA PAYSANNE.

Vous faites la même pâte des pains à la duchesse, mais vous couchez ceux-ci un peu plus gros et leur donnez la forme d'une navette. Lorsqu'ils sont dorés légèrement, vous les masquez de gros sucre, et les mettez de suite au four, afin que le sucre n'ait pas le temps de fondre par le liquide de la dorure. Donnez une belle couleur, et, lorsqu'ils sont refroidis, vous les coupez tout autour pour en séparer une espèce de couvercle ; ensuite vous mettez dans une petite terrine huit cuillerées de bonne crème fouettée, un demi-bâton de vanille pilé avec 62 bons grammes de sucre. Passez au tamis ; travaillez quelques minutes ce mélange, afin de rendre cette crème plus compacte et plus moelleuse en même temps ; puis vous garnissez les petits pains et les recouvrez de leurs couvercles.

Les choux à la paysanne se font de même.

Vous pouvez parfumer cette crème avec deux cuillerées de bon marasquin.

PETITS PAINS AU RAISIN DE CORINTHE.

Vous les faites de la même manière que ceux à la reine; vous les garnissez d'une petite crème pâtissière (*Voyez* cet article) dans laquelle vous mêlez au moins 62 grammes de sucre fin et autant de raisin de Corinthe bien lavé; ensuite vous faites, avec 125 grammes de sucre très fin et un demi-blanc d'œuf, une glace comme les précédentes, mais sans couleur. Vous en masquez les gâteaux et, à mesure que vous en avez un de masqué, vous semez dessus des grains de raisin de Corinthe bien lavés et séchés au four; avant cette opération, faites ressuyer la glace au four et, quand vos petits pains sont froids, vous les dressez.

Les choux au raisin de Corinthe se font de même.

PETITS PAINS GLACÉS AU CARAMEL.

Vous les faites de même que les pains à la duchesse, mais sans être glacés au four. Vous les garnissez de même avec des confitures, n'importe lesquelles; puis vous mettez dans un petit poêlon d'office 125 grammes de sucre que vous faites cuire au caramel (*Voyez* cette cuisson), dans lequel vous trempez le dessus et le côté le plus uni des gâteaux, et le plus vite possible, afin que le sucre n'ait pas le temps de changer de couleur. Ainsi tour à tour vous glacez l'entremets, que vous dressez en plaçant le plus beau côté à la vue.

Les choux au caramel se préparent de la même manière.

PETITS PAINS GLACÉS AUX PISTACHES.

Vous coupez en petits filets 62 grammes au moins de pistaches émondées; vous cuisez 125 grammes de sucre au cassé (*Voyez* cette cuisson), et aussitôt vous mettez le poêlon sur le coin du fourneau, afin que le sucre conserve sa belle teinte blanche. Ensuite vous y glacez les petits pains, comme vous l'avez fait pour les précédents; puis, aussitôt que chaque gâteau sort du poêlon, vous semez légèrement dessus les filets de pistaches.

Les choux glacés aux pistaches se font de même.

PETITS PAINS GLACÉS AUX ANIS ROSES.

Vous procédez de même que ci-dessus, avec la seule différence que vous semez des anis roses en place des filets de pistaches.

Les choux glacés aux anis roses se font de même.

PETITS PAINS GLACÉS AU RAISIN DE CORINTHE.

Après avoir bien épluché et lavé à plusieurs eaux 62 bons grammes de beau raisin de Corinthe, vous le faites sécher quelques minutes au four, afin qu'il perde son humidité; ensuite vous glacez vos gâteaux de même que ci-dessus, et vous y semez les grains de raisin en place des anis.

Les choux glacés au raisin de Corinthe se font de la même manière. En place des raisins de Corinthe, vous semez des grains de sucre, ce qui vous donnera des petits pains au gros sucre.

PETITS PAINS PANACHÉS.

Mêlez ensemble 62 bons grammes de gros sucre et 31 à 32 de raisin de Corinthe préparé comme le précédent ; après, vous masquez vos gâteaux avec ce mélange. On les fait de même aux anis roses mêlés avec du gros sucre, ainsi qu'avec du gros sucre et des pistaches coupées en petits dés.

Vous pouvez faire des entremets de gimblettes au gros sucre, aux pistaches, aux anis ; enfin vous pouvez les varier autant qu'il y a de genres différents de petits pains décrits ci-dessus.

Pour opérer, vous suivez seulement les procédés décrits à chaque article.

On fait également et de la même manière des petits choux (moitié moins gros que les choux d'entremets) et des petits pains pour garnir des grosses pièces montées, et pour grouper les rochers et les rocailles.

PROFITROLLES AU CHOCOLAT.

Vous faites un verre de lait de crème pâtissière (*Voyez* cet article), dans laquelle vous mêlez 125 grammes de chocolat râpé. Mettez la moitié de cette crème dans un plat (d'entremets) d'argent ; vous l'élargissez avec soin et la mettez au four une petite demi-heure, afin qu'elle puisse, pendant ce temps, se gratiner sur le fond du plat.

Ensuite vous mêlez dans une petite terrine 62 à 63 grammes de chocolat râpé, autant de sucre et un peu de blanc d'œuf : le tout étant bien travaillé et un peu mollet, vous masquez avec huit beaux choux un peu plus gros que de coutume. Faites-les sécher au four pendant quelques minutes, ensuite vous les coupez légèrement pour en séparer le fond. Vous les garnissez avec le reste de la crème au chocolat, et à mesure vous les placez sur la crème gratinée. Placez le plus gros au milieu et les sept autres alentour, en les serrant le plus près possible. Mettez-les encore au four pendant un petit quart d'heure, et servez-les de suite.

Cet entremets est le même que pour les petits pains au chocolat : ils ne diffèrent que dans la manière de les servir.

Nous avons encore quelques objets qui concernent ce chapitre, attendu que la pâte à choux entre dans leur composition, comme, par exemple, les flans suisses, les poupelins, les petits choux, les beignets meringués. Ces entremets se trouvent placés dans chaque chapitre des parties qui les distinguent d'une manière toute particulière.

CHAPITRE II.

MADELEINES AU CÉDRAT.

Râpez sur un morceau de sucre la moitié du zeste d'un petit cédrat (ou d'une orange, citron ou bigarade); écrasez ce sucre très fin, mêlez-le avec du sucre en poudre, pesez-en 280 grammes que vous mettez dans une casserole avec 250 de farine tamisée, deux jaunes et six œufs entiers, deux cuillerées d'eau-de-vie d'Andaye et un peu de sel; remuez ce mélange avec une spatule. Lorsque la pâte est liée, vous la travaillez encore une minute seulement. Cette observation est de rigueur, si l'on veut avoir de belles madeleines : autrement, l'appareil étant plus travaillé fait beaucoup trop d'effet à la cuisson, et cela dispose les madeleines à s'attacher aux moules, à être plucheuses ou à se ratatiner; enfin, quand cela arrive, cet entremets est de pauvre mine.

Faites ensuite clarifier dans une petite casserole 310 grammes de beurre d'Isigny ; et à mesure que le lait monte dessus, vous avez le soin de l'écumer. Lorsqu'il ne petille plus, cela indique qu'il est clarifié ; alors vous le tirez à clair dans une autre casserole. Lorsqu'il est un peu refroidi, vous en remplissez un moule à madeleines : vous verserez ce beurre dans un autre moule, et ainsi de suite jusqu'au nombre de huit, après quoi vous reversez le beurre dans la casserole. Vous garnissez ensuite de nouveau un moule de beurre chaud, et le versez tour à tour dans huit autres moules. Enfin vous recommencez une fois cette opération, ce qui vous donnera vingt-quatre moules beurrés. Il ne faut pas renverser les moules après les avoir beurrés, attendu qu'ils doivent conserver le peu de beurre qui s'égoutte au fond de chacun d'eux.

Après, vous mêlez le reste du beurre dans l'appareil; puis vous les placez sur un fourneau très doux ; vous remuez légèrement ce mélange, afin qu'il ne s'attache pas à la casserole ; et aussitôt que l'appareil commence à devenir liquide (1), vous la retirez de dessus le feu pour qu'elle n'ait pas le temps d'y tiédir ; ensuite vous garnissez les moules avec une cuillerée de cet appareil. Mettez-les au four chaleur modérée.

Observation. — Si vous voyez faire à vos madeleines beaucoup d'effet à la cuisson, cela ne présage rien de bon ; car elles seront ou compactes ou plucheuses : ce mauvais résultat ne peut venir que d'avoir trop travaillé l'appareil avant ou après l'addition du beurre. Enfin, lorsqu'elles ont resté au four vingt-cinq à trente minutes, voyez si elles sont cuites ; elles doivent se trouver fermes au toucher : puis en retournant le moule, si elles se trouvent de belle couleur, vous les retirez du four.

(1) Ceci est l'effet du beurre fondu qui se lie dans toutes les parties de la pâte ; ce qui l'amollit singulièrement. Mais si, au contraire, on laissait le beurre refroidir dans la pâte, cela la rendrait plus ferme et nuirait encore à la parfaite réussite des madeleines. On peut ajouter le beurre après l'avoir manié bien mou, je préfère ce dernier procédé.

Détail de l'appareil. — 280 grammes de sucre en poudre, 250 de farine, six œufs entiers et deux jaunes, deux cuillerées de bonne eau-de-vie, le demi-zeste d'un cédrat, un grain de sel et 280 grammes de beurre.

On peut, en place de cédrat, râper du zeste d'orange, de citron ou de bigarade; on les fait aussi à la fleur d'oranger pralinée à la vanille.

MADELEINES AU RAISIN DE CORINTHE.

Vous procédez, pour l'appareil, de la même manière que ci-dessus; puis au moment de remplir vos moules, vous mêlez dans la pâte 62 à 63 grammes de beau raisin de Corinthe épluché, lavé et séché au four, afin qu'il n'ait point d'humidité

MADELEINES AUX PISTACHES.

Après avoir émondé 62 à 63 grammes de pistaches, vous coupez chaque amande en six parties égales, et les mêlez dans l'appareil au moment qu'il est prêt à être versé dans les moules. Vous mettez dans la préparation deux cuillerées de bon marasquin en place de deux cuillerées d'eau-de-vie.

MADELEINES AUX CÉDRATS CONFITS.

Coupez en petits dés, et aussi égaux que possible, 62 à 63 grammes de cédrat confit, que vous joignez dans la pâte lorsqu'elle n'a plus qu'à être versée dans les moules Ne mettez pas d'autre odeur.

MADELEINES AUX ANIS BLANCS.

Mettez 62 bons grammes d'anis blancs dans la pâte préparée de la manière accoutumée.

Toutes ces sortes de fruits nuisent un peu à ce que les madeleines soient bien lisses; mais cela est inévitable.

Voici une autre manière plus brillante et plus distinguée pour les servir.

Lorsque vos madeleines (ordinaires) sont cuites, mettez dans un petit poêlon d'office 125 grammes de beau sucre; et lorsqu'il est cuit au cassé (*Voyez* cet article), vous y glacez vos madeleines d'un côté seulement; mais, aussitôt qu'elles sortent du poêlon, vous semez dessus des grains de raisin de Corinthe ou de l'anis rose ou blanc, des pistaches coupées en dés, du cédrat confit ou du gros sucre. On peut également mêler des raisins de Corinthe avec du gros sucre, ou du gros sucre avec des pistaches.

MADELEINES EN SURPRISES.

Lorsque vos madeleines (ordinaires) sont refroidies, vous les videz en partie par le dessous; mais vous aurez soin de conserver le dessus de la partie que vous en avez séparée, afin qu'elle serve de couvercle; ensuite vous pilez 125 grammes d'amandes d'avelines, que vous mêlez avec huit cuillerées de marmelade d'abricots, puis vous garnissez l'intérieur des madeleines avec cette espèce de crème ; ensuite vous masquez le fond de chaque gâteau avec les parures que vous avez parées bien minces.

Vous pouvez piler des pistaches en place d'avelines. Vous pouvez également garnir vos madeleines de crème au chocolat et à la vanille.

On peut aussi meringuer ces sortes de madeleines.

CHAPITRE III.

DES GÉNOISES EN GÉNÉRAL, ENTREMETS DE SUCRE.

GÉNOISES A L'ORANGE.

Après avoir émondé 125 grammes d'amandes douces, vous les pilez et les mouillez peu à peu avec la moitié d'un blanc d'œuf, et quand elles sont parfaitement pulvérisées, et qu'aucun fragment d'amandes n'est plus aperçu, vous les mettez dans une moyenne terrine avec 185 bons grammes de farine, 250 de sucre en poudre, dont 63 au suc de zeste d'orange (*Voyez* cet article), six jaunes d'œufs, deux œufs entiers, une cuillerée de bonne eau-de-vie et un grain de sel. Travaillez ce mélange avec la spatule pendant six bonnes minutes, ensuite remuez avec la spatule 250 grammes de beurre fin que vous aurez mis à la bouche du four pendant une minute seulement, afin qu'il s'amollisse sans se fondre. Cependant lorsqu'il est bien moelleux et bien velouté, vous le mêlez dans un coin de la terrine avec un peu d'appareil, et après dans la masse entière. Travaillez encore ce mélange quatre ou cinq minutes, afin de bien amalgamer le beurre dans la pâte ; vos génoises seront alors terminées.

Vous beurrez après une plaque ou un plafond à rebord ; ou, si vous n'avez pas d'ustensiles nécessaires à l'opération, vous faites deux caisses de papier de 24 à 27 centimètres carrés : vous les beurrez et versez l'appareil dedans, et avec la lame du couteau vous égalisez l'épaisseur des génoises, ensuite vous les mettez au four chaleur douce. Lorsqu'elles sont assez ressuyées, vous les coupez de toutes les formes possibles, puis après vous les remettez sécher au four, afin qu'elles deviennent cassantes. Lorsqu'elles seront refroidies (ayez soin qu'elles ne reprennent pas de couleur), on les décore de toutes les manières, ainsi qu'on le verra dans les articles suivants.

Détail de l'appareil. — 125 grammes d'amandes, 250 de sucre, 185 de farine, deux œufs entiers, six jaunes, deux cuillerées d'eau-de-vie, la moitié du zeste d'une orange, 250 grammes de beurre, un grain de sel.

GÉNOISES A LA ROSE.

Vous les préparez comme les précédentes, avec cette seule différence que vous y joignez une demi-cuillerée de bonne essence de rose et une cuillerée d'eau-de-vie. Lorsqu'elles sont cuites, vous les coupez en forme de croissant avec un coupe-pâte rond du diamètre de 6 bons centimètres et les remettez au four pour les sécher. Pendant ce temps, vous mêlez dans une petite terrine 125 grammes de sucre passé au tamis de soie, le quart d'un blanc d'œuf et une petite infusion de graine de cochenille, ou de rouge végétal. Ce mélange étant bien travaillé, et d'un beau rose, vous en masquez le dessus des génoises en l'égalisant bien lisse. Ayez le soin de ne pas mettre de ce glacé sur l'épaisseur des gâteaux. Mettez-les deux minutes seulement à la bouche du four, afin que la glace se sèche sans changer de couleur. Lorsqu'elles sont refroidies, vous les dressez.

GÉNOISES A LA VANILLE.

Faites vos génoises selon la règle; joignez dans l'appareil la moitié d'une gousse de vanille pilée et passée au tamis de soie. Les génoises étant cuites, vous les coupez de 6 bons centimètres de longueur sur 3 à 4 centimètres de largeur, et les faites ressuyer au four ; puis vous les masquez d'un glacé, dans lequel vous avez mis une demi-gousse de vanille, pulvérisée et tamisée. Faites-les sécher au four, et donnez tant soit peu de couleur au glacé.

GÉNOISES AU CHOCOLAT.

Vous les faites en tout point comme les précédentes, en joignant dans l'appareil une demi-gousse de vanille. Pour les masquer, vous faites un glacé avec 93 à 94 grammes de chocolat râpé, 62 bons grammes de sucre fin, et un demi-blanc d'œuf. Étant glacées, mettez-les deux minutes au four.

GÉNOISES AU RAISIN DE CORINTHE.

Après avoir épluché et bien lavé 125 grammes de raisin de Corinthe, vous le faites ressuyer au four, afin qu'il ne soit plus humide. Vous mêlez la moitié dans l'appareil avec le zeste d'un citron haché bien fin, vos génoises préparées d'ailleurs comme de coutume ; ensuite vous faites, avec 125 grammes de sucre très fin et un peu de blanc d'œuf, un glacé dont vous masquez le dessus des gâteaux, au fur et à mesure que vous en avez un de glacé. Vous semez dessus les grains de raisin de Corinthe que vous avez conservés. Mettez sécher une minute à la bouche du four.

GÉNOISES AU CÉDRAT CONFIT.

Prenez 62 bons grammes de beau cédrat confit, et coupez-le en petits dés. Mettez dans l'appareil le zeste d'un cédrat râpé sur un morceau de sucre (*Voyez* cet article). Ces génoises étant disposées selon la règle, vous les masquez comme les précédentes, et semez dessus les petits dés de cédrat.

GÉNOISES AUX ANIS ROSES.

Mettez dans l'appareil ordinaire une cuillerée de graines d'anis verts étoilés, mais parfaitement nettoyés. Vous séchez les génoises après les avoir coupées en croissant; puis vous faites un petit glacé de 125 grammes de sucre, et à mesure vous semez dessus des anis roses.

GÉNOISES AU MARASQUIN.

Vous mettez dans l'appareil deux cuillerées de bon marasquin d'Italie en place d'eau-de-vie. Mêlez dans une petite terrine 125 grammes de sucre très fin, avec un peu de blanc d'œuf et une cuillerée de marasquin; finissez l'opération de la manière accoutumée.

Vous pouvez faire le glacé un peu rose, par l'addition d'une infusion de cochenille ou de rouge végétal, puis vous semez dessus du gros sucre (*Voyez* cet article). Vous procédez de même pour les génoises au rhum.

GÉNOISES AUX PISTACHES.

Après avoir émondé 125 grammes de pistaches, vous les pilez avec un peu de blanc d'œuf, afin qu'elles ne tournent pas à l'huile; vous les mêlez dans l'appareil en place d'amandes ordinaires. Joignez-y une cuillerée d'essence de vert d'épinard passé au tamis de soie. (*Voyez* cet article.)

Lorsque vos génoises sont cuites à point, vous les masquez avec 125 grammes de sucre travaillé dans un blanc d'œuf, et la moitié du suc d'un citron, afin que ce glacé soit d'une parfaite blancheur; ce qui fera un très joli effet sur vos génoises, dont l'épaisseur doit être d'un vert extrêmement tendre.

Vous pouvez faire vos génoises, comme de coutume, aux amandes douces, puis vous hachez vos pistaches; et, après avoir glacé vos gâteaux de même que ci-dessus, vous semez par-dessus vos pistaches. Cette manière est plus distinguée; je la préfère à la précédente.

GÉNOISES AUX AVELINES.

Pilez parfaitement 185 bons grammes d'amandes d'avelines émondées; puis vous en retirez un tiers, et mêlez le reste dans l'appareil, au lieu d'amandes douces : voilà la seule différence. Lorsque vos génoises sont cuites, vous les coupez en croissant. Ne les remettez pas sécher comme de coutume; ensuite mêlez votre pâte d'avelines conservée dans une petite terrine, avec 125 grammes de sucre très fin et le quart d'un blanc d'œuf. Masquez vos génoises avec ce glacé, et donnez-lui une belle couleur jaune.

Si vous aimez mieux les faire aux avelines grillées, vous ne pilerez que 125 grammes d'amandes, et en hacherez le même poids, que vous mêlez avec 62 bons grammes de sucre fin et un peu de blanc d'œuf. Avant de mettre les génoises en cuisson, vous semez sur la pâte ces avelines hachées le plus également possible. Mettez-les au four chaleur douce, et donnez-leur une belle couleur blonde. Étant assez ressuyées, vous les retournerez sens dessus dessous, puis vous les détaillerez selon votre idée ; ensuite remettez-les quelques minutes sécher au four.

GÉNOISES AUX AMANDES AMÈRES.

Émondez 78 à 79 grammes d'amandes douces et 46 bons grammes d'amandes amères ; après les avoir pilées, vous les mêlez dans l'appareil, qui du reste est fait de la manière accoutumée. Puis vous hachez 125 grammes d'amandes douces, et les mêlez dans 62 bons grammes de sucre fin et un peu de blanc d'œuf. Le reste du procédé est le même que ci-dessus.

GÉNOISES EN COURONNES PERLÉES.

Lorsque vos génoises sont préparées et cuites comme de coutume, vous les coupez avec un coupe-pâte rond, du diamètre de 6 bons centimètres ; vous les videz au milieu avec un petit coupe-pâte de 2 bons centimètres de diamètre ; ensuite vous fouettez deux blancs d'œufs bien ferme, et les mêlez avec 93 à 94 grammes de sucre en poudre. Lorsqu'ils sont parfaitement liés, vous en masquez légèrement le dessus des génoises, puis vous mettez du blanc d'œuf sur la lame d'un grand couteau, et, avec la pointe du petit couteau (1), vous prenez une petite partie de

---

(1) *Autre manière de procéder.* Vous faites un petit cornet de papier dont la pointe doit être fixée par une épingle, puis vous coupez la pointe du diamètre que vous voulez donner à vos meringues. Le cornet étant rempli à moitié de blanc d'œuf, vous décorez vos gâteaux avec bien plus de vitesse et de facilité qu'avec le couteau.

blanc d'œuf dont vous formez des meringues aussi petites que vous voulez les faire. Vous les placez sur le bord de la couronne, le plus rond et le plus également possible. Lorsque vous en avez sept ou huit de perlées, vous les saupoudrez de sucre très fin, et vous suivez cette manière de procéder pour perler vos génoises; ensuite vous les mettez quelques minutes à la bouche du four, pour sécher le blanc d'œuf sans le colorer. Si vous voulez leur donner couleur, vous les poussez plus avant dans le four, et les retirez quand elles sont d'un beau jaune. Lorsqu'elles sont refroidies, vous placez entre chaque perle une plus petite perle, formée de confiture transparente, comme gelée de pommes, de coings, de groseilles roses et blanches. Ces sortes de petits gâteaux flattent singulièrement la vue, et sont en même temps très agréables à manger; mais, d'un autre coté, ils sont fort difficiles à dresser.

GÉNOISES PERLÉES AUX PISTACHES.

Vous les faites de la même manière que les précédentes; puis, à mesure que vous les glacez de sucre, vous placez entre chaque perle la moitié d'une pistache coupée par le milieu, de manière que le côté coupé se trouve placé sur le gâteau. Mettez sécher, et conservez les petites perles très blanches.

GÉNOISES PERLÉES AU RAISIN DE CORINTHE.

Vous procédez de même que ci-dessus; puis entre

chaque perle vous placez un beau grain de raisin de Corinthe bien lavé. Vous pouvez en mettre un plus petit sur chaque perle.

Vous pouvez ainsi meringuer vos génoises de toutes formes possibles, soit en losange, en carré, en long et en croissant : cette dernière forme est la plus élégante et la plus distinguée.

Voici comment je les perlais : je ne plaçais que sept perles sur le bord du grand côté circulaire du croissant ; puis je les glaçais et les séchais très blanches. Lorsqu'elles étaient refroidies, je plaçais entre chaque perle une plus petite de gelée de groseilles roses, de gelée de coings ou de marmelade d'abricots bien transparente. Lorsque je donnais couleur aux petites perles, je plaçais entre elles un peu de gelée de pommes, de groseilles blanches ou rouges : cette dernière fait mieux.

Observation. — Le croissant a la forme la plus agréable et la plus jolie que je connaisse, et est la plus facile à dresser. Ces sortes d'entremets, étant groupés avec goût, sont d'une tournure si attrayante, que cela leur donne un caractère tout particulier, et les distingue de tous les autres gâteaux de quelque genre qu'ils puissent être.

Voici la manière dont je les groupais ou les dressais : je plaçais en couronne vingt-deux génoises appuyées les unes sur les autres, et un peu inclinées, afin qu'elles formassent une espèce de turban. Sur cette couronne, j'en formais une autre avec seize génoises ; mais je les plaçais dans un sens contraire, c'est-à-dire qu'ayant incliné les premières à droite, je penchais celles-ci à gauche ; puis je formais un troisième turban, en plaçant dix génoises de même que les premières : ainsi l'on peut se figurer voir ces trois couronnes l'une sur l'autre, et toutes trois plus petites les unes que les autres d'au moins 5 centimètres de hauteur. Cet entremets ainsi dressé aura donc réellement de 15 à 16 centimètres d'élévation. Certes, un tel entremets est fort distingué, et voilà pourquoi je donne la préférence à la forme du croissant, qui dailleurs est connue. Je viens de démontrer la plus avantageuse pour être dressée avec grâce et élégance.

Je finis ce chapitre, sans parler de quelques génoises ridicules que font certains pâtissiers. On voit en effet (dans un trop grand nombre de boutiques; mais tout le monde s'en mêle!) de ces sortes de gâteaux chamarrés de cinq ou six couleurs diverses. toutes plus baroques les unes que les autres; assemblage pitoyable, aussi détestable que bizarre. Mais, patience, ce genre arlequin ne peut durer longtemps encore; le public finira par s'apercevoir que ces gâteaux (déplaisants à la vue, et ne portant aucune odeur décidée), pour être ainsi barbouillés, sont plus de cinq à six fois maniés (mais, bon Dieu, dans quelles sortes de mains!), et sous ce rapport cela n'a rien de tentant pour la sensualité d'un vrai gourmand, qui préférera toujours les choses élégantes, sans doute, mais de bon goût, comme, par exemple, les génoises tout simplement glacées au chocolat, à la vanille, à l'orange, au citron, au cédrat, à la bigarade, à la rose, au marasquin, au rhum, aux amandes amères, aux avelines, aux pistaches, aux anis et au raisin de Corinthe.

Ces génoises seront toujours de mode ; elles seront appréciées dans tous les pays où l'on aura une idée de nos si agréables friandises parisiennes.

GÉNOISES A LA REINE.

Cet entremets est d'un moelleux parfait, ce qui le rend très agréable à manger. Je le fis pour la première fois à Morfontaine, et comme j'étais jaloux de servir quelque bonne chose qui plût à l'impératrice Marie-Louise, je demandai l'avis de M. Laborde, maître d'hôtel, qui eut la complaisance de me détailler ce délicieux entremets, qui est véritablement allemand, ce qui enrichira désormais notre pâtisserie parisienne. En voici la description.

Je fis détremper huit jaunes d'œufs de pâte à nouille, que je détaillai selon la règle (*Voyez* cet article) ; puis je les versai dans cinq verres de crème bouillante, dans laquelle j'avais joint 185 bons grammes de beurre d'Isigny. Après que ce mélange eut une minute d'ébullition, j'y joignis 185 grammes au moins de sucre sur lequel un demi-zeste de citron avait été râpé, puis un grain de sel, et avec la spatule je remuai l'appareil et le plaçai sur des cendres rouges, pendant trente à quarante minutes, afin que les nouilles mijotassent, pour les faire renfler et les rendre moelleuses. Après ce laps de temps, j'y mêlai dix jaunes d'œufs pour leur donner plus de corps, et les versai de suite sur un grand plafond légèrement beurré (le plafond doit être assez grand pour que les génoises n'aient qu'un centimètre tout au plus d'épaisseur), puis avec la lame du couteau je les étalai d'égale épaisseur, et les mis au four chaleur modérée. Après quelques minutes de cuisson, je m'aperçus qu'elles clochaient par l'effet de l'air qui se trouvait comprimé entre elles et le plafond; alors je perçai avec la pointe du couteau ces parties bombées, afin que l'air se dégageât.

Étant cuites d'une belle couleur claire et rougeâtre, je les séparai en deux parties égales, puis avec la lame du grand couteau je les détachai du plafond; ensuite cette moitié fut placée sur deux grands couvercles de casseroles, et l'autre moitié fut de même placée sur des couvercles. Le plafond fut nettoyé, après quoi je plaçai sens dessus dessous une partie des génoises, que je masquai avec un pot de marmelade d'abricots; puis je plaçai par-dessus l'autre moitié des génoises. Lorsqu'elles furent parfaitement refroidies, je les coupai en croissant (de 4 centimètres de largeur) avec un coupe-pâte rond-uni de 6 bons centimètres de diamètre.

Je goûtai ces gâteaux, qui furent pour moi du fruit nouveau, et j'avoue franchement que ces sortes de génoises sont d'un goût exquis et d'un moelleux parfait; mais la marmelade d'abricots rehausse singulièrement le bon goût de cet entremets friand, qui doit à l'avenir paraître souvent sur toutes les tables opulentes.

On pourrait, ce me semble, avant de mettre ces génoises en cuisson, semer dessus 185 bons grammes de pistaches hachées menu, ou bien du gros sucre, de même moitié pistaches et moitié gros sucre ; puis, lorsqu'elles seront cuites et coupées comme les précédentes (mais sans rien dessus), ne pourrait-on pas masquer légèrement de blanc d'œuf l'épaisseur du croissant (fouetter un blanc d'œuf et le mêler avec 62 bons grammes de sucre fin), ensuite le poser de ce côté sur des pistaches hachées très fin, ou bien du gros sucre ? On mêlerait alors du gros sucre et des pistaches ensemble, ou bien on mettrait la moitié du nombre des génoises aux pistaches et le reste au gros sucre, de façon qu'en les dressant on pourrait en mettre une aux pistaches, une au gros sucre ; on les mêlerait ainsi de suite, ce qui ferait un très bel effet.

On pourrait également, pour varier ces bons entremets, les garnir de marmelade de pêches, de prunes de mirabelle, de reine-claude, ou de marmelade de coings, de poires, de pommes de reinette et d'api, puis encore avec toutes sortes de crèmes pâtissières, comme, par exemple, au café, au chocolat, aux pistaches, aux macarons amers, et généralement avec toutes les crèmes contenues dans le chapitre des crèmes pâtissières.

Je crois qu'il serait encore bon de les garnir avec 185 bons grammes de pistaches pilées, et mêlées avec les trois quarts d'un pot de marmelade d'abricots ; on ajouterait dans ce mélange un peu d'essence de vert d'épinards passée au tamis de soie.

On les coupera de toutes sortes de formes, comme ronde, carrée, ovale et en losange.

CHAPITRE IV.

DES GATEAUX AUX AMANDES AMÈRES.

Ces sortes d'entremets diffèrent fort peu des génoises, attendu que la manière d'opérer est la même, excepté que dans ceux-ci on met deux blancs d'œufs fouettés, et que dans les génoises on n'en met point. Mais ce qui les distingue d'une manière toute particulière, c'est leur épaisseur, qui est toujours de 3 à 4 centimètres, au lieu que la génoise ne doit avoir qu'un centimètre et demi environ d'épaisseur.

GATEAUX D'AMANDES AMÈRES.

Après avoir bien pilé 62 à 63 grammes d'amandes, moitié douces et moitié amères, vous les mettez dans une terrine, avec 250 grammes de sucre en poudre, 185 de farine tamisée, deux œufs entiers et six jaunes, une cuillerée d'eau-de-vie et un grain de sel. Vous travaillez ce mélange pendant cinq à six minutes, ensuite vous amalgamez 250 grammes de beurre fin, que vous aurez mis une minute seulement à la bouche du four; lorsqu'il est parfaitement moelleux et velouté, vous le joignez dans l'appareil que vous travaillez encore quatre bonnes minutes sans discontinuer; puis vous fouettez deux blancs d'œufs et les mêlez dans la pâte en la remuant une bonne minute, afin de bien incorporer ce mélange. Vous beurrez ensuite une plaque de cuivre étamé, qui doit avoir 27 centimètres de longueur sur la moitié moins de largeur, et 5 bons centimètres de hauteur; si vous n'avez pas cette plaque, vous ferez avec du papier fort une caisse de la même dimension. Lorsque votre plaque est garnie bien également, vous la mettez au four chaleur douce. Après trois petits quarts d'heure, vous regardez la cuisson de vos gâteaux : ils doivent se trouver de belle couleur et un peu fermes au toucher. Alors vous les masquez avec deux blancs d'œufs fouettés et mêlez avec 62 à 63 grammes de sucre, puis vous avez tout près 125 grammes d'amandes coupées en filets (l'amande en travers), mêlées dans 62 à 63 grammes de sucre fin et une cuillerée de blanc d'œuf fouetté. Vous semez ces amandes, le plus également possible, sur le blanc d'œuf qui masque les gâteaux. Appuyez ces amandes, afin qu'elles prennent une couleur parfaitement égale.

Cette opération doit se faire avec la plus grande vitesse possible : autrement vos gâteaux seraient susceptibles de devenir compactes, s'ils n'étaient pas atteints à la cuisson.

Lorsque vos amandes sont colorées d'un beau blond, vous renversez la plaque sur une feuille de papier, et coupez les gâteaux sur la longueur de la plaque pour en former quatre bandes, que vous coupez ensuite en six parties égales et formant le losange; ce qui doit vous donner vingt-quatre gâteaux que vous dressez en étoiles, trois l'une sur l'autre, et de six gâteaux chaque. Vous en placez trois au milieu, à côté l'une de l'autre, les trois autres par-dessus, ce qui forme un entremets de bonne mine. Si vous voulez, ne faites que deux bandes au lieu de quatre; alors coupez chaque bande en travers, et détaillez-en quinze petits gâteaux longs, égaux de largeur, ce qui les rendra faciles à dresser avec élégance; puis vous pouvez les couper avec un coupe-pâte rond de 5 centimètres de diamètre, ou bien en forme de croissant. Mais coupez un peu étroit, et avec un coupe-pâte de 8 centimètres de diamètre. Ces sortes de gâteaux sont généralement aisés à dresser, parce qu'ils sont d'égale épaisseur.

Détail de l'appareil. — 185 grammes de farine, 250 de sucre, 62 à 63 d'amandes douces et amères, deux œufs entiers et six jaunes, 250 grammes de beurre, au moins 62 de sucre mêlés avec deux blancs d'œufs fouettés, 125 grammes d'amandes hachées mêlées avec 62 à 63 grammes de sucre, une cuillerée d'eau-de-vie et une pincée de sel.

GATEAUX D'AMANDES AUX AVELINES.

Vous procédez selon la recette précédente; mais vous mettez, en place d'amandes ordinaires, 93 à 94 grammes d'amandes d'avelines parfaitement pilées; et, pour masquer vos gâteaux, vous hachez le même poids d'avelines que vous mêlez avec 62 à 63 grammes de sucre fin et un peu de blanc d'œuf fouetté. Finissez l'opération de la manière accoutumée.

GATEAUX D'AMANDES AU CÉDRAT.

Vous préparez l'appareil comme de coutume, mais vous n'y mettez que 62 grammes d'amandes douces, et le zeste d'un cédrat râpé ; cela remplace l'odeur des amandes amères. Lorsque vos gâteaux seront cuits, vous ne mettrez point d'amandes dessus; vous pesez 31 grammes de sucre, sur lequel vous râpez le demi-zeste d'un cédrat; vous le mêlez dans une petite terrine, avec 93 grammes de sucre en poudre et la moitié d'un blanc d'œuf. Ce mélange étant bien travaillé et bien moelleux, vous en masquez le dessus de vos gâteaux, ensuite vous les mettez quelques minutes au four, afin que le glacé se sèche et se colore bien blond.

Si vous ne voulez pas mettre de cédrat dans le glacé, vous pouvez semer dessus des raisins de Corinthe, des pistaches hachées, des anis blancs ou roses au gros sucre; mais, pour qu'il fasse plus d'effet, vous pourrez mettre un peu de rouge végétal, afin de teindre le glacé d'un beau rose, ou un peu d'essence de vert d'épinards (*Voyez* cet article), afin de le teindre d'un beau vert pistache.

Vous pourrez également, pour ces sortes d'entremets glacés, faire les appareils comme ci-dessus; mais au lieu de cédrat, vous y joindrez le zeste d'un citron, de deux petites bigarades, et d'une orange, ou bien une once de fleur d'orange pralinée.

Si vous voulez perler et meringuer ces gâteaux, voyez à cet effet les *Génoises perlées et meringuées*, attendu que c'est la même manière de procéder.

Si vous ne voulez pas mettre d'amandes dans cet appareil, vous les supprimez, car cela n'influe en rien sur la réussite de ces gâteaux à la cuisson.

On peut également supprimer les blancs qui entrent dans l'appareil.

CHAPITRE V.

DES GAUFRES EN GÉNÉRAL, ENTREMETS DE PATISSERIE.

Les trois quarts des pâtissiers font ces sortes de gaufres avec du blanc d'œuf seulement, et se gardent bien d'y joindre un peu de jaune. Cela, disent-ils, les empêche de réussir. Point du tout; cela ne nuit en rien à la réussite de l'opération, car j'ai toujours fait mes gaufres soit au blanc, soit au jaune. Cela dépend des circonstances du moment; car, si réellement je me trouvais avoir des jaunes à employer, à coup sûr je les emploierais et me dispenserais de casser de nouveaux œufs, qui augmenteraient encore le nombre des jaunes qui ne pourraient me servir à rien. De même, lorsque je n'avais que des blancs, je les employais sans aucune hésitation; et, lorsque je n'avais ni blancs ni jaunes, j'employais les œufs entiers, comme on va le voir dans les recettes suivantes.

GAUFRES AUX PISTACHES.

Après avoir coupé en filets, et aussi minces que possible, 250 grammes d'amandes douces (émondées), vous les mettez dans une petite terrine avec 125 grammes de sucre en poudre, une demi-cuillerée à bouche de farine, le zeste râpé d'une orange, puis deux œufs entiers et un jaune, une pincée de sel; vous remuez ensuite doucement ce mélange avec la spatule, afin de ne point briser les amandes. Lorsqu'il est bien mêlé, vous cirez légèrement une plaque longue de 48 centimètres sur 32 de largeur, sur laquelle vous versez l'appareil, et l'étalez avec la lame du grand couteau, afin qu'il ne soit pas plus liquide dans une place que dans l'autre; ensuite vous prenez une fourchette pour le placer d'égale épaisseur, afin que les amandes se trouvent intimement liées entre elles. Vous les masquez légèrement, en semant dessus 62 à 63 grammes de pistaches (émondées) coupées en petits filets. Mettez-les au four, chaleur modérée, jusqu'à ce que vos gaufres soient colorées d'une belle teinte claire et jaunâtre, et qu'elles aient la même couleur en dessous : autrement vous seriez contraint de les couvrir de papier, pour les empêcher de prendre davantage de couleur dessus. Ayez soin de guetter le moment où la cuisson est à point, car une minute de trop peut rendre vos gaufres très cassantes, et par ce moyen vous auriez beaucoup de peine à leur donner une belle forme. D'un autre côté, si elles ne sont pas atteintes à la cuisson, elles ne conserveront pas la forme que vous leur aurez donnée : au lieu d'être croustillantes, elles s'attacheront aux dents, et seront fort désagréables à manger. Cette opération réclame des soins vraiment minutieux.

Enfin, lorsque vos gaufres sont d'une parfaite cuisson, vous les coupez par bandes de 5 bons centimètres de largeur, puis vous les détaillez de manière qu'elles aient un peu plus de 5 centimètres carrés (ou de près de 6 centimètres et demi sur 4 centimètres de largeur; mais je les préfère de forme carrée, elles sont mieux); ensuite vous remettez la plaque à la bouche du four pendant le temps que vous les formez, en les ployant sur une espèce de petit rouleau du diamètre de 4 centimètres, et de 1 mètre 30 à 1 mètre 60 centimètres de longueur. Ainsi, en les plaçant tour à tour sur ce rouleau, vous leur donnez une forme demi-circulaire; mais si l'on est seul pour cette opération, il faut être très agile pour arriver à la fin, sans que les gaufres aient changé de couleur.

C'est pour cela qu'on devrait toujours disposer cet appareil sur deux petites plaques ou plafonds, que l'on mettrait au four à cinq minutes de distance l'une de l'autre. Alors, par ce moyen, on aurait le temps d'opérer avec plus de facilité et de sûreté.

DÉTAIL DE L'APPAREIL. — 250 grammes d'amandes

douces, 125 de sucre en poudre, une demi-cuillerée de farine, deux œufs entiers et un jaune, le zeste d'une orange, une pincée de sel fin.

OBSERVATION. — Comme je l'ai dit au commencement de cet article, on peut faire ces gaufres en mettant dans l'appareil cinq jaunes ou cinq blancs d'œufs; cela ne nuit en rien à la réussite de l'opération.

Il m'est arrivé quelquefois de servir ces gaufres sans les plier; je les coupais de 8 centimètres de longueur, sur un peu plus de 2 centimètres de largeur, et je trempais légèrement les bords dans du sucre cuit au cassé (*Voyez* cet article) : puis dessus des pistaches hachées très fin, de manière que mes gaufres se trouvaient encadrées de verdure printanière, ce qui flattait autant le goût que la vue. Ensuite je masquais le milieu légèrement de gelée de pommes ou de groseilles blanches.

On fait de la même manière des gaufres au gros sucre, ou bien on mêle 62 ou 63 grammes de gros sucre avec le même poids de pistaches hachées très fin. Ce mélange produit un effet très pittoresque lorsque cet entremets est dressé avec grâce, ce qui est très facile à faire.

GAUFRES AU RAISIN DE CORINTHE ET AU GROS SUCRE.

Vous les faites de la même manière que les précédentes. Mais, au lieu de pistaches, vous semez dessus 62 bons grammes de raisin de Corinthe bien lavé. Lorsque vos gaufres sont restées deux bonnes minutes au four, vous joignez au raisin de gros sucre. Cette différence de temps est pour empêcher que le gros sucre ne se fonde; ce qui arriverait si vous le mettiez en même temps que le raisin, attendu l'humidité des gaufres dans ce moment.

Pour les gaufres au gros sucre, vous aurez les mêmes soins.

GAUFRES A LA PARISIENNE.

Vous les faites de la manière accoutumée; mais vous ne mettez rien dessus. Vous les coupez de 9 centimètres carrés, et les formez très rondes, de manière qu'elles doivent faire une petite colonne de 2 centimètres et demi de diamètre. Vous garnissez avec soin l'intérieur de ces gaufres avec une bonne crème fouettée, assaisonnée de sucre à la vanille; et, pour masquer cette crème, vous placez dessus une belle fraise-ananas ou plusieurs ordinaires en forme de rosace, afin de garnir parfaitement l'ouverture des deux bouts de chaque gaufre, ce qui, par ce moyen, empêche la crème d'être vue.

Mais, lorsque la saison des fraises est passée, on masque la crème en posant dessus des pistaches hachées très fin, ce qui fait un très joli effet. En place de pistaches, vous les masquerez tout simplement avec des macarons écrasés.

Cet entremets se dresse en mettant sept gaufres sur le fond du plat; puis dessus, et entre chacune d'elles, vous en mettez encore six, puis cinq, quatre, trois, deux, enfin une, de manière que cette pyramide fait un effet ravissant, en ce que l'on voit aux deux extrémités de chaque gaufre ces belles fraises-ananas.

Leur effet aux pistaches n'est pas moins séduisant à la vue, en nous offrant un vrai buisson printanier. On pourrait encore au milieu des pistaches placer une petite fraise.

On peut également former ces gaufres en forme de cornet, et les garnir de crème et de fraises.

GAUFRES A LA FRANÇAISE.

Après avoir pilé 250 grammes d'amandes d'avelines, dès qu'on n'aperçoit plus aucun fragment d'amandes, vous y joignez autant de sucre en poudre, puis vous finissez l'opération selon les procédés de la pâte d'amandes ordinaire (*Voyez* cet article). Ensuite, lorsque votre pâte est refroidie, vous l'abaissez de l'épaisseur d'un demi-centimètre tout au plus, et coupez vos gaufres d'environ 5 centimètres carrés. Vous les placez sur une plaque légèrement beurrée; ensuite vous les dorez comme à l'ordinaire, et semez dessus des pistaches hachées ou coupées en petits filets, des raisins de Corinthe, du gros sucre, ou bien du gros sucre avec des pistaches ou avec des raisins.

La cuisson est la même que pour les gaufres précédentes. Celle-ci réclame plus de soin encore : vous les formerez de même, et les garnirez de crème fouettée et de la même manière que les gaufres à la parisienne.

Vous pouvez faire de ces sortes de gaufres aux amandes ordinaires.

GAUFRES MIGNONNES AUX AVELINES.

Versez sur une plaque légèrement beurrée 125 grammes de biscuit à la cuiller (*Voyez* cet article) bien travaillé, pour le rendre mollet et d'égale épaisseur avec la lame du couteau : alors vous semez dessus 125 grammes d'amandes d'avelines, coupées en filets très minces; et mêlez avec 62 à 63 grammes de sucre fin et le demi-quart d'un blanc d'œuf; mettez au four chaleur modérée : puis terminez l'opération selon les procédés décrits pour les gaufres précédentes.

GAUFRES D'OFFICE A LA VANILLE.

Ces sortes de gaufres sont très agréables garnies de crème fouettée dans le même genre que les gaufres à la parisienne. Mais celles-ci ne se servent que pour garniture de tambour ou assiettes de dessert.

Manière d'opérer. — Pilez un bâton de vanille avec 62 à 63 grammes de sucre; passez le tout au tamis de soie : mettez cette vanille dans une terrine avec 250 grammes de farine tamisée, 185 de sucre passé au tamis de soie, quatre jaunes et quatre œufs entiers, une pincée de sel. Délayez ce mélange avec une grande cuiller d'argent; joignez-y un demi-verre d'eau-de-vie d'Andaye, remuez le tout : ensuite faites fondre 62 bons grammes de beurre fin dans du lait tiède, dont vous inclinez la casserole en soufflant le beurre dans la préparation ; puis vous remuez encore ce mélange une bonne minute. Vous y joignez ensuite le lait par petites parties ; et dès l'instant que l'appareil est bien mollet, sans être cependant trop clair, il doit facilement quitter la cuiller en la laissant masquée d'un velouté un peu épais.

Vous mettez ensuite le gaufrier sur un feu modéré et de chaleur bien égale. Le fer étant chaud, vous le beurrez légèrement, puis vous y versez une cuillerée d'appareil, que vous avez soin d'étaler dans toutes les parties décorées du fer. Vous fermez le gaufrier sans l'appuyer : autrement vous feriez fuir la pâte, ce qui rendrait la gaufre plus mince d'un côté que de l'autre, et par conséquent la couleur ne pourrait plus être égale, par la raison que la partie mince serait colorée lorsque l'autre serait encore blanchâtre. Vous appuyez peu à peu le gaufrier, afin de bien marquer ses dessins sur la pâte.

Lorsque la gaufre est d'une belle couleur jaunâtre, vous la retirez promptement, en coupant les bords noircis par le feu, et lui donnez la forme que vous jugez nécessaire à votre opération.

En suivant cette manière de procéder, vous emploierez peu à peu l'appareil.

GAUFRES A LA FLAMANDE.

Mettez dans une terrine 250 grammes de farine tamisée, ensuite délayez 31 grammes de levûre dans un demi-verre de lait tiède ; passez cette levûre dans le coin d'une serviette ; versez ce liquide dans la farine avec assez de lait tiède pour faire de ce mélange une petite pâte mollette et coulante, sans cependant être trop déliée. Mettez cette pâte dans l'étuve ou sur le four, afin qu'elle fasse l'effet d'un levain ordinaire. Vous y joignez ensuite deux œufs entiers et quatre jaunes, le zeste d'une orange râpé sur un petit morceau de sucre, puis une petite pincée de sel fin. Remuez ce mélange, joignez-y 250 grammes de beurre d'Isigny, que vous faites amollir seulement. Lorsqu'il est bien incorporé dans toutes les parties de l'appareil, vous fouettez les quatre blancs d'œufs bien ferme, et les mêlez légèrement dans la pâte avec deux grandes cuillerées de crème fouettée. Mettez-la de nouveau lever dans un lieu d'une chaleur modérée : lorsqu'elle est devenue le double du volume, vous faites chauffer le gaufrier sur un feu vif, mais plus ardent pour les côtés que pour le milieu. Lorsque le fer commence à jeter une petite fumée, ce qui annonce qu'il est chaud, vous passez dedans un peu de beurre clarifié, puis vous emplissez d'appareil un côté du gaufrier ; et lorsque la pâte a fait son effet de ce côté, vous retournez légèrement le gaufrier, afin que la gaufre puisse prendre la parfaite empreinte des formes du moule. La gaufre étant cuite de belle couleur, vous garnissez de nouveau le gaufrier ; et, à mesure que les gaufres sortent du moule, vous les saupoudrez de sucre fin à l'orange. Ce sucre se prépare ainsi : râpez sur un bon morceau de sucre le zeste de deux belles oranges de Malte, et, à mesure que le sucre se colore, vous le ratissez avec un couteau, afin d'en séparer l'esprit volatil du zeste qui s'y attache par le frottement réitéré qu'il éprouve. Vous mettez ensuite sécher ce sucre sur une feuille de papier à la bouche du four ou dans l'étuve; lorsqu'il est parfaitement ressuyé, vous le pulvérisez dans un petit mortier, et le passez au tamis de soie.

Vous procéderez de même pour faire vos gaufres au cédrat, au citron, à la bigarade. Si vous voulez les faire à la vanille, vous hachez très fin une gousse de bonne vanille, puis vous la pilez avec 125 grammes de sucre, et la passez ensuite au tamis de soie.

Lorsque ces gaufres à la vanille sont mangées chaudes, elles sont d'un moelleux et d'un goût exquis; elles ne laissent rien à désirer : cela fait sortir ces délicieuses gaufres de la catégorie ordinaire.

OBSERVATION. — On doit avoir le plus grand soin de poser d'abord sur la terrine la cuiller après s'en être servi, ensuite de prendre très légèrement une partie du dessus de la pâte pour en garnir le moule; car si chaque fois vous mettez la cuiller dans l'appareil, assurément ce mouvement réitéré doit opérer un mauvais effet : la pâte sera plus compacte, et par ce mauvais résultat les gaufres seront infiniment moins légères et moins agréables à manger.

Lorsqu'on a la possibilité de faire chauffer son gaufrier à l'âtre sur une petite flamme vive et légère, les gaufres se colorent d'une teinte plus vive que lorsqu'elles sont cuites au charbon.

On peut également marquer cet appareil à la fécule de pommes de terre.

CHAPITRE VI.

DES PETITS NOUGATS DÉTACHÉS.

NOUGATS A LA FRANÇAISE.

Après avoir émondé 375 grammes d'amandes d'avelines, vous séparez chaque amande en deux parties et les placez sur un plafond, que vous mettez dans le four chaleur molle : vous les observez et les remuez de temps en temps, afin qu'elles soient bien égales en couleur. Lorsqu'elles sont légèrement colorées, vous les retirez à la bouche du four, ensuite vous faites cuire 185 bons grammes de sucre dans un verre d'eau, et, dès l'instant qu'il est au caramel, c'est-à-dire aussitôt que le sucre se teint d'une couleur jaunâtre, vous y versez les amandes en les remuant avec une spatule (mais légèrement, afin de ne point les briser), pour leur faire prendre le sucre également. Votre nougat doit se trouver d'une belle teinte rougeâtre ; alors vous le versez sur le dessous d'un plafond légèrement beurré, puis vous l'élargissez bien vite, et semez dessus du gros sucre et des pistaches coupées en filets, et séchées un peu à la bouche du four. Vous disposez le nougat de manière à lui donner 21 centimètres de longueur sur 16 de largeur, et surtout d'égale épaisseur. Ayez l'attention de ne pas porter trop souvent les mains dessus, afin de ne pas écraser le gros sucre. Enfin, lorsqu'il est assez refroidi pour résister au couteau, et qu'il est encore assez chaud pour ne pas se casser en le coupant, vous le parez tout autour d'un demi-centimètre à peu près, puis vous le séparez en deux bandes sur sa longueur : vous coupez chacune de ces bandes en quinze petites parties bien égales, ce qui vous donne trente nougats bien faciles à dresser.

Cet entremets est aussi flatteur à la vue qu'agréable au palais : il est fort distingué ; mais il ne peut être servi que sur la table de nos Lucullus modernes.

Détail de l'appareil. — 375 grammes d'amandes d'avelines, au moins 185 de sucre en poudre, 62 à 63 grammes de gros sucre, et autant de pistaches.

Observation. — La première fois que je fis cette sorte de nougats, ce fut dans mes grands extraordinaires des Relations extérieures en 1804 (*Voyez les grands extraordinaires*). Comme jusque-là je n'avais servi et vu servir que de petits nougats moulés et aux amandes ordinaires, je pensai que ce nougat aux avelines serait plus distingué, et que sous ce rapport il convenait mieux aux grandes maisons; d'ailleurs sa forme est plus élégante. En effet, cette façon fut trouvée plus agréable, et bientôt je servis de ce nougat dans tous mes extraordinaires; mais je les fis plus souvent aux amandes qu'aux avelines. J'en ai fait aussi au raisin de Corinthe, aux anis roses et blancs, au sucre rose, au gros sucre et à la vanille.

NOUGATS AU SUCRE ROSE ET A LA VANILLE.

Séparez en deux parties des amandes douces, pesez-en 375 grammes, et faites-les sécher comme les précédentes. Lorsqu'elles sont bien blondes, vous mettez dans un poêlon d'office 185 bons grammes de sucre en poudre, et une bonne cuillerée d'infusion de graine de cochenille ou de rouge végétal ; je préfère ce dernier ; vous remuez ce mélange avec la spatule, et votre sucre doit se trouver teint d'un beau rose. Faites fondre le sucre sur un feu modéré, ce qui le fera changer de couleur ; mais cela est inévitable. Enfin, lorsque votre sucre est parfaitement fondu et qu'il commence à bouillonner, vous y joignez les amandes, que vous remuez légèrement avec la spatule, et le versez sur une feuille de cuivre. Vous l'élargissez, et semez dessus 62 à 63 grammes de gros sucre et une gousse de bonne vanille coupée en petits dés très fins ; puis vous terminez l'opération comme je l'ai décrite dans le nougat précédent.

DÉTAIL DE L'APPAREIL. — 375 grammes d'amandes douces, 185 bons grammes de sucre fin, 62 à 63 de gros sucre, un bâton de vanille.

NOUGATS AU RAISIN DE CORINTHE ET AU GROS SUCRE.

Émondez 375 grammes d'amandes douces, et, après les avoir coupées en filets, vous les mettez au four doux prendre couleur ; vous faites fondre ensuite au moins 185 grammes de sucre en poudre : aussitôt que votre sucre est bien fondu, et qu'il commence à devenir rougeâtre, vous y jetez les amandes et le remuez avec la spatule, puis vous le versez sur une plaque, et semez dessus des raisins de Corinthe et du gros sucre. Vous faites ce nougat plus mince que les précédents ; coupez-le en croissant avec un coupe-pâte de 5 bons centimètres de diamètre. Le nougat aux anis se fait de la même manière.

NOUGATS AUX AVELINES GARNIS DE CRÈME FOUETTÉE.

Hachez un peu gros 250 grammes d'amandes d'avelines émondées, mettez-les au four doux pour leur donner la couleur nécessaire. Vous cuisez 125 grammes de sucre en poudre d'une belle couleur rougeâtre, vous y mêlez les amandes, ensuite vous en garnissez plusieurs petits moules (pour leur forme, vous prendrez celle qui vous plaira le mieux ; je préfère les formes unies) ; puis vous masquez l'intérieur du moule en mettant les amandes bien égales, afin qu'elles prennent la forme parfaite du moule.

Vous devez en avoir vingt à vingt-quatre. A l'instant du service, vous les garnissez avec précaution de crème fouettée à la vanille, et les dressez sens dessus dessous, afin qu'on ne voie pas la crème.

Vous procéderez de la même manière pour faire ces petits nougats aux amandes ordinaires. Vous les ferez également en coupant les avelines ou les amandes en filets.

DÉTAIL DE L'APPAREIL. — 250 grammes d'avelines, 125 de sucre, huit cuillerées de crème, 125 grammes de sucre et de vanille.

CHAPITRE VII.

DES MERINGUES EN GÉNÉRAL.

La meringue est si agréable à manger, que les entremets qu'on en sert ne sont jamais assez forts. Il n'est pas une seule réunion où chaque convive n'ait le désir d'en croquer plusieurs.

Comme ces sortes de gâteaux sont recherchés des dames, les gourmands leur en font l'agréable hommage : les dames mangent d'autant mieux deux et trois de ces friands gâteaux, que leur composition est légère et aussi fondante que la crème fouettée qui les garnit, et que, par cette raison, elles n'incommodent jamais l'estomac le plus délicat.

MERINGUES A LA BIGARADE.

Râpez sur un morceau de sucre le zeste d'une bigarade bien jaune et de bonne maturité. Faites sécher ce sucre à la bouche du four, ensuite vous l'écrasez et le passez au tamis ; puis vous en pesez 250 grammes en y joignant d'autre sucre en poudre. Fouettez six blancs d'œufs dans un petit bassin ; étant bien fermes, vous y mettez les 250 grammes de sucre peu à peu en remuant les blancs avec le fouet. Lorsque la pâte est assez travaillée, ce que vous voyez facilement quand elle est douce et facile à mouler à la cuiller, et qu'elle s'en sépare aisément, vous placez vos meringues sur des bandes de papier disposées selon la grandeur que vous voulez leur donner ; mais d'habitude nous leur donnons la forme bien exacte de la moitié d'un œuf séparé dans sa longueur, de manière qu'elles doivent, étant cuites, former un œuf parfait : mais revenons à notre opération. Lorsqu'elles sont toutes formées, vous les masquez avec du sucre écrasé gros, et passé par un tamis dont le crin sera légèrement serré. Lorsque le sucre a resté quelques minutes, vous le séparez en soufflant sur les meringues ; et, prenant le papier par les deux extrémités, vous les placez sur de petites planches d'un bon centimètre d'épaisseur. Mettez-les dans un four doux, et quand vos meringues sont cuites d'une belle couleur jaunâtre et parsemées de petites perles (effet de sucre neuf à la cuisson), vous les séparez du papier et, avec une cuiller à bouche, vous enfoncez légèrement le blanc liquide dans l'intérieur de la meringue ; ensuite vous les placez du côté coloré sur un plafond, et les remettez au four, afin qu'elles prennent une belle couleur égale. Lorsque ces meringues sont refroidies, vous pouvez les conserver un mois dans un lieu sec. Lorsque vous devez les servir de suite, vous les garnissez avec de la crème fouettée, assaisonnée de sucre au zeste de bigarade.

On doit avoir l'attention de n'y mettre la crème qu'au moment où elles doivent paraître sur la table; car autrement, étant garnies trop tôt, l'humidité de la crème fouettée l'amollit singulièrement, et d'autant plus vite que la meringue n'est réellement que du sucre. Alors, donc, celle-ci se fond, ne pouvant opposer aucun corps solide qui puisse résister à l'humidité de la crème fouettée.

Vous pouvez parfumer vos meringues au marasquin, au rhum, à l'eau de fleur d'orange double, à la rose, au café, à la vanille, aux fraises, aux framboises, à l'abricot, à l'ananas, au zeste d'orange, de cédrat ou de citron, aux pistaches, aux avelines et aux amandes amères.

MERINGUES AUX PISTACHES.

Vous les préparez selon la règle, vous les formez rondes; lorsqu'elles sont toutes couchées, vous les saupoudrez de sucre fin passé au tamis de soie : puis, après que ce sucre est fondu, vous semez légèrement dessus des pistaches hachées ; ensuite vous les placez sur une planche, et les mettez à four doux. Lorsqu'elles sont assez ressuyées et de belle couleur, vous les disposez comme les précédentes ; enfin, étant bien sèches et prêtes à servir, vous les garnissez d'une bonne crème plombière aux pistaches. (*Voyez* cet article.)

On peut également garnir les meringues avec toutes sortes de crèmes plombières : elles n'en seront que plus savoureuses et plus agréables à manger.

Vous pouvez joindre aux pistaches du gros sucre, cela fait un fort joli effet. On procède de même pour les faire au gros sucre et au raisin de Corinthe, et au gros sucre seulement.

Les meringues au gros sucre et aux pistaches sont infiniment distinguées. Nous avons encore un grand nombre d'articles qui concernent ce chapitre, comme, par exemple, les grosses meringues montées et les flans meringués, les biscuits, les gâteaux de mille feuilles, et généralement les entremets meringués.

Tous ces articles se trouvent décrits dans chacun des chapitres qui les concernent, à la troisième partie de cet ouvrage.

CHAPITRE VIII.

DES PETITS PAINS DE CHATAIGNES, DE POMMES DE TERRE ET D'AMANDES.

PETITS PAINS DE CHATAIGNES.

Après avoir épluché trente-six beaux marrons cuits dans les cendres, vous en retirez toute la partie dure, ou pour mieux dire, les parties colorées par l'âpreté du feu; pesez 185 bons grammes de ce fruit, et pilez-le avec 62 à 63 grammes de beurre d'Isigny. Lorsqu'on ne voit plus aucun fragment de marron, vous passez cette pâte au tamis de crin, ensuite vous pesez 125 grammes de farine ordinaire, 93 à 94 grammes de sucre en poudre, 62 à 63 de beurre fin, un œuf entier et une pincée de sel.

Faites la détrempe de la manière suivante : après avoir pesé la farine, vous la placez sur le tour, puis vous en formez une fontaine, au milieu de laquelle vous mettez le beurre, la pâte de châtaigne, le sucre, l'œuf et le peu de sel ; vous amalgamez le tout, et en formez une pâte ferme, bien lisse, et sans aucune nuance de beurre ni de châtaigne. Roulez cette pâte, et coupez-la en quatre parties égales ; roulez encore chaque partie en l'allongeant de même volume. Ensuite vous coupez les petits pains de la grosseur d'une belle noix ordinaire, et leur donnez la forme d'une petite navette longue de 9 centimètres et demi, et à mesure vous les placez sur une plaque de cuivre étamée et beurrée légèrement : dorez-les comme de coutume, et mettez-les au four chaleur modérée. Donnez-leur une belle couleur, et laissez-les un peu ressuyer, afin qu'ils soient bien croustillants. Ces petits gâteaux s'émiettent dans la bouche, ce qui les rend très agréables à manger.

Détail de l'appareil. — 185 bons grammes de fruit, 125 de beurre, autant de farine, 93 à 94 de sucre, un grain de sel.

PETITS PAINS DE POMMES DE TERRE.

Vous épluchez une douzaine de belles pommes de terre vitelottes cuites dans les cendres ; vous en séparez toutes les parties rougeâtres, afin de n'employer que la chair blanche dont vous pesez 375 grammes, et les pilez avec 125 grammes de beurre d'Isigny : ce mélange étant bien broyé, vous y joignez 125 grammes de sucre en poudre, 62 à 63 de farine tamisée, deux jaunes d'œufs et un grain de sel. Pilez le tout en une pâte parfaite, et retirez-la du mortier pour la mettre sur le tour, qui sera saupoudré légèrement de farine : détaillez et finissez vos petits pains de la même manière que les précédents.

Détail de l'appareil. — 375 grammes de pommes de terre, 125 de beurre d'Isigny, 125 de sucre en poudre, 62 à 63 de farine ordinaire, deux jaunes d'œufs, un grain de sel. On peut ajouter des odeurs.

PETITS PAINS AUX AVELINES.

Prenez 250 grammes d'amandes d'avelines, et, après les avoir émondées, vous les jetez dans un poêlon d'office, sur un feu modéré, et les remuez continuellement avec une spatule, afin de leur donner une petite couleur jaunâtre bien égale. Lorsqu'elles sont refroidies, vous les pilez en les mouillant peu à peu avec du blanc d'œuf, pour qu'elles ne tournent point à l'huile. Lorsqu'elles sont bien pilées, et après les avoir ôtées du mortier, vous en détrempez une pâte avec 250 grammes de farine, 250 de sucre en poudre, 125 de beurre et quatre à cinq jaunes d'œufs seulement, pour que cette pâte se trouve jaunâtre. Procédez comme ci-dessus pour vos petits gâteaux; et, lorsqu'ils seront dorés, vous masquerez dessus une espèce d'épi avec la pointe du couteau. Laissez-les bien ressuyer à la cuisson, afin qu'ils soient croquants. Vous pouvez mettre dessus du gros sucre avant de les mettre au four.

Détail de l'appareil. — 250 grammes d'avelines, 250 de farine, 250 de sucre en poudre, 125 de beurre, quatre ou cinq jaunes d'œufs, un grain de sel.

PETITS PAINS AUX AMANDES AMÈRES.

Après avoir émondé 155 à 156 grammes d'amandes douces et 93 à 94 d'amères, vous les pilez de même que les précédentes, pour en faire une pâte, avec 250 grammes de farine, 250 de sucre en poudre, 125 de beurre, quatre jaunes d'œufs, un grain de sel. Votre détrempe étant bien travaillée, vous la détaillez selon la règle, et la cuisez de même.

Détail de l'appareil. — 155 à 156 grammes d'amandes douces, 93 à 94 d'amandes amères, 250 de sucre en poudre, 250 de farine, 125 de beurre, quatre ou cinq jaunes d'œufs, un grain de sel.

PETITS PAINS AUX ANIS DE VERDUN.

Pilez 125 grammes d'amandes douces comme de coutume, et faites votre détrempe avec 125 grammes de farine, autant de sucre en poudre, deux jaunes d'œufs, une cuillerée d'infusion d'anis verts et un grain de sel. Le reste du procédé est toujours le même. Lorsque vos petits gâteaux sont dorés, vous les masquez avec de beaux anis blancs de Verdun, et vous les cuisez de la manière accoutumée.

Détail de l'appareil. — 125 grammes d'amandes douces, 125 de sucre en poudre, autant de farine, deux jaunes d'œufs, 125 grammes d'anis blancs, 4 grammes d'infusion d'anis verts.

PETITS PAINS DES QUATRE FRUITS.

Râpez sur un bon morceau de sucre le quart du zeste d'un cédrat, celui d'une orange, d'un citron et d'une bigarade ; pesez le sucre des quatre fruits, et complétez les 250 grammes nécessaires à l'opération avec du sucre en poudre : écrasez-le avant de le mettre dans la pâte, ensuite faites votre détrempe avec 250 grammes de farine, 125 d'amandes douces pilées, deux œufs entiers et peu de sel. Finissez l'opération selon la règle : mettez dessus de gros sucre.

Détail de l'appareil. — Le quart du zeste d'un cédrat, d'une orange, d'un citron et d'une bigarade, 250 grammes de sucre, autant de farine, deux œufs entiers, un grain de sel.

PETITS PAINS AU ZESTE D'ORANGE.

Mettez dans la même détrempe que ci-dessus le zeste d'une orange en place des quatre fruits, vous aurez de petits gâteaux qui auront le goût agréable de l'arome d'orange; vous pouvez les parfumer de même au citron, au cédrat ou à la bigarade.

On peut changer la forme de ces sortes de petits pains. Cependant je crois qu'il est raisonnable de ne pas leur en donner une qui serait en contradiction avec leur nom de *petits pains*.

CHAPITRE IX.

DARIOLES, ENTREMETS CHAUDS.

Pour dix-huit, ce qui fait un moyen entremets, vous mettez dans une petite casserole 31 à 32 grammes de farine tamisée, avec un œuf. Remuez ce mélange pour en faire une pâte sans grumeaux. Mêlez avec six jaunes d'œufs, 125 grammes de sucre en poudre, six macarons écrasés, un grain de sel et un œuf entier. Remuez bien l'appareil; ensuite vous y joignez dix moules pleins de crème, puis de la fleur d'orange pralinée, ou le zeste d'un cédrat, d'une bigarade, d'un citron ou d'une orange, enfin toutes les odeurs possibles. Lorsque vos moules sont foncés, vous mettez dans chacun d'eux un petit morceau de beurre gros comme la moitié d'une aveline, puis vous versez la crème dedans, et les mettez au four gai. Servez-les le plus chaud possible, et glacez à blanc.

La vraie dariole ne doit pas faire beaucoup d'effet à la cuisson : l'appareil doit seulement monter d'un demi-centimètre ou d'un centimètre au plus au-dessus de la croustade, en formant l'artichaut. Cet effet seul distingue les bons faiseurs. Ces darioles sont un fort bon entremets de maison.

Avec le même appareil, on fait des flans délicieux.

DÉTAIL DE L'APPAREIL. — 31 à 32 grammes de farine, 125 de sucre en poudre, six macarons, 15 à 16 grammes de fleur d'orange pralinée, six jaunes, deux œufs entiers, un grain de sel, dix moules de crème.

DARIOLES AU CAFÉ MOKA.

Mesurez quinze moules de crème, et faites-la bouillir. Pendant ce temps, brûlez 93 à 94 grammes de café moka dans un poêlon d'office, et, aussitôt qu'il est légèrement coloré d'un beau jaune rougeâtre, vous le jetez dans la crème, que vous couvrez. Laissez faire l'infusion pendant un bon quart d'heure, ensuite passez la crème à la serviette; vous procéderez, pour le reste de l'appareil, de la même manière que pour la précédente recette. Pour les faire au café à l'eau, vous prendrez trois demi-tasses.

Vous pouvez parfumer ces délicieux gâteaux de toutes les odeurs possibles.

DARIOLES SOUFFLÉES A LA VANILLE.

Mettez dans une casserole 62 à 63 grammes de farine de crème de riz et autant de beurre d'Isigny; mêlez-les bien ensemble; joignez-y 125 grammes de sucre en poudre, deux verres de crème, dans laquelle vous aurez mis infuser une gousse de bonne vanille ; mettez le tout sur un feu modéré, et la cuisez de même que la crème pâtissière ordinaire. Ensuite vous y mêlez quatre jaunes, et deux cuillerées de crème fouettée. Prenez les quatre blancs d'œufs bien fermes, et ajoutez-les dans la crème, que vous versez dans les croustades, qui doivent être laissées dans leur moule. Ces croustades se font de la même manière que pour les petits pâtés à la béchamel. Garnissez ces darioles, la croûte cuite à part, parce que la cuisson du soufflé qui les garnit, étant trop petite, ne pourrait opérer qu'une mauvaise cuisson, attendu que la cuisson de la pâte et celle de la crème diffèrent de beaucoup entre elles.

Lorsque ces darioles soufflées sont cuites, elles ne doivent pas attendre. Servez-les de suite glacées à blanc. On peut faire ces darioles soufflées de toutes les odeurs et fruits possibles. A cet effet, consultez le chapitre des *Soufflés*.

CHAPITRE X.

DES TALMOUSES AU SUCRE, ENTREMETS CHAUDS.

TALMOUSES AU SUCRE ET AU FROMAGE DE VIRY.

Mettez dans une casserole deux verres de lait et 62 à 63 grammes de beurre fin. Lorsque ce mélange est en ébullition, vous le remplissez légèrement de farine tamisée. Remettez-la sur le feu, et desséchezle deux ou trois minutes ; ensuite vous le changez de casserole. Mêlez-y un petit fromage de Viry, du poids de 185 bons grammes, 62 à 63 grammes de sucre fin, deux cuillerées de crème fouettée et un peu de sel ; puis vous y joindrez trois ou quatre œufs, selon ce qu'elle pourra en contenir, afin que cet appareil ne soit pas plus mollet que la pâte à choux ordinaire.

Vous faites ensuite 4 décilitres (185 grammes) de pâte fine à 5 kilogrammes (*Voyez* cet article, première partie), un peu ferme. Vous l'abaissez aussi mince que possible, et la détaillez en une trentaine de petits fonds ronds, de 5 bons décimètres de diamètre. Au milieu de chaque fond vous placez de l'appareil gros (comme une petite pomme d'api) comme un choux praliné ordinaire ; ensuite vous formez chaque talmouse à trois pans, en relevant sur l'appareil les bords de l'abaisse ronde, de manière que l'appareil se trouve contenu dans une espèce de petit godet à trois cornes, dont vous repliez chaque pointe sur elle-même, afin que cette espèce de triangle ne soit pas pointu. Dorez légèrement le tour et le dessus de vos gâteaux, et mettez-les au four chaleur modérée ; lorsqu'ils sont cuits de belle couleur, vous les saupoudrez de sucre fin et les servez de suite.

Détail de l'appareil. — Deux verres de lait, 62 à 63 grammes de beurre, 125 à 155 de farine, 185 au moins de fromage de Viry, trois ou quatre œufs, 62 à 63 grammes de sucre fin, deux cuillerées de crème fouettée.

Si l'on n'a pas de fromage de Viry, on met en place un fromage de Neufchâtel du jour, ou deux cuillerées de bonne crème fouettée.

TALMOUSES ORDINAIRES.

Vous les faites de même que les précédentes. Cependant vous n'y mettez point de fromage de Viry ; vous le remplacez en broyant bien dans un mortier deux fromages affinés de Neufchâtel, ou 185 bons grammes de bon fromage de Brie, surtout peu salé, et deux cuillerées de bonne crème fouettée. Lorsqu'elles sont cuites, vous les servez très chaudes, sans les masquer de sucre : voilà toute la différence.

CHAPITRE XI.

DES PETITS SOUFFLÉS DE RIZ ET DE FÉCULE.

PETITS SOUFFLÉS AU ZESTE DE CITRON.

Mettez dans une casserole 62 à 63 grammes de farine de pommes de terre, que vous délayez avec un peu de lait ; ensuite vous joignez dans ce mélange trois verres de crème, 62 à 63 grammes de beurre fin et un grain de sel. Faites cuire cette crème sur un fourneau modéré, et remuez-la sans discontinuer ; elle doit se trouver un peu plus ferme que la crème pâtissière. Lorsque vous lui avez donné huit minutes de cuisson, vous la changez de casserole pour y mêler 125 grammes de sucre en poudre (sur lequel vous aurez râpé le zeste d'un citron) et deux œufs entiers. Travaillez ce mélange une minute ; ajoutez quatre jaunes d'œufs. Cet appareil doit se trouver un peu délié, sans cependant être liquide.

Vous foncez ensuite vingt-quatre petits moules plats à darioles avec de la pâte fine (*Voyez* cet article). Vous y versez l'appareil et les mettez au four chaleur modérée. Étant cuits de belle couleur, vous les glacez de sucre très fin, et les servez chauds.

Détail de l'appareil. — 62 à 63 grammes de fécule, autant de beurre fin, trois verres de crème, un zeste de citron, 125 grammes de sucre, deux œufs entiers, quatre jaunes, un grain de sel.

Vous les faites de même au zeste d'orange, de cédrat, de bigarade, et à la fleur d'orange.

PETITS SOUFFLÉS DE RIZ AU LAIT D'AMANDES.

Après avoir pilé 250 grammes d'amandes douces et 31 à 32 d'amères, vous les délayez dans trois verres de lait presque bouillant, et les pressez dans une serviette pour en exprimer tout le lait d'amandes ; ensuite vous mettez dans une casserole 62 bons grammes de farine de crème de riz, et la délayez peu à peu avec du lait d'amandes. Lorsque votre farine est délayée et sans grumeaux, vous y versez le lait d'amandes, 62 bons grammes de beurre fin, une pincée de sel. Placez cette crème sur un feu modéré, en la remuant continuellement pendant huit minutes, puis vous y joindrez 125 grammes de sucre en poudre, deux œufs entiers. Remuez bien parfaitement ce mélange, et, après l'avoir versé dans les moules, vous le saupoudrez de gros sucre, et terminez l'opération comme la précédente.

DÉTAIL DE L'APPAREIL. — 250 grammes d'amandes douces, 31 bons grammes d'amandes amères, trois verres de lait, 62 à 63 grammes de beurre, autant de farine de riz, 125 de sucre fin, quatre jaunes et deux œufs entiers, une pincée de sel.

Vous pouvez parfumer cet appareil de toutes sortes d'odeurs. A cet effet, vous agirez selon les procédés décrits pour l'infusion des crèmes au bain-marie ou des soufflés d'entremets.

CHAPITRE XII.

DES MIRLITONS EN GÉNÉRAL.

MIRLITONS A LA FLEUR D'ORANGE.

Après avoir mis dans une terrine deux œufs entiers et deux jaunes, vous y joignez 125 grammes de sucre en poudre, 93 à 94 de macarons doux écrasés, 15 à 16 grammes de fleur d'orange pralinée en poudre, et un grain de sel. Remuez ce mélange pendant une minute, ensuite vous faites fondre 62 bons grammes de beurre fin, et les mêlez dans l'appareil. Fouettez les deux blancs d'œufs bien fermes, et incorporez-les dans la préparation. Vous garnissez les moules que vous avez foncés de cette manière : faites trois quarts de litre de feuilletage (*Voyez* cette détrempe), donnez-lui douze tours et abaissez-le d'un bon demi-centimètre d'épaisseur; détaillez-le en une trentaine de fonds, coupés avec un moule rond cannelé de 6 centimètres et demi de diamètre ; ensuite vous placez chaque fond sur un moule (légèrement beurré) à tartelettes, creux d'un centimètre et demi et large de 5 centimètres au moins.

Lorsque vos mirlitons sont garnis également, vous les masquez un peu épais avec du sucre passé au tamis de soie. Le sucre étant fondu, semez dessus quelques grains de gros sucre ; puis vous les mettez de suite au four, chaleur modérée. Servez chaud ou froid.

DÉTAIL DE L'APPAREIL. — 125 grammes de sucre fin, 93 à 94 de macarons, 8 grammes de fleur d'orange, quatre œufs entiers, 62 bons grammes de beurre, un grain de sel.

MIRLITONS AUX AVELINES.

Après avoir émondé 125 grammes d'amandes d'avelines, vous les faites légèrement colorer. Lorsqu'elles sont froides, vous les pilez avec un peu de blanc d'œuf, afin qu'elles ne tournent pas à l'huile, ensuite vous les mêlez dans une petite terrine avec 185 bons grammes de sucre en poudre, quatre œufs et un grain de sel. Le tout étant bien amalgamé, vous y joignez 62 bons grammes de beurre fin fondu, et garnissez de cet appareil les moules, qui seront foncés comme les précédents : masquez-les de même avec du sucre très fin. Mettez au four chaleur modérée. Servez chaud et de belle couleur.

Détail de l'appareil. — 125 grammes d'avelines, 185 au moins de sucre fin, quatre œufs entiers, 62 bons grammes de beurre, un grain de sel.

MIRLITONS AUX PISTACHES.

Pilez 125 grammes de pistaches émondées avec 31 à 32 grammes de cédrat confit, et mêlez-les avec 155 grammes de sucre, quatre œufs, 62 bons grammes de beurre fin, et une pincée de sel ; puis vous finissez le reste du procédé de la manière accoutumée.

Détail de l'appareil. — 125 grammes de pistaches, 31 à 32 de cédrat confit, 155 de sucre, quatre œufs, 62 à 63 de beurre, un grain de sel.

MIRLITONS AUX AMANDES.

Après avoir émondé 31 à 32 grammes d'amandes douces et autant d'amères, vous les faites sécher au four. Lorsqu'elles sont refroidies, vous les pilez avec un peu de blanc d'œuf pour les empêcher de tourner en huile ; ensuite vous les mêlez dans une terrine avec 62 grammes de macarons amers écrasés, 155 grammes de sucre en poudre, quatre œufs entiers et un grain de sel, le tout bien mêlé ; vous y joignez 62 bons grammes de beurre que vous faites tiédir. Garnissez les moules comme de coutume, et continuez l'opération selon la règle.

Détail de l'appareil. — 62 à 63 grammes d'amandes douces et amères, autant de macarons amers, 155 de sucre fin, quatre œufs, 62 bons grammes de beurre, un grain de sel.

MIRLITONS AU ZESTE DE CITRON.

Râpez sur un morceau de sucre le zeste d'un citron. Vous suivez pour le reste de l'opération les procédés décrits dans la première recette de ce chapitre ; mais le sucre de citron doit être compris dans les 125 grammes de sucre de cet appareil.

Si vous voulez parfumer vos mirlitons à l'orange, vous râpez le zeste d'une orange ; il en est de même pour les cédrats et les bigarades.

Vous pouvez également les faire au chocolat, en mêlant 125 grammes de chocolat râpé, 93 à 94 de sucre, autant de macarons doux, quatre œufs, 62 bons grammes de beurre et un grain de sel.

MIRLITONS A LA MARMELADE D'ABRICOTS.

Vous garnissez vos moules de marmelade d'abricots, puis vous la masquez d'amandes hachées et mêlées avec sucre et blancs d'œufs ; et, après les avoir glacés dans le genre des Condés, vous les cuisez blond.

CHAPITRE XIII.

DES FANCHONNETTES EN GÉNÉRAL.

FANCHONNETTES A LA VANILLE.

Faites infuser une gousse de bonne vanille dans trois verres de lait, et laissez-le mijoter sur le coin du fourneau pendant un petit quart d'heure. Passez ce lait dans le coin d'une serviette. Mettez dans une casserole quatre jaunes d'œufs, 93 à 94 grammes de sucre en poudre, 31 à 32 de farine tamisée et un grain de sel. Ce mélange étant bien délié, vous y joignez peu à peu l'infusion de vanille, et faites cuire cette crème sur un feu modéré en la remuant continuellement avec une spatule, afin qu'elle ne s'attache pas au fond de la casserole.

Vous faites ensuite 4 décilitres (185 grammes) de feuilletage (*Voyez* cet article), et lui donnez douze tours; vous l'abaissez d'un demi-centimètre d'épaisseur. Détaillez cette abaisse avec un coupe-pâte rond de 5 bons centimètres de diamètre. Foncez avec une trentaine de moules à tartelettes, comme les précédentes; ensuite garnissez légèrement les tartelettes de crème de vanille, et mettez-les au four chaleur modérée. Lorsqu'elles sont bien ressuyées, que le feuilletage est de belle couleur, vous les retirez du four et les laissez refroidir.

Prenez trois blancs d'œufs bien fermes, mêlez-y

125 grammes de sucre en poudre. Remuez bien ce mélange, afin d'amollir le blanc d'œuf et qu'il soit plus facile à travailler. Garnissez le milieu des fanchonnettes avec le reste de la crème à la vanille, et masquez légèrement cette crème de blancs d'œufs. Sur chaque fanchonnette vous placez en couronne sept meringues (que vous formez avec le cornet à perler), grosses comme des amandes d'avelines. Placez encore au milieu de la couronne une petite meringue. Lorsque vous aurez cinq à six fanchonnettes de perlées, vous les masquerez le plus également possible avec du sucre en poudre passé au tamis de soie; puis, à mesure que vous perlez et glacez votre entremets, vous le mettez au four chaleur douce. Lorsqu'il est d'un beau meringué rougeâtre, vous le servez.

Détail de l'appareil. — Une gousse de vanille, trois verres de lait, 93 à 94 grammes de sucre, 31 à 32 de farine, trois jaunes d'œufs, un grain de sel, trois blancs d'œufs, 125 grammes de sucre en poudre pour meringuer les fanchonnettes.

FANCHONNETTES AU LAIT D'AMANDES.

Pilez 250 grammes d'amandes douces, émondées, et 31 à 32 grammes d'amères; lorsque vous n'apercevez plus aucun fragment d'amandes, vous les déliez dans trois verres de lait presque bouillant. Pressez fortement ce mélange dans une serviette, afin d'exprimer la quintessence du lait d'amandes.

Le reste du procédé est le même que ci-dessus, avec cette différence cependant, que vous employez le lait d'amandes en place de l'infusion de vanille.

Détail de l'appareil. — 250 grammes d'amandes douces, 31 à 32 d'amandes amères, 93 à 94 de sucre, un grain de sel, 32 bons grammes de farine, quatre jaunes d'œufs, trois blancs d'œufs fouettés, 125 grammes de sucre en poudre pour meringuer, trois verres de lait.

FANCHONNETTES AU CAFÉ MOKA.

Mettez dans un poêlon d'office 125 grammes de vrai café moka ; torréfiez-le sur un feu modéré, en le sautant continuellement, afin qu'il prenne une couleur égale. Lorsqu'il est d'un rouge clair, vous le versez dans trois verres de lait en ébullition. Couvrez parfaitement l'infusion, afin que l'arome du café ne s'évapore pas. Après un quart d'heure d'infusion, vous passez ce liquide à la serviette, puis vous terminez l'opération de la manière accoutumée.

Détail de l'appareil. — 125 grammes de café, trois verres de lait, 93 à 94 grammes de sucre, 31 à 32 de farine, quatre jaunes, trois blancs d'œufs fouettés, un grain de sel, 125 grammes de sucre en poudre.

FANCHONNETTES AU CHOCOLAT.

Vous faites l'appareil comme le premier de ce chapitre, en y joignant 125 grammes de chocolat à la vanille et râpé. Toute la différence consiste en ce que vous employez la moitié moins de sucre : vous n'en mettez que 62 grammes environ.

FANCHONNETTES AU RAISIN DE CORINTHE.

Vous préparez seulement la moitié de l'appareil ordinaire, puis y joignez 93 à 94 grammes de bon raisin de Corinthe bien lavé. Faites cuire cette crème comme de coutume, et finissez l'opération à l'ordinaire.

Vos fanchonnettes étant perlées, et prêtes à mettre au four, vous placez entre chaque petite perle un grain de raisin de Corinthe (vous en laverez 125 grammes. Trois quarts de cette quantité seront mis dans l'appareil, et vous réservez le quart restant pour perler), ainsi qu'un grain sur chaque perle. Mettez au four, chaleur molle, afin que les meringues sèchent sans prendre couleur. Donnez des soins à cette cuisson, pour que les perles conservent leur blancheur, ce qui distingue cet entremets d'une manière toute particulière.

FANCHONNETTES AUX PISTACHES.

Après avoir émondé 125 grammes de pistaches, vous en choisissez les plus vertes (un quart à peu près) et pilez le reste avec 31 bons grammes de cédrat confit; lorsqu'il est parfaitement pilé, vous joignez ce mélange dans la moitié de la crème ordinaire, et vous garnissez légèrement vos fanchonnettes avec le reste de la crème blanche, que vous aurez faite selon la première recette de ce chapitre. Lorsque vos fanchonnettes sont cuites et froides, vous les garnissez de nouveau avec la crème de pistaches, puis vous les meringuez comme de coutume. Après avoir été masquée de sucre en poudre, vous mettez entre chaque perle la moitié d'une pistache conservée, que vous coupez en travers. Donnez-leur la même cuisson que ci-dessus et servez l'entremets chaud ou froid.

Je ne mets pas la crème aux pistaches au four, afin de lui conserver tout le fruit des pistaches, et surtout leur tendre couleur verdâtre; autrement cette crème, par l'action de la chaleur, perdrait bientôt ses avantages.

FANCHONNETTES AUX AVELINES.

Après avoir pilé 125 grammes d'amandes d'avelines émondées, vous les mêlez dans la moitié de la crème décrite dans le premier article de ce chapitre : vous suivez l'opération selon les procédés indiqués.

FANCHONNETTES D'ABRICOTS.

Foncez vos fanchonnettes selon la règle, et garnissez-les légèrement de marmelade d'abricots. Lorsqu'elles sont cuites et refroidies, vous les remplirez de la même marmelade : vous les finirez ensuite de la manière accoutumée.

On les fait également de marmelades de pommes, de poires, de pêches, de coings et d'ananas.

CHAPITRE XIV.

DES TARTELETTES DE FRUITS EN GÉNÉRAL.

TARTELETTES D'ABRICOTS.

Mettez dans un moyen poêlon d'office 125 grammes de sucre, deux verres d'eau ; puis ajoutez-y douze moitiés de beaux abricots de plein vent et de bonne maturité. Lorsque vos abricots ont jeté une douzaine de bouillons, vous les retirez du sucre avec une fourchette et les mettez sur une assiette : vous remettez ensuite douze moitiés cuire dans le même sirop. Après les avoir retirés du poêlon, vous en séparez la peau : passez le sucre dans un coin de serviette, et remettez-le dans le poêlon pour le faire réduire en un sirop un peu lié. Vous détrempez ensuite 250 grammes de farine, de pâte fine 5 kilogrammes (*Voyez* cet article), un peu ferme, que vous abaissez très mince, c'est-à-dire d'un demi-centimètre d'épaisseur. Ployez-la en deux (sur elle-même), et coupez-en vingt-quatre petites bandes très étroites. Vous déployez ensuite la pâte et la coupez avec un coupe-pâte rond de 5 bons centimètres de diamètre : beurrez légèrement vingt-quatre petits moules à tartelettes, et foncez-les avec soin, afin qu'il n'y ait pas d'air entre la pâte et le moule. Vous roulez entre vos doigts et le tour les petites bandes, que vous ployez en deux pour en former une espèce de corde (à pain de sucre), que vous faites facilement, en roulant un bout de la bande à droite et l'autre à gauche. Mouillez légèrement le bord de la tartelette pour y placer la bande roulée, de manière qu'elle l'encadre. Toutes vos tartelettes étant ainsi enjolivées, vous dorez la petite bande seulement, et mettez dans chacune d'elles une bonne pincée de sucre en poudre, ensuite une moitié d'abricot, dont vous mettez le côté du noyau sur la pâte.

Placez vos tartelettes sur un grand plafond, et mettez-les au four chaud. Lorsque le dessous des tartelettes a atteint une belle couleur jaunâtre, vous les retirez, puis vous mettez une demi-cuillerée du sirop d'abricot sur chaque tartelette, et au milieu la moitié d'une amande d'abricot.

TARTELETTES DE PÊCHES.

C'est la même manière de procéder que ci-dessus. Vous employez douze pêches au lieu d'abricots.

TARTELETTES DE PRUNES DE REINE-CLAUDE.

Séparez en deux, ôtez le noyau de trente-six moyennes prunes de reine-Claude, et faites-leur jeter cinq à six bouillons dans un petit sirop comme le précédent. Vos tartelettes étant bandées comme celles d'abricots, vous mettez dans chacune d'elles trois moitiés de prunes, et les faites cuire selon la règle. Faites réduire le sucre du fruit en un sirop un peu lié, puis vous en masquez le dessus des tartelettes au moment du service.

TARTELETTES DE PRUNES DE MIRABELLE.

Retirez les noyaux de cent cinquante petites prunes vraies mirabelles : faites-les cuire comme les précédentes ; mettez-en huit dans chaque tartelette. Le reste du procédé est le même que ci-dessus.

TARTELETTES DE CERISES.

Après avoir ôté les queues et les noyaux à 750 grammes de belles cerises douces, faites-leur jeter quelques bouillons avec 125 grammes de sucre en poudre. N'y mettez point d'eau ; égouttez les cerises, et finissez l'opération de la manière accoutumée.

Avec le sirop réduit, masquez vos tartelettes.

TARTELETTES DE GROSEILLES VERTES OU ROUGES.

Épluchez un litre et demi de bonnes groseilles vertes (vulgairement appelées *groseilles à maquereaux*) : mettez-les à l'eau froide sur le feu ; aussitôt que l'eau est prête à bouillir, retirez-les du feu et égouttez-les dans un tamis. Ensuite vous les roulez dans une terrine avec 125 grammes de sucre en poudre, et en garnissez les tartelettes qui seront disposées selon la règle. Mettez au four chaud. Au moment du service, masquez le dessus des tartelettes avec un peu de sirop ou de gelée de groseilles blanches, que vous rendez légère par un peu d'eau bouillante.

TARTELETTES DE GROSEILLES ROUGES OU BLANCHES.

Égrenez 500 grammes de belles groseilles rouges, que vous roulez dans une terrine avec 125 grammes de sucre en poudre; étant parfaitement mêlées, vous en garnissez vos tartelettes comme de coutume. Lorsqu'elles sont cuites de belle couleur, vous les masquez légèrement avec de la gelée de groseilles, faite en écrasant 125 grammes de groseilles que vous pressez à la serviette pour en exprimer le suc, que vous mêlez avec 125 grammes de sucre en poudre. Vous faites cuire ce mélange en une petite gelée légère.

TARTELETTES DE FRAISES.

Épluchez un moyen panier de fraises, que vous roulez dans 125 grammes de sucre en poudre, dont vous garnissez vos tartelettes : ensuite faites une petite gelée d'une poignée de fraises, que vous ferez infuser dans un peu de sirop. Passez cette gelée à la serviette, et masquez-en les tartelettes.

Pour les tartelettes de fraises ananas et de framboises, c'est absolument la même manière de procéder que ci-dessus.

TARTELETTES DE POMMES-REINETTES.

Tournez douze petites pommes-reinettes bien saines; après en avoir ôté le cœur, vous les coupez en travers comme pour les beignets, vous les faites cuire dans un poêlon d'office avec deux verres d'eau, 125 grammes de sucre et le jus d'un citron. Lorsqu'elles sont cuites à point, vous les faites égoutter sur un tamis. Vous garnissez légèrement le fond des tartelettes avec un peu de marmelade d'abricots, et par-dessus vous placez une moitié de pomme, dont vous garnissez le milieu de marmelade d'abricots ; ensuite vous les mettez au four chaud.

Vous faites réduire la cuisson des pommes en une petite gelée, pour en masquer les tartelettes. Lorsqu'il en est temps, vous mettez sur le milieu de vos pommes une belle cerise, ou bien un beau grain de verjus confit.

Vous procéderez de la même manière pour les tartelettes de pommes d'api, de poires, de coings, ainsi que celles de petits abricots verts, et de verjus.

Vous pouvez également faire vos tartelettes d'abricots, de pêches, de prunes, de cerises, sans faire blanchir ces fruits dans le sirop. Pour cet effet, vous placerez vos fruits étant roulés dans 125 grammes de sucre en poudre. Mais la manière du sirop est préférable sous tous les rapports.

CHAPITRE XV.

DES TIMBALES ET GATEAUX AU RIZ DE NOUILLES, DE VERMICELLE, DE SEMOULE, DE SAGOU ET DE POMMES DETERRE.

TIMBALES DE RIZ AU LAIT D'AMANDES.

Lavez à plusieurs eaux tièdes 375 grammes de riz

Caroline. Mettez-les à l'eau froide sur le feu ; aussitôt qu'il commence à bouillir, vous le versez dans une passoire pour s'y égoutter; pilez ensuite 375 grammes d'amandes douces (émondées), 31 à 32 grammes d'amandes amères ; lorsqu'elles sont parfaitement broyées, vous les délayez dans une casserole avec six verres de lait presque bouillant. Vous passez ce liquide par la serviette, en le pressant fortement, afin d'exprimer la quintessence du lait d'amandes.

Mêlez ensuite dans une casserole le riz le lait d'amandes, 185 bons grammes de sucre en poudre, 125 de beurre d'Isigny et un grain de sel. Lorsque ce mélange est en ébullition, vous placez la casserole sur des cendres chaudes; remuez-le de temps en temps avec une spatule, afin que le riz se crève également. Après une heure de cuisson, l'appareil doit former une espèce de pâte un peu ferme ; et si les grains de riz sont doux et faciles à s'écraser sous le doigt (dans le cas contraire, vous y joindrez un demi-verre de lait), vous y mêlez 125 grammes de macarons amers en poudre, deux œufs et quatre jaunes ; le tout bien amalgamé, fouettez les deux blancs d'œufs conservés à cet effet, et mêlez-les avec quatre cuillerées de crème fouettée dans le riz, que vous versez ensuite dans la timbale. Mettez au four gai, donnez une heure et demie de cuisson, et servez-la en sortant du four.

Manière de foncer la timbale. — Faites 4 décilitres (185 grammes) de pâte fine, à 5 kilogrammes (*Voyez* cet article, première partie), et abaissez-la un peu mince. Pliez-la sur elle-même et coupez-la par bandes étroites, que vous roulez ensuite un peu plus fine que la corde (1) à pain de sucre. Puis à mesure que vous les placez, vous les soudez au bout les unes des autres, afin qu'elles ne forment qu'une seule et même bande. Ensuite beurrez légèrement un moule d'entremets en forme de dôme, du diamètre de 18 forts centimètres ; placez au milieu le bout de la bande, et faites-le tourner en forme de colimaçon à l'entour de l'intérieur du moule jusqu'au bord ; garnissez-la de l'appareil de riz. Mettez au four chaleur modérée ; donnez une heure et demie à une heure trois quarts de cuisson.

Ce travail est un peu long ; mais, lorsque l'on manque de temps, on fonce simplement le moule d'une abaisse très mince.

DÉTAIL DE L'APPAREIL. — 375 grammes d'amandes, autant de riz, six verres de lait, 185 bons grammes de sucre, 125 de beurre, quatre jaunes et deux œufs, quatre cuillerées de crème fouettée, 31 à 32 grammes d'amandes amères, un grain de sel, 125 grammes de macarons amers.

On peut faire ce riz au lait d'amandes douces seulement ; puis on le parfumera à la vanille, à la fleur

---

(1) Grâce à l'industrie de nos épiciers, ces sortes de cordes ont pris une certaine grosseur et longueur qui les rendent infiniment plus pesantes qu'elles ne l'étaient il y a quelques années. J'eus un jour la fantaisie de peser une de ces cordes ; elle donna 55 grammes. Je ne parlerai pas du gros papier gris qui enveloppait le pain de sucre, qui pesait 95 grammes. Le sucre coûtait alors 6 fr. 50 c. la livre.

d'orange pralinée, au zeste de cédrat, de citron, de bigarade et à l'orange.

TIMBALES DE RIZ AU LAIT D'AVELINES.

Vous procédez de la même manière que ci-dessus : vous pilerez 375 grammes d'amandes d'avelines en place d'amandes douces ; voilà la seule différence.

TIMBALES DE RIZ A LA MOELLE.

Hachez très fin 250 grammes de moelle de bœuf, et faites-la fondre dans une petite casserole, sur un feu doux. Lorsqu'elle est parfaitement dissoute, vous la passez à la serviette et la mêlez dans l'appareil en place de beurre. Le reste de l'opération est absolument de même que ci-dessus.

TIMBALES DE RIZ AU CAFÉ MOKA.

Torréfiez 125 grammes de vrai café moka, et, aussitôt qu'il est d'une belle couleur rougeâtre, vous le versez dans six verres de lait presque bouillant. Couvrez parfaitement l'infusion, afin que le café ne perde pas son parfum. Lavez et faites blanchir 375 grammes de riz Caroline, ensuite passez l'infusion de café à la serviette : mettez ce liquide avec le riz, 185 bons grammes de sucre en poudre, 125 de beurre fin, un grain de sel. Lorsque le riz est cuit selon la règle, vous y joignez 125 grammes de macarons doux écrasés, deux œufs et quatre jaunes. Remuez ce mélange, fouettez les deux blancs d'œufs, et mêlez-les dans l'appareil avec quatre cuillerées de crème fouettée. Lorsqu'il est parfaitement amalgamé, vous en garnissez la timbale, qui sera foncée comme de coutume. Mettez à four gai, et servez de belle couleur.

Détail de l'appareil. — 125 grammes de café moka, six verres de lait, 375 grammes de riz, 185 au moins de sucre, 125 de beurre, quatre jaunes et deux œufs, 125 grammes de macarons doux, quatre cuillerées de crème fouettée, un grain de sel.

TIMBALES DE RIZ AU CÉDRAT CONFIT.

Faites cuire, comme de coutume, 375 grammes de riz avec six verres de lait, 185 bons grammes de sucre, 125 de beurre fin et un grain de sel; ensuite 31 à 32 grammes de cédrat confit et coupé en petits filets, le zeste d'un cédrat haché très fin, 31 bons grammes de macarons en poudre, deux œufs et quatre jaunes; le tout bien mêlé, fouettez les deux blancs et joignez-les à l'appareil avec quatre cuillerées de crème fouettée, puis vous garnissez la timbale comme de coutume, et la cuisez de même.

TIMBALE DE RIZ AU RAISIN DE CORINTHE.

Lorsque votre riz (375 grammes) est cuit comme de coutume, avec six verres de lait, 185 bons grammes de beurre, 125 de sucre et un grain de sel, vous y mêlez au moins 185 grammes de raisin de Corinthe bien lavé, 125 de macarons amers, le zeste d'un citron coupé en petits filets, deux œufs et quatre jaunes. Remuez l'appareil; ensuite vous mêlez les deux blancs fouettés et quatre cuillerées de crème à la Chantilly. Garnissez, faites cuire, et servez la timbale de la manière accoutumée.

TIMBALE DE RIZ AU RAISIN MUSCAT.

Vous la marquez de la même manière que ci-dessus; mais, au lieu d'y mettre des raisins de Corinthe, vous épluchez 185 bons grammes de beau raisin muscat, dont vous séparez chaque grain en deux parties, et en ôtez les pepins. Après l'avoir lavé, vous le mêlez dans l'appareil.

TIMBALE DE RIZ AUX PISTACHES.

Votre riz étant cuit selon la règle, avec six verres de bon lait, 125 grammes de beurre, 185 au moins de sucre en poudre et un grain de sel, vous y mêlez 125 grammes de belles pistaches (émondées), que vous laissez entières; puis 15 à 16 grammes de fleur d'orange pralinée, 31 à 32 de cédrat confit, coupé en petits filets, 125 grammes de macarons amers pulvérisés, deux œufs, quatre jaunes. Ensuite vous fouettez les blancs, et les joignez à l'appareil avec quatre cuillerées de crème fouettée.

Suivez le reste du procédé comme de coutume.

TIMBALE DE RIZ AUX MARRONS.

Faites cuire au four ou dans les cendres trente-six beaux marrons de Lyon ; et, après les avoir épluchés et parés des parties noircies par le feu, vous séparez chaque marron en quatre parties égales, et les mêlez dans l'appareil que vous aurez disposé selon la règle, mais moins volumineux que de coutume, à cause des marrons. Vous les masquerez ainsi : 250 grammes de riz, six verres de lait, 125 grammes de sucre, 155 au moins de beurre fin, un grain de sel, quatre jaunes d'œufs, 62 grammes de macarons amers, 16 grammes de fleur d'orange pralinée, hachée menu, les quatre blancs fouettés, et quatre cuillerées de crème à la Chantilly. Versez l'appareil dans la timbale, que vous faites cuire de la manière accoutumée.

TIMBALE DE NOUILLES A L'ORANGE.

Après avoir détrempé huit jaunes d'œufs de pâte à nouilles, vous les détaillez selon la règle (*Voyez* à cet effet cette détrempe). Lorsque votre pâte est ainsi disposée, vous la versez dans une casserole, dans laquelle vous aurez quatre verres de lait bouillant. Après quelques minutes d'ébullition, vous y joignez 185 bons grammes de sucre, sur lequel vous avez râpé le zeste d'une belle orange douce, 125 grammes de beurre fin et un grain de sel : faites mijoter à petit feu. Lorsque l'appareil est bien renflé, que les nouilles sont bien moelleuses, vous y mêlez deux œufs et quatre jaunes, puis les deux blancs fouettés et quatre cuillerées de crème à la Chantilly. Le tout étant bien amalgamé, vous en garnissez la timbale, qui sera foncée selon la règle (*Voyez* le premier article de ce chapitre), et mettez-la au four gai.

Vous masquerez et parfumerez cet appareil selon les procédés décrits à chaque article des timbales de riz, ainsi que pour une timbale de nouilles au raisin de Corinthe. (Voyez la *Timbale de riz au raisin de Corinthe*, et ainsi de suite.) Les nouilles seules font toute la différence : on y met moins de lait que dans le riz, attendu qu'il renfle davantage.

TIMBALE DE VERMICELLE AUX CITRONS.

Versez dans une casserole quatre verres de lait. Dès l'instant qu'il commence à bouillir, vous y mettez 310 grammes de vermicelle (que vous brisez légèrement), 185 de sucre sur lequel vous aurez râpé le zeste d'un citron, 125 grammes de beurre fin et une pincée de sel. Le vermicelle étant parfaitement renflé, vous y joignez 125 grammes de macarons pulvérisés, deux œufs et quatre jaunes. Remuez légèrement; ensuite vous y mêlez les deux blancs d'œufs fouettés, avec quatre cuillerées de crème à la Chantilly.

Versez l'appareil dans la timbale, qui doit être foncée comme les précédentes. Faites cuire, et servez selon les procédés décrits plus haut.

Pour les gâteaux de vermicelle, vous panerez le moule; voilà la seule différence.

Détail de l'appareil. — 250 grammes de vermicelle, quatre verres de lait, 125 grammes de beurre, au moins 185 de sucre, 125 de macarons, un zeste de citron, quatre œufs, quatre cuillerées de crème à la Chantilly, un grain de sel.

Pour la timbale de semoule, c'est absolument la même manière de procéder que ci-dessus. Vous emploierez 250 grammes de semoule au lieu de vermicelle.

Pour les timbales de sagou, de farine de pommes de terre, c'est encore la même manière de procéder. Vous emploierez 310 grammes de sagou.

TIMBALE DE POMMES DE TERRE AU ZESTE DE BIGARADE.

Après avoir épluché une vingtaine de belles pommes de terre cuites dans les cendres, vous les parez pour ôter la peau rougeâtre, afin de n'employer que le cœur de la pomme de terre. Vous en pèserez 1 kilogramme, que vous pilerez avec 125 grammes de beurre fin, au moins 185 de sucre en poudre, 125 de macarons amers et un grain de sel. Lorsque le tout est parfaitement pilé, vous y joignez deux œufs, quatre jaunes, 31 grammes de fleur d'orange hachée, les deux blancs fouettés, et quatre cuillerées de bonne crème à la Chantilly. Amalgamez bien ce mélange et retirez-le du mortier pour le mettre dans la timbale. Mettez au four gai, donnez une heure et demie de cuisson. Servez chaud.

Pour le gâteau de pommes de terre, vous glacez le moule au lieu de le foncer en timbale.

On pourra faire des timbales de vermicelle, de semoule, de sagou et de pommes de terre aux raisins de Corinthe et muscat, aux pistaches, aux amandes amères, aux avelines, au zeste d'orange, de citron, de bigarade et de cédrat, ainsi qu'à la vanille, aux rognons et à la moelle. On suivra, à cet égard, les procédés décrits à chacune des timbales de riz.

GATEAU DE RIZ AUX ROGNONS.

Prenez un rognon (rôti) de veau, et, après en avoir ôté les petites fibres qui s'y trouvent intérieurement, vous le hachez menu et le mêlez dans l'appareil, que vous aurez d'ailleurs disposé de même que celui des timbales précédentes. Vous supprimerez, si vous le voulez, les raisins muscats, si c'est l'appareil de la timbale au raisin muscat que vous avez marqué, ainsi que les pistaches, si vous faites l'appareil des pistaches. Ces sortes de fruits se lient parfaitement avec les petites parties du rognon ; et leur réunion rend cet entremets plus agréable. Vous beurrez légèrement le moule d'entremets, et le masquez intérieurement de mie de pain passée au tamis de crin ; après cela, vous y versez l'appareil, et faites cuire ce gâteau de la même manière que les timbales.

Au lieu de paner le moule comme ci-dessus, on

le glace avec du sucre fin, ainsi que les moules à biscuits de Savoie (*Voyez* cet article à la troisième partie.)

Je préfère cette manière. La couleur des gâteaux est infiniment plus claire; mais elle est plus susceptible à la cuisson.

Il est facile de voir que ce qui distingue le gâteau au riz de la timbale est simplement en ce que l'on masque le moule avec de la mie de pain très fine, au lieu qu'on fonce la timbale de pâte fine. Voilà la différence.

Ainsi donc on pourra faire des gâteaux au riz avec l'appareil des timbales, comme l'on pourra faire une timbale aux rognons.

CHAPITRE XVI.

DES GATEAUX FOURRÉS DE CRÈME PATISSIÈRE ET DE FRUITS.

GATEAU DE PITHIVIERS AUX AVELINES.

Après avoir entièrement pilé 250 grammes d'amandes d'avelines (émondées), vous y joignez 185 bons grammes de sucre fin, 125 de beurre d'Isigny, 62 à 63 de macarons amers, quatre jaunes d'œufs et un grain de sel. Le tout étant bien broyé, vous y ajoutez quatre cuillerées de crème fouettée; ensuite vous faites environ 4 décilitres de feuilletage (*Voyez* cet article, première partie). Lorsqu'il a huit tours, vous le séparez en deux, en donnant les deux tiers de son volume à l'une des parties, puis vous l'abaissez assez grand pour pouvoir le couper rond de 24 centimètres de diamètre. Vous moulez les parures de cette abaisse rondes dans le feuilletage qui vous reste, puis vous en formez une abaisse d'au moins 18 centimètres de diamètre que vous placez sur un plafond.

Vous mouillez ensuite légèrement les bords de cette abaisse, et versez dessus l'appareil. Vous l'étalez également à un doigt près du bord de la pâte; ensuite vous couvrez avec soin l'appareil de l'abaisse de feuilletage, que vous appuyez sur l'autre abaisse, afin de les souder ensemble, pour empêcher l'appareil de fuir à la cuisson : cannelez le bord du gâteau, en découpant (avec la pointe du couteau) la pâte à 1 centimètre et demi ou 2 centimètres de distance de l'appareil. Dorez légèrement le dessus, puis tracez-y une palmette ou une rosace, ou simplement une jolie rayure. Mettez au four gai. Lorsqu'il est coloré, vous le mettez plus près du côté de la bouche du four, afin que le feuilletage puisse sécher sans prendre plus de couleur. Après trois quarts d'heure de cuisson (il est de rigueur que les abaisses de pâte se trouvent très croustillantes ; autrement ces sortes de gâteaux ne sont pas agréables à manger), vous le masquez également avec du sucre fin pour le glacer à une petite flamme vive que vous faites à la bouche du four où vous le glacez à blanc.

DÉTAIL DE L'APPAREIL. — 250 grammes d'avelines, au moins 185 de sucre, 125 de beurre, 62 à 63 de macarons, quatre jaunes d'œufs, quatre cuillerées de crème fouettée, 4 décilitres de feuilletage et un grain de sel.

GATEAU DE PITHIVIERS AUX AMANDES AMÈRES.

Pilez 215 bons grammes d'amandes douces et 31 à 32 d'amères avec un peu de blanc d'œuf, pour les empêcher de tourner à l'huile ; ajoutez aux amandes au moins 185 grammes de sucre fin, 125 de beurre et 62 à 63 de macarons amers, quatre jaunes d'œufs et un grain de sel. Broyez bien ce mélange. Mettez de plus quatre cuillerées de crème fouettée : finissez ensuite l'opération comme je l'ai décrite précédemment.

Ne glacez pas ce gâteau au four : attendez qu'il soit refroidi pour le saupoudrer ensuite à blanc avec du sucre passé au tamis de soie.

GATEAUX DE PITHIVIERS AU CÉDRAT.

Vous pilez 250 grammes d'amandes douces, puis vous y joignez 155 grammes de sucre (sur lequel vous aurez râpé le demi-zeste d'un cédrat), 125 grammes de beurre fin, 32 de cédrat confit, coupé en petits filets, 62 bons grammes de macarons, un grain de sel, quatre jaunes d'œufs et quatre cuillerées de crème à la Chantilly. Le reste du procédé est le même que ci-dessus.

GATEAUX DE PITHIVIERS A LA FLEUR D'ORANGE PRALINÉE.

Pilez 250 grammes d'amandes douces; ensuite vous y ajoutez 185 bons grammes de sucre, 125 de beurre, 62 à 63 de macarons amers, 31 à 32 de fleur d'orange pralinée, un grain de sel, quatre jaunes, quatre cuillerées de crème fouettée. Vous terminez l'opération de la manière accoutumée.

GATEAUX DE PITHIVIERS AU RAISIN DE CORINTHE.

Mêlez dans 250 grammes d'amandes pilées 125 grammes de sucre, 125 de beurre fin, 125 de beau raisin de Corinthe bien épluché et lavé, 62 à 63 de macarons amers, un grain de sel, quatre jaunes d'œufs. Le tout étant bien mêlé, vous y joindrez quatre cuillerées de bonne crème à la Chantilly. Finissez le reste du procédé selon la règle.

GATEAUX DE PITHIVIERS AU RAISIN MUSCAT.

Vous marquez l'appareil comme le précédent. Vous supprimez le raisin de Corinthe, et le remplacez par 125 grammes de beau raisin muscat, dont vous séparez chaque grain en deux et en retirez les pepins. Suivez le procédé comme de coutume.

GATEAUX DE PITHIVIERS AUX QUATRE FRUITS.

Râpez sur un morceau de sucre le quart du demi-zeste d'un citron, ainsi que d'une bigarade, d'un cédrat et d'une orange bien douce : pesez-en 185 bons grammes, en le complétant avec du sucre en poudre. Mettez avec ce sucre 250 grammes d'amandes douces pilées, 125 de beurre fin, 62 bons grammes de macarons, un grain de sel, quatre jaunes d'œufs, et quatre cuillerées de crème à la Chantilly. Finissez selon la règle.

GATEAUX DE PITHIVIERS AUX ROGNONS.

Hachez menu la moitié d'un rognon (rôti) de veau. Vous le mêlez avec 250 grammes d'amandes pilées, au moins 185 de sucre en poudre, 125 de beurre fin, 62 à 63 de macarons, le zeste d'un citron haché, un grain de sel, quatre jaunes d'œufs, et quatre cuillerées de crème fouettée. Terminez l'opération de la manière accoutumée.

GATEAUX DE PITHIVIERS A LA MOELLE ET A LA VANILLE.

Hachez bien fin 125 grammes de moelle de bœuf, que vous mêlez avec 250 grammes d'amandes pilées, au moins 185 de sucre (avec lequel vous aurez pilé une demi-gousse de vanille), 62 bons grammes de macarons, un grain de sel, quatre jaunes d'œufs, quatre cuillerées de crème fouettée. Suivez le procédé selon la règle.

GATEAUX DE PITHIVIERS ANGLO-FRANÇAIS.

Mettez dans une casserole 250 grammes d'amandes pilées, 125 de moelle de bœuf hachée bien fin, au moins 62 de sucre en poudre, autant de macarons amers, autant de raisin de Corinthe, autant de raisin muscat, 31 bons grammes de cédrat haché, 15 à 16 de fleur d'orange pralinée, un grain de sel, quatre jaunes d'œufs, ensuite un demi-verre de bon vin d'Espagne et le quart d'une noix muscade râpée. Remuez bien ce mélange; foncez ce gâteau comme les précédents. Vous mettez ensuite sur le bord de l'abaisse du fond une petite bande, étroite et mince, dans le genre des tourtes d'entremets (afin de contenir le liquide de l'appareil qui, autrement, fuirait à la cuisson). Versez-y l'appareil; couvrez le gâteau avec une abaisse de la même façon que les autres. Finissez ensuite de la manière accoutumée.

GATEAUX ANGLO-FRANÇAIS AUX PISTACHES ET AUX AVELINES.

Après avoir parfaitement pilé 185 bons grammes d'amandes d'avelines, vous y mêlez le même poids de sucre en poudre, 125 grammes de beurre d'Isigny, 62 à 63 de macarons amers, 15 ou 16 de cédrat confit, une bonne pincée de fleur d'orange pralinée, la moitié d'une gousse de vanille hachée, quatre jaunes d'œufs, un demi-verre de vin de Madère, le quart d'une noix-muscade râpée, un grain de sel. Le tout bien broyé, vous y joignez 125 grammes de pistaches entières, ensuite vous garnissez de cet appareil le gâteau, qui sera disposé de la même façon que le précédent. La cuisson est aussi la même.

GATEAUX FOURRÉS DE CRÈME AU CAFÉ MOKA.

Vous le préparez comme le précédent, c'est-à-dire qu'après l'avoir foncé rond, et de 24 centimètres de diamètre, vous mouillez le bord de cette abaisse, et placez dessus une petite bande de feuilletage, large d'un centimètre et demi et épaisse d'un centimètre; ensuite vous y versez l'appareil, que vous aurez marqué selon la crème pâtissière (*Voyez* cet article). Finissez ce gâteau de la manière accoutumée.

On pourra faire autant de sortes de gâteaux fourrés qu'il y a de genres différents de crèmes contenues dans le chapitre des *Crèmes pâtissières*.

On pourra également faire des gâteaux fourrés avec le même appareil, ainsi que des timbales de riz, de vermicelle, de semoule, de sagou, de farine de pommes de terre et de marrons; mais la moitié de l'un de ces appareils sera suffisant pour un gâteau fourré.

GATEAUX FOURRÉS DE MARMELADE DE PÊCHES.

Votre gâteau étant préparé de la même manière que ci-dessus (mais sans bandes), vous le garnissez de marmelade de pêches. Voilà la différence.

Les gâteaux fourrés de marmelade d'abricots, de coings, de poires, de pommes, d'ananas, de groseilles de Bar roses ou blanches, d'épines-vinettes, de verjus, de cerises, se font de même. Toutes ces sortes de gâteaux se glacent au four ou à blanc, après qu'ils sont refroidis.

GATEAUX FOURRÉS A LA D'ARTOIS.

Prenez quatre cuillerées de marmelade d'abricots, quatre de marmelade de pommes-rainettes ; joignez-y deux cuillerées de beurre fin que vous aurez fait fondre. Remuez ce mélange ; garnissez et finissez ce gâteau de la manière accoutumée.

CHAPITRE XVII.

DES GATEAUX FOURRÉS A LA PARISIENNE.

GATEAUX FOURRÉS A LA PARISIENNE.

Epluchez et coupez par quartiers douze pommes-rainettes bien saines ; faites-les cuire à moitié (et à petit feu) avec 125 grammes de beurre fin, autant de sucre en poudre, sur lequel vous aurez râpé le demi-zeste d'un beau cédrat, ou celui d'une orange, d'un citron ou d'une bigarade. Lorsque vos pommes sont refroidies, vous faites une abaisse, et posez sur le bord une bande de la même largeur et épaisseur que celle du gâteau de crème au café : vous rangez au milieu de cette tourte toutes vos pommes, vous conservez les quartiers les plus entiers, pour mettre par-dessus les autres. Ces pommes doivent former une espèce de dôme ; ensuite vous faites une abaisse de parure de feuilletage. Après avoir mouillé le dessus de la bande, vous y placez l'abaisse, de manière que ce gâteau ressemble beaucoup à la tourte d'entrée.

La pâte qui couvre les pommes ne doit point dépasser le bord de la bande, dont vous appuyez l'abaisse dessus afin de les souder. Dorez légèrement la surface du gâteau avec du blanc d'œuf, pour semer dessus du gros sucre avec du sucre en poudre, afin que l'entremets se trouve parfaitement masqué. Mettez-le au four, chaleur douce ; donnez-lui une heure de cuisson, afin que la pâte soit bien croustillante. Servez chaud et bien blond. Cette sorte d'entremets est très agréable.

Détail de l'appareil. — Douze belles pommes-rainettes, 125 grammes de sucre, sur lequel vous aurez râpé le demi-zeste d'un demi-cédrat, 125 grammes de beurre fin, 62 bons grammes de gros sucre, 4 décilitres de feuilletage.

GATEAUX A LA PARISIENNE AUX POMMES ET AU RAISIN.

Après avoir épluché douze pommes-rainettes, vous les coupez en quartiers, et chaque quartier en quatre parties. Sautez ces pommes dans une casserole avec 125 grammes de beurre fin, au moins 62 de sucre sur lequel vous aurez râpé la moitié du zeste d'une belle orange de Malte, deux cuillerées de marmelade d'abricots, et 125 grammes de raisin de Corinthe (bien lavé). Après avoir sauté ce mélange dix minutes sur un feu modéré, vous le laissez refroidir.

Garnissez et finissez votre gâteau de même que le précédent : vous le dorerez seulement, et le ferez cuire sans mettre du gros sucre dessus. Lorsqu'il est parfaitement ressuyé à la cuisson, vous le laissez un peu refroidir, puis vous prenez (fouettés) deux blancs bien fermes, et les mêlez avec 93 à 94 grammes de sucre fin, ensuite vous masquez le dessus de votre gâteau avec ce blanc d'œuf, que vous saupoudrez légèrement de sucre fin. Ce sucre fondu, vous semez, sur le dôme seulement, du gros sucre mêlé avec des raisins de Corinthe (lavés et séchés au four); vous placez ensuite autour du dôme, ou plutôt sur la bande, une couronne de petites meringues, que vous formez avec le reste du blanc d'œuf : vous les masquez de sucre fin, et leur faites prendre une belle couleur jaunâtre. Servez en sortant du four.

Détail de l'appareil. — Douze pommes-rainettes, 125 grammes de beurre fin, 125 de raisin, 62 à 63 de sucre, le demi-zeste d'une orange, deux cuillerées de marmelade d'abricots, deux blancs d'œufs fouettés, 93 à 94 grammes de sucre.

Pour le faire au raisin muscat, employez au moins 185 grammes de ce raisin en place de celui de Corinthe.

GATEAUX A LA PARISIENNE AUX POMMES ET PISTACHES.

Épluchez et coupez douze pommes comme les précédentes, et sautez-les de même avec 62 bons grammes de beurre fin, 125 de sucre, sur lequel vous avez râpé le demi-zeste d'un beau citron, 93 ou 94 grammes de pistaches émondées, que vous laissez entières, et deux cuillerées de marmelade d'abricots. Lorsque l'appareil est froid, vous finissez le gâteau comme ci-dessus, puis vous le masquez de blancs d'œufs, et placez sur la bande une couronne de petites meringues. Saupoudrez le tout avec du sucre très fin : lorsque ce sucre est fondu, vous semez sur le dôme seulement du gros sucre, des pistaches (coupez chaque amande en six parties), ensuite vous placez une pistache au milieu de chaque petite meringue. Mettez au four, chaleur molle, et servez-le de belle couleur blonde. Vous pouvez faire de la même manière des gâteaux de poires de toute espèce, de coings, de pommes de calville et d'api.

Vous pouvez servir ce gâteau en forme de hérisson aux pistaches. A cet effet, vous coupez 125 grammes de pistaches en quatre filets; après avoir masqué le dôme avec du blanc d'œuf comme le précédent, vous le glacez avec du sucre fin, ensuite vous y piquez avec symétrie les filets de pistaches. Faites-le sécher au four de manière que le meringué conserve sa blancheur.

GATEAUX A LA PARISIENNE AUX ABRICOTS.

Pelez quinze beaux abricots de plein vent et de bonne maturité; vous les séparez ensuite par quartiers, et les sautez (sans les mettre sur le feu) dans une casserole avec 62 bons grammes de beurre fin (fondu), 125 de sucre fin, sur lequel vous aurez râpé le demi-zeste d'un beau citron; vous cassez les noyaux, émondez les amandes que vous séparez en deux, et les mêlez avec le fruit. Ensuite vous les placez avec attention dans le gâteau, lequel sera préparé et terminé comme les précédents ; après l'avoir masqué de blancs d'œufs, vous semez dessus du gros sucre seulement.

Détail de l'appareil. — Quinze abricots, 125 grammes de sucre, 62 à 63 de beurre, un zeste de citron.

GATEAUX A LA PARISIENNE AUX PÊCHES.

Prenez douze belles pêches de vigne et de bon fruit, ôtez la pelure et coupez-les en quatre ; sautez-les avec 62 bons grammes de beurre fin fondu, 125 de sucre, sur lequel vous aurez râpé le demi-zeste d'une belle orange. Placez le fruit en forme de dôme selon la règle ; vous terminez l'opération de la manière accoutumée.

GATEAUX A LA PARISIENNE AUX BRUGNONS.

On procède de la même manière que ci-dessus, avec cette seule différence que l'on emploie des brugnons de bonne maturité au lieu de pêches.

GATEAUX A LA PARISIENNE AUX PRUNES DE MIRABELLE.

Otez les noyaux à deux cents petites prunes de mirabelle ; après les avoir sautées avec 62 bons grammes de beurre tiède, autant de sucre en poudre, sur lequel vous aurez râpé le demi-zeste d'un demi-citron, vous suivez le reste du procédé comme je l'ai enseigné précédemment.

GATEAUX A LA PARISIENNE AUX PRUNES DE REINE-CLAUDE.

Prenez un demi-cent de prunes de reine-claude de bonne maturité ; séparez-les en deux, retirez-en les noyaux : ensuite vous les sautez avec le beurre tiède, le sucre nécessaire et le demi-zeste d'une demi-bigarade. Vous suivez le reste de l'opération selon la règle.

GATEAUX A LA PARISIENNE AUX PRUNES DE SAINTE-CATHERINE.

Ayez quinze belles prunes de Sainte-Catherine, et, après les avoir séparées en deux, vous les sautez dans 62 bons grammes de beurre et 125 de sucre. Vous finissez l'opération de la manière accoutumée.

GATEAUX A LA PARISIENNE AUX CERISES DOUCES.

Épluchez 750 grammes de belles cerises douces, et roulez-les dans 62 bons grammes de beurre tiède, 125 de sucre fin ; puis vous suivez l'opération de la manière accoutumée.

Vous procéderez de même pour garnir votre gâteau aux merises ou aux bigarreaux.

GATEAUX A LA PARISIENNE AUX FRAISES.

Épluchez un panier de belles fraises un peu fermes ; puis vous les roulez avec le beurre et le sucre nécessaires. Le reste du procédé est le même que ci-dessus. Faites ce gâteau le plus mince de pâte possible, afin qu'il ne reste qu'une demi-heure au four, par la raison que ce fruit n'a pas de cuisson.

Vous pouvez, avant de servir ce gâteau, y placer, entre chaque petite meringue, une belle fraise que vous aurez eu le soin de conserver.

C'est la même manière de procéder pour les fraises-ananas et framboises.

GATEAUX A LA PARISIENNE AUX GROSEILLES ROUGES OU BLANCHES.

Égrenez 750 grammes de belles groseilles rouges et bien claires; vous les sautez avec le sucre et le beurre, selon la règle. Vous terminez par les procédés décrits ci-dessus.

GATEAUX A LA PARISIENNE AUX GROSEILLES VERTES ET ROSES.

Épluchez un litre et demi de belles groseilles vertes, puis trois quarts de litre du même fruit, mais de couleur rouge. Ayez soin que ces fruits soient dans leur pleine maturité. Retirez les pepins, sautez-les dans le beurre tiède et le sucre en poudre nécessaire à l'opération. Garnissez et finissez votre gâteau selon la règle.

On peut servir ces entremets froids, mais alors on supprime le beurre des fruits.

CINQUIÈME PARTIE.

CHAPITRE XVIII.

DES FLANS DE FRUITS DE TOUTES ESPÈCES.

FLANS DE POMMES AU BEURRE ET AU CÉDRAT.

Épluchez et coupez en quatre douze belles pommes-rainettes (d'api ou de calville), mettez-les dans une casserole avec 125 grammes de beurre fin et 125 de sucre sur lequel vous avez râpé le demi-zeste d'un cédrat. Faites cuire vos pommes à moitié, laissez-les refroidir. Pendant ce temps, vous détrempez 4 décilitres de pâte fine à 4 kilogrammes (*Voyez* cet article, première partie) un peu ferme, puis vous la moulez et l'abaissez de 29 centimètres de diamètre ; vous dressez cette pâte à 5 bons centimètres de hauteur, ce qui vous donnera un flan de 18 bons centimètres de largeur, vous le placez sur un petit plafond. Vous le pincez ou le décorez légèrement autour, ensuite vous le garnissez en plaçant en couronne les quartiers de pommes les plus cuites ; puis vous mettez par-dessus le sirop de beurre et de sucre, dans lequel vos pommes ont été passées, et avec les vingt-quatre quartiers de pommes qui doivent vous rester (c'est-à-dire que vous ne devez mettre que la moitié des quartiers dans le fond du flan), vous les placez avec soin sur l'autre couronne : mettez une bande de papier fort et beurré autour du flan, ensuite vous le mettez au four chaleur gaie. Après trois quarts d'heure de cuisson, vous ôtez la bande de papier, et dorez légèrement la croûte. Remettez-le quelques minutes au four; ensuite vous saupoudrez la croûte avec du sucre passé au tamis de soie. Vous le glacez à la flamme d'un petit feu clair que vous faites à la bouche du four. Au moment du service, vous le masquez avec quelques cuillerées de gelée de pommes, d'abricots ou de groseilles, ou simplement avec du sirop de sucre. Servez chaud.

Si vous voulez servir ce flan froid, ne mettez pas de beurre dans les pommes.

Pour les flans de pêche, de brugnons et d'abricots, vous procéderez de la même manière.

FLANS DE POMMES A LA PORTUGAISE.

Prenez trente pommes-rainettes, coupez avec un vide-pomme le cœur de dix pommes d'égale grosseur. Ensuite vous les tournez et faites cuire un peu ferme dans un poêlon d'office, avec un sirop léger que vous avez fait avec 185 bons grammes de sucre. Épluchez le reste des pommes; et, après les avoir coupées menu, vous les faites fondre dans le sirop des pommes tournées. Hachez très fin le demi-zeste d'une orange, et mêlez-le dans les pommes, que vous remuez avec une spatule, afin qu'elles ne s'attachent pas au poêlon. Lorsqu'elles sont en marmelade un peu ferme, vous les passez au tamis de crin; ensuite vous faites 6 décilitres de pâte fine, à 4 kilogrammes (*Voyez* cet article, première partie), un peu ferme. Vous dressez votre flan de la même manière que le précédent, mais un peu plus haut. Mêlez deux cuillerées de marmelade d'abricots dans celle de pommes, dont vous en mettez quatre dans le flan ; placez dessus vos pommes tournées, que vous avez garnies intérieurement de marmelade d'abricots; garnissez ensuite le flan avec le reste de la marmelade de pommes, mais arrangez-vous de manière que la surface des pommes tournées ne soit pas masquée. Placez autour du flan une bande de papier beurré, et mettez-le au four gai. Après trois quarts d'heure de cuisson, vous le glacez de la même manière que le précédent. Au moment de le servir (chaud ou froid), vous le masquez avec quelques cuillerées de gelée de pommes ou de belle marmelade d'abricots, de coings, de jus de cerises ou de verjus. Au milieu de chaque pomme, vous mettez une belle cerise ou un grain de verjus confit.

Vous procéderez de la même manière pour les flans de pommes d'api et de poires en général.

On peut mettre dans la marmelade 62 ou 63 grammes de beurre.

On fait de ces sortes de flans pour grosses pièces d'entremets. Je les ai détaillées au chapitre des *Grosses pièces de fonds*, troisième partie.

FLANS AUX CERISES DE MONTMORENCY.

Après avoir épluché 1 kilogramme et demi de belles cerises à courte queue, vous les mettez dans un poêlon d'office avec 375 grammes de sucre en poudre, et, lorsqu'elles sont presque cuites, vous les égouttez sur plusieurs assiettes; ensuite vous passez le sirop dans un tamis de soie, et le faites réduire à point, ce que vous apercevez facilement lorsqu'il commence à s'attacher aux doigts : alors vous y versez le quart des cerises avec le suc qu'elles ont rendu en égouttant. Faites réduire encore le sirop, et retirez-le du feu lorsqu'il forme la nappe. Votre flan étant dressé selon la règle, vous y versez les cerises égouttées; ensuite vous le mettez au four gai, et après trois quarts d'heure vous le dorez et le glacez comme de coutume. Au moment du service, vous le masquez bien également avec le quart des cerises cuites au sucre, et y joignez le sirop par-dessus.

Les flans de merises et de bigarreaux se font de la même manière.

FLANS DE PRUNES DE REINE-CLAUDE.

Séparez en deux un demi-cent de belles prunes de reine-claude un peu fermes au toucher, puis roulez-en quarante dans 125 grammes de sucre en poudre. Dressez votre flan de 8 centimètres de hauteur, et, après l'avoir pincé et décoré, garnissez-le avec soin, en plaçant le plus près possible les unes des autres les prunes au sucre. Entourez le flan de papier beurré; mettez-le au four gai, et finissez-le de la manière accoutumée. Pendant qu'il est au four, vous faites cuire le reste des prunes dans 125 grammes de sucre en poudre et un demi-verre d'eau. Après les avoir égouttées, vous faites réduire le sirop de la même manière que le précédent. Ayez soin que vos prunes ne soient que blanchies dans ce sirop, afin qu'elles se conservent entières.

FLANS DE PRUNES DE MIRABELLE.

Prenez trois cents prunes vraies mirabelles : ouvrez-les le moins possible pour en ôter les noyaux : puis vous en roulez les trois quarts dans 185 bons grammes de sucre en poudre; garnissez et faites le flan comme les précédents. Faites cuire le reste des prunes avec 125 grammes de sucre et un demi-verre d'eau. Lorsqu'elles sont cuites, et que le sirop est réduit selon la règle, vous masquez le flan, et le servez chaud ou froid.

FLANS D'ABRICOTS GLACÉS.

Séparez en deux trente beaux abricots de plein vent; sautez-en vingt dans 125 grammes de sucre en poudre, et garnissez-en le flan, qui doit être dressé de 5 bons centimètres de hauteur. Faites-le cuire et glacer comme de coutume.

Mettez dans un poêlon d'office un verre d'eau et 125 grammes de sucre fin; ajoutez-y le reste du fruit, que vous faites cuire. Ensuite faites réduire le sirop à point; ôtez la peau des abricots, placez-les avantageusement sur le flan. Au milieu de chaque moitié d'abricot, placez une amande (d'abricot) ; au moment du service, vous masquez avec le sirop : servez chaud ou froid.

Vous procédez de même que ci-dessus pour les flans de pêches et de brugnons.

CHAPITRE XIX.

DES FLANS DE CRÈME PATISSIÈRE.

FLANS DE CRÈME PATISSIÈRE GLACÉS.

Votre flan étant dressé comme les précédents, vous l'entourez d'une bande de papier de 10 centimètres de hauteur; ensuite vous l'emplissez d'une bonne crème pâtissière (*Voyez* cet article); mais n'y mettez pas tout à fait autant de beurre, c'est la seule différence. Après trois quarts d'heure de cuisson, ôtez la bande de papier, dorez la croûte du flan; saupoudrez le dessus de la crème, et glacez-la avec le fer à glacer presque rouge.

Vous pouvez garnir ce genre de flans avec tous les appareils contenus dans le chapitre des *Crèmes pâtissières*, ainsi qu'avec la moitié de l'appareil qui compose les timbales de riz, de vermicelle, de semoule, de sagou, de pommes de terre : vous garnissez encore ces flans avec les appareils de talmouses, de darioles, de ramequins, de flans suisse et à la milanaise. En faisant cuire cette croustade séparément, vous pourrez la garnir ensuite (la moitié seulement) de tous les appareils des soufflés d'entremets, et même des fondus.

CHAPITRE XX.

DES TOURTES D'ENTREMETS DE FRUITS.

TOURTE D'ABRICOTS GLACÉS.

Après avoir foncé votre tourte de la même manière que les gâteaux fourrés, vous y placez aussi une bande de feuilletage, mais un peu plus large et plus épaisse. Ayez soin que les deux extrémités de la bande se croisent de 5 bons centimètres, afin qu'elle ne fasse point un mauvais effet à la cuisson. Vous devez couper en biais les deux bouts de la pâte, de manière qu'après les avoir placés l'un sur l'autre, leurs joints se trouvent d'égale épaisseur. Avant de les souder, vous les mouillez légèrement, et les appuyez pour les joindre parfaitement; appuyez de même le reste de la bande. Ensuite semez une cuillerée de sucre fin sur le fond de la tourte. Vous placez par-dessus et en couronne vingt-quatre quartiers d'abricots, que vous avez roulés dans 125 grammes de sucre en poudre. Ayez soin de ne point laisser tomber de sucre sur la bande, cela la ferait noircir à la cuisson. Dorez le dessus de cette bande, et mettez la tourte au four gai. Après dix minutes de cuisson, regardez si la bande s'élève également, car quelquefois il arrive qu'elle est arrêtée par places : cela dépend de l'extrême chaleur du four, qui saisit et comprime l'épaisseur du feuilletage. Cela fait le même effet lorsque le feuilletage est touré négligemment. Pour éviter cet inconvénient, vous détachez avec la pointe du couteau la partie retenue, puis vous remettez la tourte au four : cette opération doit se faire avec vitesse, sans cela il vaudrait autant ne pas la faire. Lorsque la tourte est parfaitement ressuyée, vous la saupoudrez dessous et autour avec du sucre passé au tamis, puis vous glacez à une flamme légère, que vous placez à la bouche du four.

Vous faites cuire ensuite dans 125 grammes de sucre et un verre d'eau huit gros abricots de plein vent, les plus rouges possible ; ensuite vous les égouttez sur deux assiettes ; vous en retirez les peaux et faites réduire le sirop à point. Cassez les noyaux, émondez les amandes. Placez en couronne les moitiés d'abricots ; arrangez-les de manière que le côté le plus rouge s'offre à la vue. Placez vos amandes, et ne masquez le tout avec le sirop qu'au moment du service.

On procédera de la même manière que ci-dessus pour les tourtes de fruits en général. On garnira seulement la tourte de la moitié du fruit que l'on se propose de mettre dedans ; ensuite on fait cuire l'autre moitié au sirop, afin que le dessus de la tourte soit de meilleure mine et plus séduisante à la vue.

On fait aussi ces bandes de tourtes sans soudure ; à cet effet, vous abaissez 3 litres de feuilletage de 27 à 29 centimètres carrés ; ensuite vous placez au milieu un couvercle de casserole de 18 bons centimètres de diamètre, puis vous coupez et cannelez la pâte de la largeur du couvercle. Otez ce couvercle, pour en remettre un autre en place, plus petit d'au moins 5 centimètres; coupez la pâte sans la canneler, alors votre bande doit avoir 2 bons centimètres de largeur. Ployez-la en deux, afin qu'elle soit plus aisée à placer.

Je préfère cette manière (c'est le genre de maison) à la précédente, attendu que celle-ci est moins susceptible de se déformer à la cuisson, et cela est sensible, puisqu'elle est sans soudure; mais il est des circonstances où on ne peut se dispenser de les souder, comme, par exemple, dans nos boutiques, où l'on a une vingtaine de tourtes d'entremets à faire.

CHAPITRE XXI.

DES VOL-AU-VENT DE FRUITS.

VOL-AU-VENT GARNI DE PÊCHES.

Après avoir abaissé trois quarts de litre de feuilletage (à six tours) ainsi que le précédent, vous le coupez avec un couvercle de 18 bons centimètres de diamètre. Mettez-le sur une petite abaisse bien mince de pâte fine; dorez le dessus, et avec la pointe du couteau (à un demi-centimètre de profondeur) vous marquez la largeur d'une bande ordinaire. Mettez à four gai; lorsqu'il est d'une parfaite cuisson, vous le videz et le mettez ressuyer au four quelques minutes, après quoi vous le saupoudrez dessus et autour de sucre fin; vous le glacez à la flamme selon la règle; ensuite vous prenez dix-huit moyennes pêches de bonne maturité et les plus rouges possible. Coupez-les en deux et faites-les cuire dans un petit sirop de 185 bons grammes de sucre. Après les avoir égouttées, vous en séparez les pelures, et vous placez en couronne (dans le vol-au-vent) les douze moitiés de pêches les moins colorées, et sur celles-ci vous placez de la même manière le reste du fruit et quelques amandes de pêches placées çà et là. Au moment du service, vous masquez le fruit avec le sirop, qui sera réduit de la manière accoutumée.

Cette manière de servir les fruits en vol-au-vent est plus riche, plus élégante, sans contredit, que la tourte d'entremets; mais ce vol-au-vent est bien plus difficile à la cuisson, car si on le vide avant sa cuisson parfaite, on le voit aussitôt s'abaisser, devenir de pauvre mine, et perdre ainsi en un instant cette physionomie qui le distingue d'une manière toute particulière. D'un autre côté, il n'est pas du tout aisé à glacer; enfin, malgré son élégance, je préfère l'humble tourte d'entremets, parce qu'elle est plus agréable à manger, et que la croûte s'est nourrie en s'imbibant du fruit à la cuisson.

On fait des vol-au-vent avec tous les fruits possibles, de la même manière que ci-dessus.

CHAPITRE XXII.

DES TOURTES D'ENTREMETS DE FRUITS CONFITS.

TOURTE DE MARMELADE D'ABRICOTS PRALINÉS.

Foncez cette tourte de la manière décrite ci-dessus. Faites une autre abaisse de feuilletage très mince ; puis vous la découpez selon votre idée. Vous versez ensuite un pot de marmelade d'abricots sur le fond de la tourte ; vous l'étalez à un centimètre et demi ou deux centimètres près du bord, que vous avez légèrement mouillé. Placez l'abaisse découpée sur l'abricot. Appuyez-la, afin de souder ces deux abaisses ; dorez légèrement, mais seulement la pâte qui couvre la confiture ; mettez dessus 62 bons grammes d'amandes d'avelines hachées très fin, mêlées avec autant de sucre fin et la huitième partie d'un blanc d'œuf ; ensuite mouillez le tour de l'abaisse, et placez-y la bande, ainsi que vous l'avez fait aux tourtes décrites plus haut. Après avoir doré le dessus, vous la mettez au four gai : si vos amandes se coloraient trop vite, vous les masqueriez d'un double rond de papier. Lorsque la tourte est cuite à point, vous la glacez comme de coutume.

Lorsqu'on ne veut point y mettre d'amandes, on décore le dessus de la confiture de cette manière : vous faites une petite abaisse de feuilletage très mince, que vous saupoudrez légèrement de farine ; vous la pliez en deux, et la coupez par petites bandes étroites d'un demi-centimètre. Dépliez ces petites bandes qui doivent se trouver longues de 24 à 27 centimètres; ensuite la tourte étant garnie d'abricots, et mouillée alentour, vous posez une petite bande en travers de la marmelade, puis une autre en croix. Appuyez-les sur l'abaisse qui n'est pas masquée de confiture; vous placez (à un demi-centimètre de distance, de manière qu'elles forment une espèce de mosaïque) une autre bande à droite de la première et une à gauche; puis vous en placez deux de la même manière à l'autre bande, qui fait la croix. Recommencez successivement à placer une bande à droite et une à gauche de chaque bande du milieu, en sorte que l'abricot se trouve masqué par l'entrelacement de ces bandes, lesquelles forment une espèce de fond de panier à jour.

Vous procédez de même pour faire une étoile, avec cette différence que vous placez trois bandes en croix; et si vous voulez faire l'étoile à huit pans, vous posez quatre bandes en double croix.

Les tourtes de fruits confits en général se disposent de la même manière que celle-ci.

CHAPITRE XXIII.

DES TOURTES D'ENTREMETS DE CRÈME.

TOURTE A LA MOELLE PRALINÉE.

Après avoir foncé et posé la bande, ainsi que vous le pratiquez pour les tourtes de fruits, vous garnissez celle-ci d'une bonne crème pâtissière à la moelle de bœuf. (A cet effet, opérez selon la recette décrite au chapitre des *Crèmes pâtissières. Voyez* sixième partie.) Vous semez sur la crème 62 bons grammes d'amandes d'avelines, hachées et mêlées avec autant de sucre et un peu de blanc d'œuf; ensuite vous dorez légèrement le dessus de la bande, et mettez au four gai. Terminez l'opération de la manière accoutumée. Servez chaud.

TOURTE AUX ROGNONS DE VEAU ET AUX PISTACHES.

Hachez menu un rognon (rôti) de veau dont vous aurez retiré les parties fibreuses; mêlez-y gros comme un œuf de la graisse du rognon, que vous joignez dans la dose de crème décrite à l'article *Crème pâtissière au citron*. Ensuite émondez 62 bons grammes de pistaches, et mêlez-les avec une cuillerée de sucre dans la crème dont vous garnissez la tourte; dorez légèrement, et mettez-la au four. Servez chaud.

Vous pouvez masquer cette crème avec des amandes comme la précédente.

Vous faites aussi cette tourte aux rognons, sans y mettre de pistaches.

TOURTE DE CRÈME AUX ÉPINARDS ET PRALINÉE.

Après avoir épluché, lavé et blanchi à fond deux grosses poignées d'épinards fraîchement cueillis, vous les hachez bien fin; puis vous les mettez dans une casserole avec 93 à 94 grammes de beurre fin ; placez la casserole sur un feu modéré, et remuez-les avec une spatule, afin d'évaporer l'humidité. Vous y joignez ensuite quatre cuillerées de crème pâtissière, un demi-verre de crème double, 93 bons grammes de sucre en poudre, deux de macarons amers pulvérisés, une pincée de fleur d'orange pralinée, un grain de sel. Amalgamez le tout, et versez-le dans la tourte qui sera disposée selon la règle ; masquez le dessus de la crème avec des amandes avelines préparées de même que les précédentes. Suivez le reste du procédé comme de coutume. Servez chaud.

On peut faire cette tourte aux épinards, à la moelle et aux rognons.

On passe quelquefois cette crème en purée par l'étamine fine. Lorsqu'on voudra faire des tourtes de crème au café, au chocolat, au cacao, à la vanille, à l'orange, au citron, à la bigarade, au cédrat, à la fleur d'orange pralinée, à la rose, au lait d'amandes d'avelines, aux pistaches, au raisin de Corinthe et de muscat, au rhum et au marasquin, on procédera ainsi que ces articles sont décrits dans le chapitre des *Crèmes pâtissières*. (*Voyez* sixième partie.)

Lorsque vous voulez faire ces tourtes soufflées, vous mêlez à l'appareil trois blancs d'œufs fouettés bien ferme ; mais ces entremets demandent à être servis en sortant du four, autrement ils perdent leur qualité.

TOURTE DE CRÈME A LA MANIÈRE ANGLAISE.

Préparez votre tourte selon la coutume, et disposez ensuite la moitié de l'appareil de la crème pâtissière ordinaire, mais un peu plus ferme : mêlez-y 62 bons grammes de beau raisin de Corinthe bien lavé, autant de raisin muscat, dont vous séparez chaque grain en deux et en ôtez les pepins, 31 à 32 grammes de cédrat coupé en dés, 15 à 16 grammes de fleur d'orange pralinée, le demi-zeste d'un citron râpé sur un peu de sucre, le quart d'une noix muscade pulvérisé, et un demi-verre de bon vin d'Espagne. Lorsque le tout est bien mêlé, vous garnissez la tourte et la faites cuire de la manière accoutumée. Servez-la chaude.

CHAPITRE XXIV.

DES ENTREMETS DÉTACHÉS, FOURRÉS DE CRÈME ET DE CONFITURES, MASQUÉS DE GROS SUCRE, PRALINÉS ET GLACÉS.

PETITS GATEAUX AUX PISTACHES GLACÉS.

Donnez quatre tours à des parures de feuilletage, si vous en avez ; autrement faites un peu moins de trois quarts de litre de feuilletage (*Voyez* cette détrempe, première partie), et donnez-lui dix tours. Abaissez-le le plus mince possible en deux parties égales (ces deux abaisses doivent avoir 35 centimètres de longueur sur 21 de largeur). Mouillez ensuite légèrement une plaque ou un plafond assez grand pour y placer une abaisse ; lorsqu'elle y est placée, vous mettez dessus l'appareil (froid) de crème aux pistaches décrit au chapitre *Crème pâtissière*. Vous l'étalez d'égale épaisseur et à 1 centimètre et demi du bord de la pâte, que vous mouillez légèrement tout autour de la crème ; ensuite vous roulez l'autre abaisse autour du rouleau, et commencez à la placer sur le bord de la pâte mouillée ; vous la déroulez avec soin, vous en masquez l'appareil, et appuyez les bords des abaisses l'un sur l'autre, afin de contenir la crème entre elles, et par ce moyen l'empêcher de fuir à la cuisson. Dorez légèrement ; puis, avec la pointe du couteau, faites une ligne droite au milieu de l'abaisse, mais ayez l'attention de la faire très peu profonde, afin de ne pas séparer l'abaisse, qui ensuite ferait un très mauvais effet au four. Vous procédez avec les mêmes soins en traçant encore trois lignes de chaque côté de la première, et à 4 centimètres de distance entre elles. Après cela, vous faites de même une ligne droite au milieu des autres, puis deux autres encore et à 8 centimètres de distance, de manière que toutes ces lignes vous donnent vingt-quatre petits gâteaux parfaitement semblables en longueur et en largeur. Mettez au four gai, et ne glacez cet entremets que lorsque la pâte de dessous aura atteint une belle couleur jaunâtre. Le dessus étant saupoudré également avec du sucre passé au tamis de soie, vous le glacez à la flamme selon la règle. Lorsque vos gâteaux sont refroidis, vous les séparez en les coupant selon les lignes décrites, puis vous parez ensuite chaque petit gâteau séparément.

On peut couper ces gâteaux en losange : à cet effet, après avoir marqué les sept lignes droites, vous tracez six lignes inclinées sur chacune d'elles, de manière qu'elles forment cinq losanges dans chaque bande; ce qui vous donnera trente petits gâteaux.

Vous les coupez également en rond avec un coupe-pâte de 5 bons centimètres de diamètre; puis on les coupe encore en croissants de 8 centimètres de long sur 4 centimètres de large.

Vous aurez soin de cerner ces derniers avec la pointe du couteau, après les avoir tracés avec le coupe-pâte.

Si vous voulez faire ces sortes de gâteaux aux avelines ou aux amandes pralinées, vous hachez 93 ou 94 grammes d'amandes, et les mêlez avec un peu de blanc d'œuf et 31 grammes de sucre fin. Vous les semez ensuite sur les gâteaux, après les avoir humectés avec du blanc d'œuf. Vous saupoudrez les amandes très légèrement avec du sucre en poudre, et vous masquez vos gâteaux selon votre goût, et de la même manière que les précédents. Mettez au four, chaleur modérée, et coupez-les étant froids.

Pour les faire au gros sucre, vous en employez en place d'amandes.

Vous procéderez de la même manière que ci-dessus pour garnir ces sortes de gâteaux de crème au chocolat, au café, à la vanille, à la rose, au marasquin, au rhum, au raisin de Corinthe ou de muscat, aux amandes amères, aux avelines, aux pistaches, à la fleur d'orange pralinée, au zeste de bigarade, de citron, de cédrat, d'orange, à la moelle et aux rognons de veau.

PETITS GATEAUX FOURRÉS DE RIZ AU RAISIN DE CORINTHE.

Après avoir préparé deux abaisses, ainsi que vous l'avez fait pour les précédentes, vous les garnissez avec la moitié de l'appareil de la timbale de riz au raisin de Corinthe ; à cet effet, vous suivrez les procédés décrits à l'article consigné dans la troisième partie. Vous finissez ensuite vos gâteaux de la même manière que ci-dessus, glacés ou pralinés, aux avelines ou aux amandes ordinaires, ou bien au gros sucre.

Vous pourrez fourrer ces gâteaux avec toutes les sortes de riz décrits dans le chapitre des timbales de riz.

PETITS GATEAUX FOURRÉS A LA MANIÈRE ANGLAISE.

Lorsque vos abaisses sont disposées selon la règle, vous les garnissez avec l'appareil décrit pour la tourte à l'anglaise (*Voyez* cet article). Ensuite vous finissez l'opération de la manière accoutumée.

PETITS GATEAUX FOURRÉS A LA CRÈME AUX ÉPINARDS.

Vous garnissez vos abaisses avec l'appareil de la

tourte à la crème d'épinards qui se trouve décrite dans la cinquième partie; puis vous suivez les procédés ordinaires pour glacer ces gâteaux, ou les praliner aux avelines, aux amandes douces ou au gros sucre.

PETITS GATEAUX FOURRÉS DE MARMELADE D'ABRICOTS.

Votre abaisse étant disposée selon la coutume, vous la garnissez avec un pot de marmelade d'abricots; et, après avoir marqué la forme de vos gâteaux (comme je l'ai indiqué au *Gâteau aux pistaches*), vous découpez avec la pointe du couteau le milieu de chaque petit gâteau en forme d'épi; je dis découper, parce que vous devez percer la pâte (de dessus seulement), et y marquer avec la pointe du couteau le dessin indiqué, de manière qu'il s'entr'ouvre à la cuisson, cela fait un très bon effet. Vous les cuisez à four gai et les glacez (à la flamme) selon la règle.

Vous pouvez également masquer ces gâteaux avec des amandes ordinaires, avec des avelines ou du gros sucre.

Vous procéderez de la même manière que ci-dessus pour faire des gâteaux fourrés de marmelade de pommes, de poires, de coings, de pêches, d'ananas, de groseilles, d'épines-vinettes, de verjus et de cerises.

PETITS GATEAUX FOURRÉS DE GROSEILLES ROUGES.

Ayez 1 kilogramme de groseilles rouges égrenées

dont les pepins seront ôtés. Après avoir égoutté ce fruit, vous le mêlez avec 250 grammes de sucre en poudre; vous en garnissez aussitôt vos abaisses, lesquelles seront disposées selon la coutume; ensuite vous suivez l'opération ordinaire.

Vous procéderez de même pour faire ces gâteaux aux groseilles blanches.

PETITS GATEAUX FOURRÉS DE FRAISES OU DE FRAMBOISES.

Après avoir épluché un moyen panier de fraises de bon fruit, mais un peu ferme de maturité, vous les mêlez avec au moins 185 grammes de sucre fin. Vous terminez vos gâteaux de la manière accoutumée.

Ces entremets sont délicieux; mais la pâte doit être extrêmement mince.

PETITS GATEAUX D'ABRICOTS GLACÉS.

Faites une abaisse de la même dimension que les précédentes, puis masquez-la également avec un pot de marmelade d'abricots, dont vous retirez les amandes susceptibles de s'y trouver. Mettez au four chaleur modérée. Lorsque la pâte est bien ressuyée, vous retirez l'entremets du four, et, lorsqu'il est refroidi, vous coupez ces gâteaux selon les formes ordinaires, c'est-à-dire en rond, en long, en croissants et en losanges. La marmelade d'abricots se colore d'un glacé rougeâtre.

Cet entremets, à la marmelade de coings, est très agréable.

PETITS GATEAUX DE MARMELADE DE POMMES-RAINETTES.

Faites votre abaisse comme de coutume; masquez-la de marmelade de vingt-quatre pommes-rainettes (que vous aurez préparées selon la règle) avec 125 grammes de sucre et le quart d'un pot de marmelade d'abricots, le demi-zeste d'un citron haché. Vous saupoudrez ensuite légèrement le dessus avec du sucre en poudre. Mettez au four chaleur modérée. Le reste du procédé est le même que ci-dessus.

PETITS GATEAUX DE POMMES AUX PISTACHES.

C'est la même manière que ci-dessus. Lorsqu'ils sont cuits, vous masquez légèrement la surface des pommes avec un peu de marmelade d'abricots, puis vous semez dessus 125 grammes de pistaches coupées en filets; vous remettez au four quelques minutes, afin que l'abricot se ressuie. Lorsqu'il est refroidi, vous détaillez vos gâteaux selon les formes accoutumées.

PETITS GATEAUX DE POMMES BANDÉES.

Lorsque l'abaisse est garnie ainsi que la précédente, et que la marmelade est d'une égale épaisseur, vous y placez de petites bandes roulées, mais vous les placez en travers de l'abaisse, et à un centimètre tout au plus de distance entre elles. Marquez la forme de vos gâteaux et mettez-les au four, chaleur modérée. Lorsque la pâte de dessous est cuite, vous les coupez selon les formes décrites précédemment.

PETITS NOUGATS DE POMMES PRALINÉES.

La marmelade de pommes étant placée sur l'abaisse comme ci-dessus, vous couvrez ensuite la pomme avec des amandes coupées en filets et pralinées avec du sucre et du blanc d'œuf. Après les avoir appuyés légèrement, vous les masquez avec du sucre en poudre, puis vous mettez au four chaleur modérée. Lorsqu'ils seront cuits et refroidis, vous les couperez de même que les précédents.

PETITS GATEAUX DE PITHIVIERS PRALINÉS.

Faites votre abaisse comme de coutume, et masquez-la avec l'appareil du gâteau de Pithiviers ordinaire. Ensuite semez dessus 125 grammes d'amandes coupées en filets et mêlées avec 62 à 63 grammes de sucre en poudre et un peu de blanc d'œuf; puis vous les mettez au four chaleur modérée. Lorsqu'elle est de belle couleur et refroidie, vous la coupez soit en croissants, soit en ronds, en losanges ou en long.

PETITS GATEAUX DE PITHIVIERS AUX AVELINES.

Masquez l'abaisse de l'appareil (décrit aux *Gâteaux de Pithiviers aux avelines*) avec 125 grammes d'avelines hachées et mêlées avec 62 bons grammes de sucre en poudre et un peu de blanc d'œuf. Suivez le reste du procédé de la manière accoutumée.

CHAPITRE XXV.
DES GIMBLETTES DE FEUILLETAGE PRALINÉES.

GIMBLETTES D'ABRICOTS AUX AVELINES.

Faites deux abaisses de même que les précédentes; mais donnez-leur 35 centimètres carrés, ensuite versez dessus un pot de marmelade d'abricots; et, après l'avoir masqué avec l'abaisse disposée à cet effet, détaillez vos gimblettes avec un coupe-pâte rond de 5 bons centimètres de largeur, ensuite videz-les en coupant le milieu avec un petit coupe-pâte de 1 centimètre et demi à 2 centimètres de diamètre. Dorez-les ensuite légèrement, et placez le côté doré sur 125 grammes d'avelines hachées et mêlées avec 62 bons grammes de sucre fin et un peu de blanc d'œuf. Au fur et à mesure que vous masquez ainsi vos gâteaux, vous les placez sur une plaque ou sur un plafond. Lorsque vous avez terminé ce travail, vous saupoudrez vos avelines de sucre en poudre. Mettez au four chaleur modérée; servez chaud ou froid et de belle couleur. Vous pouvez donner à ces gâteaux toutes les formes possibles.

GIMBLETTES DE PRUNES AUX AMANDES.

Vous procédez de même que ci-dessus; mais vous

remplacez l'abricot par un pot de marmelade de prunes de reine-claude, puis vous hachez 125 grammes d'amandes douces, et les mêlez avec 62 bons grammes de sucre et un peu de blanc d'œuf : le reste du procédé est le même que ci-dessus.

GIMBLETTES DE PÊCHES AUX PISTACHES.

Préparez vos abaisses comme de coutume : garnissez-les avec un pot de marmelade de pêches, et, après les avoir détaillées selon la règle, mettez dans une petite terrine 125 grammes de sucre passé au tamis de soie, et presque la moitié d'un blanc d'œuf. Remuez bien ce mélange, et masquez vos gâteaux avec. Dans ce qui vous reste de glace, vous joignez un peu de blanc d'œuf, et roulez dedans 125 grammes de pistaches entières. Vos pistaches étant entourées légèrement de sucre, vous les placez en couronnes sur les gimblettes, que vous remettez au four, afin que le glacé se colore d'un blond à peine sensible.

Si vous voulez faire le dessus de ces gâteaux d'un beau vert printanier, vous hachez légèrement vos pistaches ; et lorsque vos gimblettes sont masquées du glacé, vous semez dessus les pistaches. Mettez au four quelques minutes, afin de sécher le glacé sans le colorer.

Pour faire ces gimblettes au gros sucre, c'est la même manière de procéder. Vous masquez le dessus du glacé avec du gros sucre au lieu de pistaches.

On masque également ces sortes de gâteaux au sucre au cassé rose ou orange; et, si l'on veut, on sème sur ce beau glacé des pistaches hachées, du gros sucre, ou du raisin de Corinthe mêlé avec du gros sucre ou du gros sucre mêlé avec des pistaches.

CHAPITRE XXVI.

DES ENTREMETS DE FEUILLETAGE EN GÉNÉRAL, GLACÉS AU SUCRE CASSÉ, PRALINÉS, MERINGUÉS, AU GROS SUCRE, AUX PISTACHES ET PANACHÉS.

PETITS VOL-AU-VENT A LA CHANTILLY ET A LA VIOLETTE.

Après avoir donné six tours et demi à trois quarts de litre de feuilletage (*Voyez* cette détrempe, première partie), vous l'abaissez à moins d'un demi-centimètre d'épaisseur, puis avec un coupe-pâte cannelé de 5 bons centimètres de diamètre, vous détaillez l'abaisse en une trentaine de petites abaisses, que vous formez ensuite en anneaux, en coupant le milieu avec un coupe-pâte de 3 centimètres et demi de largeur; et avec les parures et le reste du feuilletage, vous faites une abaisse semblable à la précédente, et la coupez pareillement avec un coupe-pâte cannelé. Mouillez légèrement le dessus de ces petites abaisses, et, à mesure que vous les humectez, vous placez dessus un anneau, que vous appuyez ensuite bien également, afin de souder les deux parties. Lorsque votre pâtisserie est placée sur un plafond, vous la dorez comme de coutume, et la mettez à four chaud. Lorsqu'elle est presque cuite, vous la saupoudrez également de sucre passé au tamis de soie; ensuite vous la glacez à une flamme claire, comme de coutume.

Après avoir paré vos petits vol-au-vent par-dessous, si cela est nécessaire, étant prêt à les servir, vous les garnissez de crème fouettée à la violette : vous pouvez garnir ces petits gâteaux avec toutes sortes de confitures.

PETITS VOL-AU-VENT GLACÉS AU GROS SUCRE GARNIS DE FRAISES.

Vous faites de petits vol-au-vent de même que ci-dessus, mais vous ne les glacez point à la flamme; vous faites cuire 125 grammes de sucre au cassé, puis vous y glacez légèrement le dessus des gâteaux, et vous semez à mesure dessus du gros sucre; ensuite vous épluchez un moyen panier de belles fraises, vous en retirez à peu près le quart et les plus mûres, et les pressez fortement par l'étamine fine, afin d'en exprimer le suc. Après cette opération, vous mettez 93 grammes de sucre avec ce qui est resté du glaçage des gâteaux; et lorsque ce sucre est cuit au petit-cassé, vous y versez le suc des fraises. Écumez ce mélange; et aussitôt qu'il commence à s'attacher aux doigts, vous l'ôtez du feu. Lorsqu'il est prêt à servir, vous garnissez les petits vol-au-vent des fraises que vous aurez lavées, s'il est nécessaire; puis vous les masquez avec le sirop.

Vous procéderez de la même manière pour garnir

cet entremets de framboises, de groseilles rouges ou blanches, dont vous ôterez les pepins.

PETITS VOL-AU-VENT PRINTANIERS.

Vous les glacez de même que ci-dessus, au sucre (125 grammes) au cassé ; puis vous les masquez de pistaches hachées (125 grammes), à mesure qu'ils viennent d'être glacés. Au moment du service vous les garnissez de crème à la Chantilly à la vanille, puis, au milieu de chaque petit vol-au-vent, vous placez sur la crème une belle fraise-ananas ou autre.

On peut garnir cet entremets de crème fouettée à la rose, au marasquin, au rhum, à la fleur d'orange pralinée nouvelle, aux framboises, aux fraises, au suc de cerises, de groseilles et de verjus, puis au zeste de citron, de cédrat, de bigarade, d'orange, aux amandes amères, aux avelines, aux pistaches, au café, au chocolat et au cacao.

Pour cet effet on consultera le chapitre des *Crèmes fouettées* contenu dans mon *Cuisinier parisien*.

PETITS VOL-AU-VENT A LA CRÈME PLOMBIÈRE ET AU CAFÉ.

Vous les glacez de même que les précédents avec du sucre cuit au cassé, puis vous les masquez avec 62 bons grammes de gros sucre mêlé avec autant de pistaches hachées menu. Au moment du service, vous les garnissez d'une crème plombière au café ; mais afin que cette crème ne perde rien de son moelleux, vous aurez soin de la laisser à la glace jusqu'au moment de la servir.

On peut garnir ces petits vol-au-vent avec toutes les sortes de crèmes plombières.

PETITS VOL-AU-VENT AU FROMAGE BAVAROIS ET AUX ABRICOTS.

Après avoir épluché et lavé 62 bons grammes de petit raisin de Corinthe, vous le faites sécher quelques minutes à la bouche du four, afin qu'il perde son humidité; ensuite vous le mêlez avec 62 à 63 grammes de gros sucre, et vous en masquez le dessus des petits vol-au-vent à mesure que vous les glacez au sucre au cassé.

Lorsque vous êtes prêt à les servir, vous les garnissez en pyramides avec du fromage bavarois à l'abricot. A cet effet, vous marquerez seulement la moitié de cet appareil.

On procédera de même pour garnir ces petits entremets avec les différents fromages bavarois.

PETITS VOL-AU-VENT GARNIS DE GELÉE FOUETTÉE.

Après les avoir glacés au sucre au cassé, vous les masquez légèrement avec des anis de Verdun blancs ou rouges, puis vous les garnirez de gelée fouettée; mais ne faites que la moitié de cet appareil, tel que je l'ai décrit au chapitre des *Gelées fouettées*. (Voyez mon *Cuisinier parisien*.)

On pourra encore garnir ces petits vol-au-vent de crème glacée, ou de gelées de fruits et liqueurs, sans oublier les crèmes à la française, et les crèmes pâtissières. Mais pour rendre cette dernière garniture plus agréable encore, on ne doit faire sa crème qu'au moment du service, pour la verser bouillante dans les petits vol-au-vent, qui doivent au moins être tièdes, de manière que ces excellents entremets sont toujours mangés avec un nouveau plaisir.

Ce petit vol-au-vent est véritablement un gâteau privilégié, car si je citais toutes les friandises dont il est susceptible d'être garni, certainement je pourrais, sans exagérer, en porter la série à plus de cent cinquante, ce qui en fait un entremets aussi agréable que distingué.

Je donne la préférence à ces sortes de petits gâteaux, parce que le feuilletage étant bien fait et bien cuit, il rend cette pâtisserie très agréable à manger, attendu qu'elle est croustillante et qu'elle a l'extrême avantage d'être légère et facile à digérer. D'un autre côté, la croûte est très mince, et son intérieur contient une plus grande quantité de garnitures (toutes plus friandes les unes que les autres) qu'aucun autre gâteau que je connaisse ; cet excellent mets est un des plus délicats. Nos anciens en faisaient un très grand cas, et le servaient souvent.

PETITS PUITS D'AMOUR AUX PISTACHES.

Après avoir abaissé le feuilletage de la même manière que ci-dessus, vous détaillez vingt-quatre petites abaisses, avec un coupe-pâte de 4 centimètres de largeur, rond et uni ; ensuite vous les coupez au milieu avec un coupe-pâte de 2 forts centimètres de diamètre. Vous détaillez encore vingt-quatre petites abaisses avec un coupe-pâte cannelé de 5 bons centimètres de largeur, et après les avoir placées sur un plafond, vous les dorez légèrement, et placez au milieu l'abaisse en couronne. Vous l'appuyez également ; vous dorez le dessus et les mettez au four chaud ; lorsqu'elles sont cuites, vous les laissez refroidir, et après les avoir parées par-dessous, vous glacez le dessus de la couronne dans du sucre cuit au cassé. Aussitôt que vous les sortez du poêlon, vous les posez sur des pistaches hachées très fin. Cette opération terminée, vous enfoncez le fond du petit puits, afin qu'il contienne plus de confiture. Après les avoir garnis, vous placez sur la confiture une belle fraise-ananas (ou une cerise confite), laquelle, par son entourage de pistaches, produit un très bel effet.

PETITS PUITS D'AMOUR AU GROS SUCRE.

Vous procédez de la même manière que ci-dessus, mais vous les masquez de gros sucre au lieu de pistaches. Vous placez au milieu de la couronne un beau grain de verjus confit, une cerise ou une fraise.

On garnit ces petits gâteaux de toutes sortes de confitures et de crèmes ; on les fait également en carré, en ovale ou en losange.

Vous les glacez encore au four, saupoudrés de sucre fin. Vous les masquez aussi de raisin de Corinthe mêlé avec du gros sucre, ou du gros sucre mêlé avec des pistaches hachées, ainsi qu'aux anis blancs ou roses.

PETITS GATEAUX EN MOSAÏQUE.

On nomme ces gâteaux mosaïques, parce que c'est réellement une mosaïque à jour qui en fait l'ornement. Cette mosaïque est ronde et de 5 centimètres ou moins de diamètre : elle est gravée sur une petite planche de bois de noyer de 8 centimètres carrés; elle se compose de petites bandes d'un demi-centimètre de largeur et autant de profondeur, puis elles sont séparées entre elles d'un peu plus d'un demi-centimètre, et se croisent en formant un petit treillage en losange ou en carré. Enfin toutes ces petites bandes se tiennent par le moyen d'une bande circulaire qui les encadre, d'un peu plus d'un demi-centimètre de largeur : ces petites bandes sont triangulaires, dont la pointe de l'angle se trouve au fond de la gravure. Je donne ces détails, afin que les personnes qui ne les connaissent pas puissent les faire graver d'après cet exposé.

Manière de s'en servir. — Faites une abaisse de presque un demi-centimètre d'épaisseur avec de la pâte à dresser les pâtés chauds. Détaillez-la en une trentaine de petites abaisses, avec un coupe-pâte uni de 6 bons centimètres de diamètre; saupoudrez légèrement de farine la pâte et la mosaïque ; appuyez la pâte, afin de l'incruster dans la gravure, puis vous passez légèrement la lame du couteau entre la pâte et la planche ; ensuite avec la pointe du couteau vous levez une partie du bord de la mosaïque, puis avec le bout des doigts vous la séparez de la planche, de manière que l'abaisse se trouve découpée de l'empreinte parfaite de la gravure. Vous procéderez de la même manière pour lever successivement toutes vos mosaïques.

Ayez trois quarts de litre de feuilletage à six tours, et après l'avoir abaissé d'un petit centimètre d'épaisseur, vous le détaillez avec un coupe-pâte cannelé de 5 bons centimètres de diamètre ; vous en placez trente sur une plaque que vous aurez légèrement mouillée ; ensuite vous humectez le bord des abaisses, et posez au milieu de chacune d'elles le quart d'une cuillerée de marmelade d'abricots, de pêches, d'ananas ou de coings. Arrangez également cette marmelade et masquez-la avec une mosaïque que vous appuyez ensuite sur l'abaisse, afin de les unir pour contenir entre elles la confiture ; dorez légèrement et mettez au four chaud. Lorsqu'elles sont cuites de belle couleur et prêtes à servir, vous masquez les mosaïques avec du sirop de pommes, de groseilles, de cerises ou de verjus, ou simplement du sirop ordinaire.

MOSAÏQUES GLACÉES AU SUCRE ROSE.

Lorsque vos mosaïques ont été préparées et cuites de la même manière que les précédentes, vous faites cuire 125 grammes de sucre au cassé, dans lequel vous aurez joint une petite infusion de cochenille ou de rouge végétal; vous y placerez le dessus des mosaïques.

MOSAÏQUES AUX PISTACHES.

Après avoir pilé 125 grammes de pistaches, vous les broyez avec le quart d'un pot de marmelade d'abricots, et garnissez de ce mélange vos mosaïques, que vous aurez préparées selon la règle. Lorsqu'elles sont cuites, vous les glacez de même que ci-dessus (vous n'y mettez point de cochenille), et à mesure que vous les sortez du poêlon, vous roulez le bord de la mosaïque sur des pistaches hachées, afin que cette couronne de verdure rende plus brillant encore le milieu du glacé.

MOSAÏQUES AUX AVELINES ET AU GROS SUCRE.

Vous suivez les procédés décrits précédemment, en pesant 125 grammes d'avelines grillées en place de pistaches; après les avoir glacées de sucre au cassé, vous roulez le bord de la mosaïque sur du gros sucre, de manière que le glacé se trouve encadré de gros sucre, ce qui produit un très bel effet.

Pour faire ces mosaïques aux amandes amères, vous pilez 31 grammes de ces amandes, et 92 de douces; le reste de l'opération se termine de même que ci-dessus.

TARTELETTES-MOSAÏQUES A LA MARMELADE DE PÊCHES.

Après avoir fait trente mosaïques pareilles aux précédentes, vous foncez trente moules à tartelettes avec de petites abaisses de feuilletage à dix tours, de 5 bons centimètres de largeur et d'un demi-centimètre d'épaisseur ; vous les garnissez de marmelade de pêches, et les mouillez légèrement sur le bord ; vous y placez ensuite la mosaïque, et la soudez au bord de la tartelette. Dorez et mettez au four chaud. Après être retirées du four, vous les masquez de sirop dè sucre ou de confitures.

Vous procéderez de la même manière pour faire ces sortes de tartelettes à la marmelade d'abricots, d'ananas, de coings, de poires, de pommes d'api et de rainettes, à la vanille ; vous glacerez ces entremets au sucre au cassé rose, blanc, ou au caramel.

TARTELETTES-MOSAÏQUES DE CERISES CONFITES.

Égouttez deux pots de cerises ; foncez vos tartelettes comme de coutume, et après les avoir garnies chacune de huit ou neuf cerises, vous les masquez de même que ci-dessus avec une mosaïque. Dorez-les et mettez-les au four chaud. Lorsqu'elles sont cuites, vous les masquez légèrement de sirop de cerises.

C'est la même manière de procéder pour les faire au verjus.

TARTELETTES-MOSAÏQUES AUX PISTACHES GLACÉES.

Après avoir émondé et lavé 250 grammes de pistaches, vous en pesez les trois quarts (hachez le reste), que vous mêlez avec un peu de confitures d'abricots; ensuite, vos tartelettes étant terminées de la manière accoutumée et cuites de même, vous les glacez au sucre au cassé, et à mesure vous semez dessus les pistaches hachées; mettez-en peu sur chacune d'elles, afin d'en avoir assez pour le tout.

TARTELETTES-MOSAÏQUES AUX AVELINES GLACÉES.

Pilez 250 grammes d'amandes d'avelines, et mêlez-les avec un pot de marmelade d'abricots; garnissez, finissez et cuisez vos tartelettes comme de coutume; puis glacez-les au sucre au cassé, et semez dessus du gros sucre.

TARTELETTES-MOSAÏQUES AUX AMANDES AMÈRES GLACÉES.

Pilez parfaitement 250 grammes d'amandes douces et 31 grammes d'amères; le reste de l'opération est absolument le même que ci-dessus.

TARTELETTES-MOSAÏQUES GLACÉES AU RAISIN DE CORINTHE.

Après avoir nettoyé 250 grammes de raisin de Corinthe, vous en mêlez les trois quarts avec un peu de marmelade d'abricots, et terminez vos tartelettes selon la règle. Lorsqu'elles sont cuites, vous les glacez au sucre au cassé, et semez dessus des raisins de Corinthe lavés et séchés au four, afin de leur ôter leur humidité, et qu'ils puissent s'attacher au glacé.

TARTELETTES-MOSAÏQUES DE POMMES PRALINÉES A LA VANILLE.

Épluchez douze pommes-rainettes et faites-les cuire avec 125 grammes de sucre et une demi-gousse de vanille hachée très fin; votre marmelade de pommes étant desséchée à point, vous la laissez refroidir; ensuite vous y mêlez deux cuillerées de marmelade d'abricots. Garnissez-en vos tartelettes, lesquelles seront foncées selon la règle; vous masquez ensuite vos trente tartelettes avec des mosaïques que vous dorez et masquez avec 125 grammes d'amandes douces, hachées et mêlées avec 62 grammes de sucre en poudre, et le demi-quart d'un blanc d'œuf. Vous appuyez légèrement ces amandes dessus et autour des tartelettes; vous les saupoudrez de sucre en poudre, et les mettez au four chaleur modérée. Lorsqu'elles sont colorées dessus et dessous d'une belle teinte rougeâtre, vous les ôtez du four.

Pour les praliner aux avelines, vous hacherez 125 grammes d'amandes d'avelines en place d'amandes ordinaires; voilà toute la différence.

On procédera de la même manière pour praliner aux avelines ou aux amandes les tartelettes de marmelade d'abricots, de pêches, d'ananas, de coings, de pommes d'api, de poires, de cerises, de verjus, ainsi que celles de pistaches et d'abricots, ou d'avelines et d'abricots, telles que je les ai décrites à l'article précédent.

Vous pouvez encore masquer ces sortes de tartelettes de cette manière : lorsque votre entremets est cuit, vous masquez un peu épais le dessus des tartelettes avec un blanc d'œuf fouetté, et y mêlez une cuillerée de sucre fin ; après les avoir saupoudrées de sucre, vous semez dessus du gros sucre ou des pistaches, ou des raisins de Corinthe mêlés avec du gros sucre ; ensuite vous les remettez au four pour y prendre couleur.

PETITS GATEAUX RENVERSÉS A LA GELÉE DE GROSEILLES.

Abaissez trois quarts de litre de feuilletage à sept tours (*Voyez* cet article, première partie), à un peu moins d'un demi-centimètre d'épaisseur ; puis vous le détaillez avec un coupe-pâte de 5 bons centimètres de diamètre ; et après l'avoir mouillé très légèrement, vous les pliez en deux, et appuyez dessus avec le bout des doigts. Rangez en vingt-quatre sur un plafond un peu mouillé ; mettez-les à 5 bons centimètres de distance les uns des autres ; puis, après les avoir dorés, vous les mettez au four chaud. Lorsqu'ils sont presque cuits, vous les saupoudrez de sucre fin, et les glacez au four à la flamme.

Au moment du service, vous placez sur chacun d'eux un filet de belle gelée de groseilles roses.

PETITS GATEAUX RENVERSÉS A LA GELÉE DE POMMES.

Vos renversés étant préparés et glacés de même que les précédents, vous les masquez de nappes de gelée de pommes de l'épaisseur d'un petit demi-centimètre. Ce gâteau est des plus attrayants.

PETITS GATEAUX RENVERSÉS GLACÉS AUX PISTACHES.

Faites-les de la même manière que les précédents; alors faites cuire au cassé 125 grammes de sucre. Trempez-y légèrement le dessus des gâteaux; et à mesure que vous les sortez du poêlon, vous semez dessus des pistaches coupées en filets.

Vous procéderez de même pour les masquer de gros sucre ou de raisin de Corinthe mêlé de gros sucre, de même de gros sucre mêlé de pistaches hachées.

Puis vous les glacez de même avec du sucre rose, au safran ou au caramel; le gros sucre fait un bel effet sur ces trois couleurs.

CANAPÉS GARNIS D'ABRICOTS.

Donnez sept tours et demi à trois quarts de litre de feuilletage (*Voyez* cet article, première partie), et en le tourant vous le disposez comme pour une bande de tourte d'entremets. Ce feuilletage doit avoir 8 centimètres de largeur sur un demi-centimètre d'épaisseur; coupez vos canapés avec la pointe du couteau, en leur donnant un centimètre au plus de largeur ; ensuite vous les placez du côté coupé sur la plaque. Vous en rangerez cinquante, et les mettrez à 5 bons centimètre de distance les uns des autres (ces sortes de gâteaux ne se dorent point). Mettez-les à four chaud ; lorsqu'ils sont colorés bien blond, vous les saupoudrez de sucre fin, et les glacez à la flamme ; et aussitôt qu'ils sont sortis du four, vous les détachez et les changez de plafond.

Lorsqu'ils sont prêts à servir, vous les masquez légèrement avec de la marmelade d'abricots, puis vous les dressez en couronnes.

CANAPÉS AUX PISTACHES GARNIS DE GELÉE DE POMMES.

Vous les faites comme les précédents. Lorsqu'ils sont glacés, vous fouettez un blanc d'œuf et le mêlez avec 62 bons grammes de sucre fin ; vous masquez légèrement le pourtour des canapés, et les masquez ensuite de pistaches hachées très fin. Vos gâteaux ainsi préparés, vous les mettez deux minutes au four seulement ; lorsqu'ils sont refroidis, vous les garnissez avec de la gelée de pommes. Cet entremets est très distingué.

Vous procéderez de même pour les entourer au gros sucre : vous garnissez alors ceux-ci de gelée de groseilles roses. Vous les garnirez aussi avec toutes sortes de confitures.

Vous pouvez encore les garnir de marmelade de coings, de poires, de pommes ; vous les masquerez ensuite avec un peu de gelée de pommes.

Vous pouvez aussi masquer ces sortes de gâteaux de toutes sortes de glaces de couleur.

PETITS GATEAUX D'ABRICOTS.

Donnez sept tours à trois quarts de litre de feuilletage, et, après l'avoir abaissé à un petit demi-centimètre d'épaisseur et 40 centimètres de longueur, placez dessus et à 5 bons centimètres près du bord de l'abaisse six fois le quart d'une cuillerée de marmelade d'abricots, c'est-à-dire à six reprises différentes et à 6 bons centimètres de distance les uns des autres. Mouillez légèrement le tour de la pâte où est placée la confiture; ployez le bord de l'abaisse de 5 bons centimètres de largeur; appuyez la pâte au tour de la confiture, afin de souder les deux abaisses et qu'elles contiennent parfaitement entre elles la marmelade d'abricots. Vous les détaillez ensuite avec un coupe-pâte cannelé de 6 bons centimètres de diamètre; mais vous ne coupez vos gâteaux que demi-circulaires, c'est-à-dire qu'avec la moitié du coupe-pâte vos gâteaux doivent avoir au plus 5 centimètres de largeur sur 6 bons centimètres de longueur. Vous recommencez quatre fois cette opération, ce qui vous donnera vingt-quatre gâteaux. Placez-les à 5 centimètres au moins de distance les uns des autres sur une plaque légèrement mouillée, et, après les avoir dorés comme de coutume, vous les mettez à four chaud; lorsqu'ils sont presque cuits, vous les saupoudrez de sucre, ensuite vous les glacez à la flamme.

PETITS LIVRETS D'ABRICOTS.

Vous les préparez absolument de même que ci-dessus; vous les coupez avec la pointe du couteau, et leur donnez 6 bons centimètres de longueur sur 48 de largeur. Vous suivrez le reste du procédé comme il est dit précédemment.

Si vous humectez le dessus de ces petits livrets avec du blanc d'œuf, et que vous les masquiez ensuite de sucre écrasé, vous les ferez cuire à four chaleur modérée. Ces gâteaux s'appellent alors des *feuillantines*.

Vous pouvez garnir les trois espèces de gâteaux décrits ci-dessus avec toutes sortes de marmelades de fruits et avec les divers crèmes pâtissières contenues dans le chapitre des *Soufflés*.

PETITS CANNELONS GLACÉS ET GARNIS DE GELÉE DE POMMES.

Abaissez 4 décilitres de feuilletage à dix tours; donnez à cette abaisse 48 centimètres carrés, et détaillez-la en vingt-quatre petites bandes de 2 centimètres de largeur; ayez près de vous vingt-quatre petites colonnes de bois de hêtre tourné, de 16 centimètres de longueur sur un centimètre et demi de diamètre, et qu'ils perdent presque un demi-centimètre de fût d'un bout à l'autre, afin que le bout le plus petit quitte plus facilement la pâte quand elle sera cuite. Beurrez ensuite légèrement ces colonnes; puis, après avoir humecté six bandes de feuilletage seulement, vous commencez avec le bout d'une bande à masquer le bout le plus mince d'une colonne, en tournant la colonne de manière que vous formiez une espèce de vis tournante de 10 centimètres de longueur; vous suivez les mêmes procédés pour le reste des colonnes; que vous placez sur deux plaques à 5 bons centimètres de distance entre elles. Dorez légèrement le dessus, et mettez au four chaud. Lorsque ces cannelons sont cuits de belle couleur, vous les saupoudrez de sucre fin et les glacez au four à la flamme selon la règle; aussitôt qu'ils sont sortis du four, vous ôtez les colonnes, et placez à mesure les cannelons sur un plafond froid. Au moment du service, vous les garnissez de gelée de pommes, ou de telles confitures que vous voudrez employer.

CANNELONS PRALINÉS AUX AVELINES.

Hachez très fin 125 grammes d'amandes d'avelines et mêlez-les avec 62 grammes de sucre et le demi-quart d'un blanc d'œuf; vos cannelons étant préparés de même que ci-dessus et prêts à mettre au four, vous les placez tour à tour du côté doré sur les avelines, afin de les masquer de ce mélange, et à mesure vous avez soin de les replacer à la même place qu'ils tenaient sur le plafond où ils étaient rangés. Mettez au four chaleur modérée; donnez-leur une belle couleur jaunâtre, et terminez l'opération comme la précédente.

CANNELONS AU GROS SUCRE.

Vous les préparez selon la règle, et après les avoir terminés vous les posez du côté doré sur du gros sucre; et aussitôt qu'ils sont tous masqués, vous les mettez au four chaleur modérée. Étant cuits bien blond, vous ôtez les colonnes, et finissez le reste du procédé comme de coutume.

CANNELONS MERINGUÉS AUX PISTACHES.

Vous mettez vos cannelons à four chaud, lorsqu'ils sont dorés seulement; ensuite vous les cuisez de belle couleur. Une heure après être refroidis, vous fouettez un blanc d'œuf que vous mêlez avec 62 grammes de sucre; masquez légèrement six cannelons de ce mélange, saupoudrez-les ensuite de sucre fin et masquez-les de pistaches (125 grammes) coupées en filets. Lorsque tous vos cannelons sont ainsi préparés, vous les remettez au four quelques minutes, afin qu'ils se colorent légèrement; suivez l'opération de la manière accoutumée.

CANNELONS MERINGUÉS AU RAISIN DE CORINTHE.

Lorsque vos cannelons sont masqués comme ci-dessus de blanc d'œuf et de sucre, vous y semez 62 grammes de gros sucre mêlé avec autant de raisin de Corinthe bien lavé et séché ensuite à la bouche du four. Suivez le reste du procédé comme je l'ai décrit précédemment.

CANNELONS MERINGUÉS.

Fouettez deux blancs d'œufs, et, après les avoir mêlés avec 62 à 63 grammes de sucre fin, vous en masquez vos cannelons comme de coutume. Ensuite vous écrasez 125 grammes de sucre pour en masquer les cannelons, que vous mettez à four doux. Donnez une belle couleur blonde, et, lorsqu'ils sont retirés du four, vous ôtez à l'instant les colonnes des cannelons. Au moment du service, vous les garnissez selon la règle.

PETITES BOUCHÉES GLACÉES A LA PATISSIÈRE.

Après avoir donné dix tours à trois quarts de litres de feuilletage, vous en faites une abaisse de l'épaisseur d'un demi-centimètre; puis vous la détaillez avec un coupe-pâte rond-uni de 5 centimètres de diamètre. Vous coupez ensuite une trentaine de ces petites abaisses en forme d'anneaux avec un petit coupe-pâte de 3 centimètres et demi de largeur; puis avec toutes les parures, vous faites une abaisse pareille à la précédente, et la détaillez de même. Mouillez légèrement le dessus de ces fonds pour y placer les anneaux, et appuyez-les également; humectez (très peu) les dessus à mesure que vous les finissez. Lorsqu'ils sont terminés et que leur humidité se trouve presque sèche, vous les saupoudrez également de sucre en poudre. Vous les placez à distance égale sur un plafond, et les mettez au four gai.

Cette cuisson n'est pas très aisée, en ce que le sucre se fond et se colore à mesure que la cuisson s'opère. Lorsque ces gâteaux sont d'une parfaite cuisson, leur glacé doit être d'un beau brillant rougeâtre, ressemblant, en quelque façon, au glacé du sucre cuit (au poêlon) au caramel. Vous garnissez vos petites bouchées de confitures de toute espèce, ainsi qu'avec les crèmes fouettées.

Vous procéderez de la même manière que ci-dessus pour faire ces petites bouchées de forme carrée, ovale, en losange et en croissant.

PETITES BOUCHÉES MERINGUÉES AUX PISTACHES.

Vos gâteaux étant disposés comme les précédents, vous semez dessus du sucre fin, mais sans humecter la pâte. Mettez-les au four chaleur modérée : le dessus de ces bouchées doit être d'un beau blond.

Mêlez ensuite 125 grammes de sucre fin avec deux blancs d'œufs fouettés ; masquez légèrement, avec ce mélange, le bord de six bouchées, et glacez-les de sucre fin. Ayez ensuite 125 grammes de pistaches émondées, que vous aurez coupées chacune en travers et en biais, de manière que chaque moitié, étant posée sur le côté coupé, doive s'incliner ; vous les placez ainsi en couronne sur le bord des bouchées, en sorte que la perle de pistaches se trouve penchée sur le bord extérieur du gâteau.

Votre entremets étant terminé, vous le mettez au four quelques minutes pour que le blanc d'œuf s'y colore légèrement ; puis, après avoir remué le reste du blanc d'œuf, vous en faites trente petites meringues, que vous formez en coquille de limaçon sur du papier. Lorsque vous avez saupoudré de sucre fin, et que ce sucre est fondu par l'humidité de la meringue, vous les placez sur une planche, et les mettez au four chaleur douce. Lorsqu'elles sont de belle couleur, vous les séparez du papier, placez le côté coloré sur un plafond, et les remettez au four pour sécher intérieurement.

Au moment du service, vous garnirez vos bouchées de crème fouettée aux pistaches, puis vous couvrirez chaque gâteau avec une moitié de meringue.

On peut, après avoir masqué de blanc d'œuf les bords de ces bouchées, les masquer de nouveau de gros sucre ou de pistaches hachées très fin. Ces deux genres de bordures font un bel effet.

On peut également garnir l'intérieur de toutes les crèmes et confitures possibles.

PETITES BOUCHÉES PERLÉES.

Vos bouchées étant cuites comme les précédentes, vous prenez deux blancs d'œufs bien fermes (fouettés), et les mêlez avec quatre cuillerées de sucre passé au tamis de soie : quand ce mélange est bien amolli, vous en masquez six bouchées seulement ; puis, avec du blanc d'œuf, vous formez, avec la pointe du couteau, des perles grosses comme un beau grain de raisin (ou plus petites), et les posez à mesure en couronnes sur le masqué et à un petit centimètre de distance entre elles ; ensuite vous les saupoudrez légèrement de sucre passé au tamis de soie. Suivez la même manière pour perler le reste de l'entremets, et mettez-le au four pour y sécher seulement le blanc d'œuf ; mais ayez soin qu'il conserve sa blancheur. Lorsqu'il est refroidi, vous mettez entre chaque perle une plus petite perle de gelée de groseilles roses ; ce qui fait le plus joli effet possible : on croit voir un petit bracelet entouré de perles et de rubis. Garnissez l'intérieur de marmelade d'abricots, de gelée de pommes, de crème aux pistaches.

Pour les garnir à la gelée de groseilles roses, au verjus, à la gelée de pommes, vous mettez une petite perle de marmelade d'abricots en place de la groseille rose.

Un jour j'eus la patience de glacer au sucre au cassé des grains de raisin de Corinthe bien égaux en grosseur, et que j'avais placés entre chaque petite perle. Je fus longtemps, il est vrai ; mais cet entremets, étant garni de belle gelée de groseilles roses, fut d'une grande beauté. On pourrait dans des moments de loisir garnir de la même manière les entremets qui, en général, sont ornés de perles.

PETITES BOUCHÉES PERLÉES AU RAISIN DE CORINTHE.

Lorsque vos bouchées sont perlées et glacées de sucre comme les précédentes, vous placez au milieu de chaque petite perle un petit grain de raisin de Corinthe, puis encore un grain entre elles, et les mettez sécher quelques minutes au four. Après être refroidis, vous masquez les grains de raisin avec un peu de gelée de pommes. Garnissez vos bouchées de la manière accoutumée.

PETITES BOUCHÉES PERLÉES AUX PISTACHES.

Après avoir perlé et glacé de même que ci-dessus, vous placez entre chaque perle la moitié d'une pistache coupée en long. Mettez quelques minutes au four pour y sécher le blanc d'œuf; lorsqu'elles sont froides, vous masquerez légèrement les pistaches avec un peu de gelée de pommes, puis vous garnirez selon la règle.

On peut laisser ces bouchées plus de temps au four, afin qu'elles s'y colorent d'un beau blond.

On perle encore ces bouchées d'une autre manière : on forme les petites perles ovales, puis on les place de manière que la bordure de la bouchée ressemble un peu à une vis. Glacez, et faites sécher au four comme de coutume; puis vous mettrez, entre chaque petite cannelure, un petit filet de gelée de groseilles roses ou de marmelade d'abricots, ou un petit filet de pistaches placé avant de faire sécher le blanc d'œuf.

PETITES BOUCHÉES AU GROS SUCRE.

Ce sont les mêmes que ci-dessus, c'est-à-dire qu'après les avoir faites, vous les masquez légèrement avec un mélange de sucre très fin et de blanc d'œuf un peu ferme ; ensuite vous posez le côté glacé sur du gros sucre ; après être masquées, vous les mettez au four deux minutes seulement. Au moment du service, vous les garnirez de belle gelée de groseilles roses ou de marmelade d'abricots, ou de crème au chocolat, à la rose, aux pistaches ou au café.

PETITES BOUCHÉES AU RAISIN DE CORINTHE.

Épluchez et lavez 62 bons grammes de raisin de Corinthe ; mettez-les quelques minutes sécher au four, et mêlez-y le même poids de gros sucre ; masquez vos bouchées de même que les précédentes, et masquez-les encore avec le mélange de gros sucre et de raisin. Garnissez-les de marmelade d'abricots, d'ananas, ou de gelée de groseilles de Bar et de gelée de pommes de Rouen, de crème à la rose, à la violette, à l'orange ou aux pistaches.

PETITES BOUCHÉES AUX PISTACHES.

Après avoir émondé 125 grammes de pistaches, vous les séparez en deux et en longueur ; puis vous masquez les bouchées comme les précédentes, mais cinq ou six à la fois seulement ; vous placez ensuite sur chaque bouchée douze moitiés de pistache en forme de zigzag ou en forme de tresse, ou vous les poserez toutes du même sens à côté les unes des autres et à un demi-centimètre au plus de distance entre elles. Mettez-les au four deux minutes, et, au moment du service, vous les garnirez de crème à la vanille, au café, à la rose, au chocolat, à la marmelade d'abricots, à la gelée de groseilles rouges ou blanches, ou de gelée de pommes.

Vous pouvez hacher les pistaches pour en masquer les bouchées : cette manière fait plus d'effet.

PETITES BOUCHÉES AUX ANIS ROSES DE VERDUN.

Vous masquez vos bouchées de la manière accoutumée, et sur le masqué vous joignez des anis roses. Garnissez de crème blanche, de gelée de groseilles blanches, de gelée de pommes ou de marmelade d'abricots.

PETITES BOUCHÉES AUX ANIS BLANCS.

Vous procédez de même que ci-dessus, et masquez vos bouchées d'anis blancs ; vous les garnissez de gelée de groseilles roses, de verjus, d'abricots, ou de crème fouettée à la rose, à la violette, à l'orange, aux pistaches et au chocolat.

PETITES BOUCHÉES GLACÉES (DITES A LA ROYALE) AU CHOCOLAT.

Vous les masquez de même que les précédentes, mais avec un glacé au chocolat. Vous les garnissez comme de coutume.

On masque également ces bouchées à la glace dite jadis royale, au café, au safran, à la violette, à la rose, à l'orange, au citron et aux pistaches.

On met quelquefois sur ces sortes de glaces de

couleur du raisin de Corinthe, des pistaches, des anis blancs et roses, du gros sucre ; mais toutes ces bigarrures sont de mauvais goût. Le gros sucre seul peut y être admis, attendu qu'il convient à toute chose : il enrichit, donne du ton et de l'élégance, et tout par lui est distingué. On les glace encore au sucre au cassé de toutes sortes de couleurs.

PETITES FANTAISIES AUX PISTACHES.

Donnez dix tours à trois quarts de litre de feuilletage, et, après l'avoir abaissé à un petit demi-centimètre d'épaisseur, vous détaillez vingt-quatre petites abaisses avec un coupe-pâte rond, large de 5 bons centimètres, et à huit cannelures seulement ; vous faites ensuite un pareil nombre de petites abaisses. Détaillez avec un coupe-pâte rond uni de 3 centimètres et demi de largeur ; videz celles-ci avec un coupe-pâte de 2 centimètres de diamètre ; mouillez légèrement le dessus de ces petites couronnes, que vous placez sur les abaisses cannelées. Appuyez-les un peu, afin de souder les deux parties ; saupoudrez-les légèrement avec du sucre en poudre, et après les avoir rangées sur un plafond, mettez-les au four chaleur modérée. Lorsqu'elles sont cuites bien blondes et refroidies, vous masquez le dessus des cannelures de la grande abaisse avec du blanc d'œuf mêlé de sucre ; vous semez dessus du gros sucre, et les mettez deux minutes au four seulement, afin que le blanc ait le temps de s'y ressuyer. Vous masquez encore le dessus de la couronne de blanc d'œuf; puis vous les retournez de ce côté. Mettez dessus des pistaches hachées très fin; remettez deux minutes encore vos gâteaux au four. Lorsqu'ils sont prêts à être servis, vous garnissez l'intérieur des couronnes aux pistaches, de gelée de pommes ou de groseilles, ou de belle marmelade d'abricots.

PETITES FANTAISIES AU GROS SUCRE.

Vous les faites ainsi que les précédentes; mais vous masquez la couronne au gros sucre, et sur les cannelures vous mettez des pistaches hachées; voilà toute la différence. Vous garnissez ces sortes de gâteaux avec toutes les confitures possibles ou avec les crèmes à la Chantilly de toute odeur.

Vous pouvez également glacer le dessus des couronnes au sucre de couleur cuit au cassé, ou avec les glaces dites royales de diverses couleurs. Vous ne masquerez pas moins le dessus des cannelures, comme ci-dessus, avec du gros sucre ou des pistaches.

PETITS QUADRILLES AUX QUATRE FRUITS.

Ayez un coupe-pate d'au moins 5 centimètres carrés, c'est-à-dire que ce moule se compose de quatre grandes cannelures dont chacune doit avoir 2 bons centimètres de diamètre. Après avoir donné neuf tours à trois quarts de litre de feuilletage, vous l'abaissez à un demi-centimètre d'épaisseur; ensuite vous détaillez vingt-quatre gâteaux avec le coupe-pâte ci-dessus : avec les parures, vous faites une petite abaisse de moins d'un demi-centimètre, que vous détaillez en quatre-vingt-seize petites abaisses avec un coupe-pâte rond-uni de 2 bons centimètres de diamètre. Vous coupez ensuite le milieu de ces petites abaisses avec un coupe-pâte rond d'un centimètre et demi à 2 centimètres de diamètre : vous mouillez ensuite légèrement quatre de ces petites couronnes, et vous en placez une sur chaque cannelure du gâteau : vous les appuyez un peu pour souder les deux abaisses. Comme cette opération est longue, lorsque vous avez six gâteaux, couverts de quatre anneaux chacun, vous les saupoudrez légèrement de sucre fin, et les rangez de suite sur un grand plafond. Vous recommencez trois fois encore la même opération, ce qui vous donnera vingt-quatre quadrilles. Mettez-les au four chaleur modérée; lorsqu'ils sont cuits de belle couleur et refroidis, vous masquez légèrement le dessus des quatre petites couronnes de chaque gâteau avec du blanc d'œuf mêlé de sucre; puis vous les masquez encore avec des pistaches hachées très fin ou du gros sucre très fin. Lorsque l'entremets est ainsi préparé, vous le remettez quelques minutes au four; et au moment du service, vous garnissez de cette manière les quatre couronnes de chaque gâteau : dans l'une vous mettez de la gelée de pommes, à côté de celle-ci de la marmelade d'abricots, ensuite de la gelée de groseilles blanches, puis de la marmelade de prunes de mirabelle ou d'abricots.

Mais, pour servir ces sortes de gâteaux dans toute la beauté dont ils sont susceptibles, vous les finirez de cette manière : lorsqu'ils sont cuits, vous masquez les deux couronnes qui se trouvent en face l'une de l'autre avec de la glace blanche dite à la royale (*Voyez* cet article); puis vous semez dessus des pistaches hachées bien fin. Vous masquez ensuite les deux autres couronnes avec de la même glace couleur pistache, et dessus du gros sucre un peu fin, de manière que vous avez une couronne aux pistaches sur un fond très blanc, et l'autre au gros sucre sur un fond couleur pistache ; à côté de celle-ci, une aux pistaches fond blanc ; l'autre au gros sucre fond pistache. Garnissez ces jolis gâteaux d'une seule couleur de confiture, comme, par exemple, de gelée de pommes ou de groseilles roses de Bar, ou de marmelade d'abricots. Ces gâteaux, quoique de trois couleurs tranchantes, n'en sont pas moins très distingués et très pittoresques à la vue.

Vous pourrez encore masquer les couronnes de glace rose et y semer du gros sucre, ou bien masquer de glace au chocolat et ensuite au gros sucre.

QUADRILLES PRALINÉS AUX AVELINES.

Lorsque vos gâteaux sont préparés, ainsi que les précédents, avant d'être cuits, vous dorez légèrement le dessus des petites couronnes, et les placez de ce côté sur 125 grammes d'avelines hachées fin, et mêlées avec 62 bons grammes de sucre fin et le quart d'un blanc d'œuf. Vous masquez ainsi tour à tour les vingt-quatre quadrilles. Lorsqu'ils sont rangés bien également sur un plafond, vous les mettez au four chaleur modérée, et les cuisez d'une belle couleur blonde. Au moment du service vous les garnissez de toutes sortes de confitures.

Quoique ces quadrilles ne soient point aussi brillants que les précédents, ceux-ci sont pourtant [plus agréables à manger; ce sont les avelines qui leur donnent cette prééminence.

Vous les pralinez de même avec des amandes ordinaires.

PETITES ROSACES AU GROS SUCRE.

Après avoir abaissé trois quarts de litre de feuilletage (à neuf tours) à un demi-centimètre tout au plus d'épaisseur, vous détaillez vingt-quatre petites abaisses avec un coupe-pâte rond-uni du diamètre de 5 bons centimètres ; donnez ensuite un tour aux parures, et avec un coupe-pâte uni de 3 centimètres et demi de diamètre, détaillez de petits croissants d'un petit demi-centimètre de largeur ; mouillez cinq de ces croissants, que vous placez ainsi : posez le bout d'un croissant au milieu d'une petite abaisse ronde, et faites-le tourner jusqu'auprès du bord de l'abaisse ; ensuite posez la pointe d'un autre croissant encore au milieu, et faites-le tourner à 2 centimètres et demi de distance de celui déjà placé. Vous faites tourner la pointe de façon qu'elle vienne se joindre tout près du premier croissant;

placez encore trois croissants de la même manière, afin que ces cinq croissants forment une espèce de rosace tournante, qui masque toute la surface du gâteau. Lorsque vous avez six gâteaux terminés, vous les masquez légèrement de sucre fin, puis vous les rangez sur un grand plafond. Vos rosaces étant terminées, vous les mettez au four chaleur modérée ; ensuite, avec le reste de l'abaisse, vous détaillez vingt-quatre petites abaisses avec un coupe-pâte rond d'un centimètre et demi à deux centimètres de diamètre, dont vous coupez le milieu avec un coupe-pâte d'un centimètre à un centimètre et demi de largeur. Saupoudrez ces petites couronnes de sucre fin, puis faites-les cuire sur un plafond séparément.

Vos rosaces étant cuites et légèrement colorées, vous masquez le dessus des petits croissants avec du blanc d'œuf (un blanc fouetté et mêlé avec 62 bons grammes de sucre), et placez au milieu de la rosace une petite meringue. Vous masquez ensuite de gros sucre les petits croissants ; et lorsque vous en avez douze de préparés, vous les mettez au four deux minutes seulement. Finissez le reste des rosaces comme ci-dessus, et masquez le dessus de petites meringues de pistaches hachées. Vous remettez vos gâteaux deux minutes au four. Lorsqu'ils sont prêts à être servis, vous garnissez l'entre-deux des petits croissants de gelée de groseilles roses.

Vous pouvez masquer le dessus des petites meringues au gros sucre, et les petits croissants de pistaches hachées. Vous les masquerez également avec des glaces de couleur dite à la royale, et particulièrement de glace rose et au chocolat..

PETITS TRÈFLES PERLÉS AUX PISTACHES.

Pour former ces sortes de petits gâteaux, servez-vous d'un coupe-pâte de cinq bons centimètres de diamètre, qui se compose de trois grandes cannelures de deux bons centimètres de largeur qui ressemblent beaucoup aux trèfles ordinaires.

Après avoir abaissé trois quarts de litre de feuilletage (à neuf tours) à un bon demi-centimètre d'épaisseur, vous détaillez vingt-quatre petits trèfles avec le coupe-pâte en question ; faites ensuite une petite abaisse de l'épaisseur de moins d'un demi-centimètre, détaillez-la avec un coupe-pâte rond-uni de 3 centimètres et demi de diamètre, puis avec un coupe-pâte uni de 2 centimètres au plus de largeur ; vous coupez le milieu de ces petites abaisses pour en faire vingt-quatre petites couronnes. Mouillez légèrement le dessus de six de ces couronnes ; placez-en une au milieu de chaque trèfle, et appuyez-les afin de les souder ; lorsque tous vos trèfles sont ornés d'une couronne, vous les saupoudrez légèrement de sucre fin. Après les avoir rangés avec soin sur une plaque, vous les mettez au four chaleur modérée : lorsqu'ils sont cuits bien blancs, fouettez deux blancs d'œufs et mêlez-les avec 92 à 93 grammes de sucre fin ; vous en masquez légèrement le dessus des trois parties qui forment le trèfle, et sur chacune de ces parties vous posez tout près du bord cinq petites perles formées de blancs d'œufs. A mesure que vous avez ainsi perlé six gâteaux, vous les saupoudrez légèrement de sucre fin, et les remettez deux minutes à la bouche du four, afin que les perles se sèchent sans prendre de couleur. Recommencez trois fois encore la même opération, ensuite vous masquerez le dessus des petites couronnes de blanc d'œuf pour les poser de ce côté sur des pistaches hachées ; remettez encore au four, une minute seulement. Au moment du service, vous garnissez ces petites couronnes avec de la gelée de pommes ou de marmelade d'abricots ; puis entre chaque petite perle vous en mettez une plus petite, formée de gelée de groseilles roses.

PETITS TRÈFLES PERLÉS AU GROS SUCRE.

Vous les faites de la même manière que les précédents, mais vous donnez aux perles une belle couleur blonde, et masquez le dessus des petites couronnes de gros sucre. Garnissez-les de gelée de groseilles roses ou de marmelade d'abricots ; puis vous posez entre les perles un beau grain de raisin de Corinthe. Masquez ensuite de gelée de pommes.

Vous pouvez également masquer le dessus des couronnes de glace jadis dite royale de différentes couleurs, ou au sucre de couleur cuit au cassé.

PETITS TRÈFLES PRALINÉS AUX AVELINES.

Lorsque vos gâteaux sont préparés comme ci-dessus, vous dorez légèrement le dessus des couronnes, puis vous les posez de ce côté sur 125 grammes d'amandes d'avelines hachées très fin, mêlées avec 62 bons grammes de sucre fin et le demi-quart d'un blanc d'œuf. Votre entremets ainsi masqué, vous le mettez au four chaleur modérée, et le cuisez de belle couleur ; vous le perlez comme de coutume et le garnissez de même.

Vous pralinerez pareillement vos trèfles aux amandes ordinaires.

PETITES ÉTOILES AU GROS SUCRE.

Ayez un coupe-pâte de 6 bons centimètres de diamètre, formant l'étoile à cinq pans, et un autre de même forme, mais de 4 centimètres de largeur seulement.

Donnez neuf tours à trois quarts de litre de feuilletage, et abaissez-le à un bon demi-centimètre d'épaisseur. Détaillez ensuite vingt-quatre étoiles ; donnez un tour aux parures, et abaissez-les d'un quart de centimètre. Détaillez de nouveau vingt-quatre étoiles, ensuite coupez le milieu avec le petit coupe-pâte de la même forme. Mouillez légèrement le dessus de six de ces étoiles à jour, et posez-le ensuite sur les premières abaisses, afin que les deux étoiles n'en forment plus qu'une. Appuyez les deux parties, afin de les souder; lorsque toutes vos étoiles sont ainsi préparées, vous les saupoudrerez légèrement de sucre fin, et les mettez au four chaleur modérée. Lorsqu'elles sont cuites de belle couleur, vous masquez la surface avec un blanc d'œuf, mêlé avec 62 bons grammes de sucre, ensuite du gros sucre, et les mettez au four deux minutes seulement.

Au moment du service, vous garnissez l'intérieur de gelée de groseilles de Bar (roses) ou de marmelade d'abricots.

PETITES ÉTOILES AUX PISTACHES.

Vous procédez de même que ci-dessus; vous masquez celle-ci avec des pistaches hachées. Vous les garnissez de gelée de pommes, de groseilles roses ou blanches, ou de marmelade d'abricots.

Vous pouvez perler le dessus de ces étoiles ou les masquer de glace de couleur, ou au sucre de couleur cuit au cassé; ou vous le pralinez aux avelines ou aux amandes douces.

Vous pouvez encore faire vos étoiles de cette façon : au lieu d'y mettre une double étoile à jour, mettez sur la première une couronne de 3 centimètres et demi de diamètre, dont le milieu aura été coupé avec un coupe-pâte de 2 centimètres au plus de largeur. Vous les saupoudrerez de sucre et les cuisez de même; ensuite vous mettez une petite perle sur le bout des angles de l'étoile qui dépassent la couronne, et les saupoudrerez de sucre. Remettez-les au four prendre couleur, ensuite masquez les couronnes au gros sucre ou aux pistaches.

PETITES COURONNES AUX PISTACHES.

Ce coupe-pâte a 8 centimètres de longueur sur 2 centimètres de largeur; il s'arrondit aux deux extrémités, puis au milieu, de manière qu'il forme trois espèces de coupe-pâte, ronds, parfaitement unis au bout l'un de l'autre.

Après avoir abaissé trois quarts de litre de feuilletage (à neuf tours) à l'épaisseur d'un bon demi-centimètre, vous détaillez vingt-quatre gâteaux avec le coupe-pâte ci-dessus; et, avec les parures, vous faites une petite abaisse d'un quart de centimètre d'épaisseur. Vous détaillez soixante-douze petites abaisses avec un coupe-pâte rond de 2 bons centimètres de largeur; vous les coupez ensuite au milieu avec un coupe-pâte de 2 petits centimètres de largeur. Mouillez-les légèrement; ensuite posez-en trois à côté l'une de l'autre sur le gâteau qui se trouve disposé à cet effet. Appuyez-les un peu, afin de souder les parties plus intimement. Lorsque tous vos gâteaux sont ornés chacun de trois couronnes, vous les saupoudrez légèrement de sucre fin, et les mettez au four chaleur modérée. Lorsqu'ils sont cuits, vous masquez la couronne du milieu seulement avec du blanc d'œuf (mêlé de sucre), et la masquez ensuite de pistaches hachées. Remettez-les deux minutes au four, et masquez les deux couronnes (de chaque gâteau) au blanc d'œuf, ensuite au gros sucre, et remettez-les encore deux minutes à la bouche du four.

Vous garnissez ces deux couronnes avec du gros sucre et de la gelée de groseilles roses, et celle aux pistaches de gelée de pommes.

Vous pouvez masquer ces petites couronnes suivant les procédés décrits précédemment pour les autres entremets analysés ci-dessus.

Vous masquerez, par exemple, la couronne du milieu au gros sucre, puis les deux autres aux pistaches; ou bien vous les masquerez toutes trois au gros sucre ou aux pistaches, et les garnirez d'une seule couleur de confiture. Vous pouvez encore masquer la couronne du milieu de très petites perles, et les deux autres aux pistaches très fines.

PETITES FEUILLES DE CHÊNE PERLÉES.

Ayez un coupe-pâte de 8 centimètres de longueur sur 4 centimètres de largeur; sa cannelure doit représenter la forme d'une feuille de chêne. Vous détaillez vos gâteaux avec ce coupe-pâte comme de coutume, et les faites cuire de même; ensuite vous fouettez deux blancs d'œufs, et les mêlez avec 93 à 95 grammes de sucre fin. Vous masquez légèrement le dessus des gâteaux, et faites une ligne droite au milieu et en long. Vous formez avec la pointe du cornet à perler une petite perle ovale de blanc d'œuf, que vous placez ainsi: posez-la tout près de la ligne droite en l'inclinant un peu, et terminez-la au bout de la première cannelure; ensuite posez-en une autre de la même manière et à un petit demi-centimètre de distance. Vous en posez six de la même façon et du même côté, puis six autres du côté opposé, mais du sens contraire, de manière qu'elles forment six espèces de chevrons. Saupoudrez-les de sucre fin : lorsque vos gâteaux sont ornés, vous les mettez au four, et leur donnez une couleur légère. Mettez sur le milieu de chaque perle un petit filet de glace aux pistaches, et entre chacune d'elles un filet de gelée de groseilles roses ou de gelée de pommes, et un grand filet sur le milieu qui doit séparer les perles.

PETITS PANIERS AU GROS SUCRE.

Ayez un coupe-pâte ovale et cannelé de 6 bons centimètres de longueur sur 4 centimètres de largeur. Quand votre feuilletage (à neuf tours) est abaissé à un petit centimètre d'épaisseur, vous coupez vingt-quatre petits paniers que vous saupoudrez légèrement de sucre fin, et vous les rangez sur un plafond un peu humecté; ensuite, avec la pointe du couteau, vous tracez à un quart de centimètre de profondeur une anse au milieu du panier, et d'un côté de cette anse vous tracez une ligne circulaire qui fait la moitié du tour du gâteau et à un demi-centimètre de distance au plus de la cannelure. Faites la même chose de l'autre côté, et ainsi de suite au reste des petits paniers. Vous les masquez de sucre en poudre et les faites cuire comme de coutume ; ensuite vous les masquez de blanc d'œuf (mêlé de sucre), et ensuite de gros sucre. Remettez-les deux minutes au four ; puis, au moment du service, vous les garnissez de toutes sortes de confitures. Vous pouvez les masquer aussi de pistaches hachées et de toutes sortes de glaces de couleur.

PETITS PANIERS PRALINÉS AUX AVELINES.

Lorsque vos gâteaux sont détaillés, vous tracez les deux compartiments ; puis dorez légèrement le bord de l'anse des petits paniers, et les posez de ce côté sur 125 grammes d'avelines hachées, mêlées avec 62 bons grammes de sucre et un peu de blanc d'œuf. Lorsque tous vos paniers sont ainsi masqués, vous les mettez au four, chaleur modérée, et leur donnez une belle couleur blonde.

Vous les pralinez de même aux amandes douces.

PETITS DIADÈMES AUX PISTACHES.

Donnez neuf tours à trois quarts de litre de feuilletage et abaissez-le à un bon demi-centimètre d'épaisseur ; ensuite, avec un coupe-pâte rond-uni de 7 centimètres à peu près de diamètre, vous coupez vingt-quatre croissants de 3 centimètres et demi de largeur au milieu ; saupoudrez-les de sucre fin. Vous posez ensuite sur le milieu un coupe-pâte rond d'un centimètre et demi à 2 centimètres de diamètre, et l'appuyez à un quart de centimètre au plus de profondeur. Vous faites la même opération à un petit centimètre de distance de cette couronne avec un coupe-pâte d'un centimètre et demi de largeur, et la même chose à un petit centimètre de distance, puis avec un coupe-pâte d'un bon centimètre de diamètre. Vos croissants étant ainsi marqués de cinq trous, vous les faites cuire de la manière accoutumée, ensuite vous enfoncez avec la pointe du couteau les cinq petits boutons des petits trous; masquez légèrement le dessus d'un croissant, entourez-le en posant le bord sur des pistaches hachées, et masquez le reste avec du gros sucre. Lorsque vos gâteaux sont ornés de cette manière, vous les mettez deux minutes au four; puis, aux moment du service, vous les garnirez de jolies confitures.

Vous pouvez également les encadrer au gros sucre, et masquer le reste aux pistaches et aux glaces de couleur.

Vous pouvez encore perler le bord extérieur des croissants avec de très petites perles formées de blanc d'œuf. Vous les saupoudrez de sucre, et les faites sécher blanches au four; puis vous mettez entre chaque perle une autre perle plus petite de gelée de groseilles roses, ou bien un petit grain de raisin de Corinthe; masquez ensuite d'un peu de gelée de pommes. C'est alors que ces sortes de croissants ressemblent en quelque façon à un diadème. Cet entremets, dressé avec goût, a fort bonne mine.

PANACHÉS EN DIADÈME AU GROS SUCRE.

Votre feuilletage ayant neuf tours (trois quarts de litre), vous l'abaissez à un petit demi-centimètre d'épaisseur. Détaillez trente croissants de 3 centimètres et demi de largeur avec un coupe-pâte rond-uni de 6 centimètres au moins de diamètre; saupoudrez légèrement vos gâteaux de sucre fin, et mettez-les au four selon la règle. Lorsqu'ils sont colorés blond et refroidis, vous masquez l'épaisseur du croissant de blanc d'œuf, ensuite de gros sucre. Remettez-les deux minutes au four; ensuite vous masquez le dessus des croissants de gelée de pommes sur laquelle vous placez, près du bord, du gros sucre, de petits filets de gelée de groseilles rouges, un peu en biais du croissant; ces petits filets de gelée doivent avoir de un centimètre à un centimètre et demi de longueur, sur un demi-centimètre de largeur et un quart de centimètre d'épaisseur.

PANACHÉS AU RAISIN DE CORINTHE.

Ce sont les mêmes que les précédents. Lorsqu'ils sont masqués de gelée de pommes, vous placez, entre chaque petit filet de gelée de groseilles, un grain de raisin de Corinthe, ce qui fait bon effet.

Au moment du service, vous masquez le dessus des raisins avec un filet de gelée de pommes. Vous pouvez mettre, en place de raisin, des filets de pistaches.

PANACHÉS AUX PISTACHES ET AU GROS SUCRE.

Vous les faites de même que ci-dessus; mais vous ne les masquez ni de gros sucre, ni de perles. Lorsqu'ils sont cuits bien blond, vous masquez l'épaisseur du croissant de blanc d'œuf (vous aurez soin de ne pas en mettre dessus ni dessous le gâteau), ensuite de gros sucre un peu fin. Vous en masquez quinze au gros sucre, et les mettez au four deux minutes, ensuite les quinze autres aux pistaches hachées fin; vous les mettez pareillement au four.

Une demi-heure avant le service, vous masquez légèrement le dessus des croissants avec de la gelée de pommes, puis de petits filets de gelée de groseilles roses. Lorsque vous les dresserez, vous placerez, en formant la couronne, un croissant entouré de gros sucre, ensuite aux pistaches, et ainsi de suite.

Cet entremets est d'un fort bel effet.

Vous pouvez masquer le tout seulement au gros sucre, ainsi qu'aux pistaches. Vous pouvez aussi les masquer de pistaches et de gros sucre mêlés.

PANACHÉS RONDS AUX PISTACHES.

Après avoir abaissé trois quarts de litre de feuilletage (à neuf tours) à un demi-centimètre tout au plus d'épaisseur, vous détaillez vingt-quatre petites abaisses avec un coupe-pâte rond de 5 bons centimètres de diamètre et à très-petites cannelures; donnez un tour aux parures, et abaissez-les à un quart de centimètre d'épaisseur; détaillez-la en vingt-quatre petites abaisses rondes-unies de 4 centimètres de largeur; ensuite vous les coupez au milieu avec un petit coupe-pâte de 3 centimètres et demi de diamètre; mouillez légèrement le dessus de ces petites couronnes, posez et appuyez-les sur les abaisses canelées, puis vous les saupoudrez légèrement de sucre fin et les mettez au four, chaleur modérée. Lorsqu'elles sont cuites de belle couleur, vous masquez légèrement de blanc d'œuf (mêlé de sucre) le dessus des petites couronnes, et vous les ornez avec de très-petites perles ovales que vous placez à un quart de centimètre au moins de distance et un peu inclinées, de manière qu'elles doivent former sur la couronne une espèce de corde à pain de sucre; et à mesure que vous les perlez, vous les saupoudrez de sucre fin. Lorsqu'elles sont toutes terminées, vous les faites sécher au four; mais ayez soin qu'elles ne prennent point de couleur. Vous avez tout prêts 125 grammes de pistaches émondées, dont chaque amande est coupée en quatre filets d'égale grosseur: piquez un de ces filets sur chaque cannelure qui se trouve au tour de la couronne : vous les enfoncez peu, et les faites pencher légèrement du haut. Au moment du service, vous placez entre chaque filet de pistache une petite perle de gelée de groseilles roses; puis entre chaque perle de la couronne vous posez un petit filet d'un quart de centimètre carré) de gelée de groseilles roses, et garnissez l'intérieur des couronnes de belle marmelade d'abricots.

PANACHÉS RONDS AU RAISIN DE CORINTHE.

Ce sont les mêmes que les précédents. Lorsqu'ils sont cuits, vous masquez le tour et le dessus des petites couronnes et le dessus des cannelures avec de la gelée de groseilles blanches, ou avec de la gelée de pommes ; vous posez sur chaque cannelure un petit grain de raisin de Corinthe, que vous masquez ensuite de gelée de pommes.

Vous faites ensuite avec de la belle gelée de groseilles rouges de petits filets d'un demi-centimètre carré tout au plus ; puis vous les placez droits au tour et au-dessus de la couronne, de manière qu'ils touchent les raisins de Corinthe d'un bout, tandis que l'autre va se terminer dans l'intérieur de la couronne. Vous les posez à un petit centimètre de distance les uns des autres. Ces petits filets, ainsi disposés, rendent le tour et le dessus des couronnes comme cannelés, ce qui produit un bel effet. Vous garnissez les couronnes de belle marmelade d'abricots ou de beaux grains de verjus.

Ces sortes de panachés ainsi décorés avec des glaces de couleur, vous les faites sécher au four. Vous masquez ensuite ces décorations avec de petites lames de gelée de pommes que vous coupez le plus mince possible ; ce masqué est d'un transparent très-brillant. Vous pouvez les garnir de crèmes fouettées, de toutes sortes d'assaisonnements.

PETITS GATEAUX ROYAUX A LA VANILLE.

Hachez très-fin un bâton de vanille que vous pilez avec 185 grammes du sucre; passez le tout au tamis de soie, et mêlez-le dans une petite terrine avec du blanc d'œuf; remuez ce mélange avec une cuiller d'argent pendant quelques minutes pour en former un glacé un peu mollet. Vous abaissez ensuite trois quarts de litre de feuilletage de l'épaisseur d'un bon demi-centimètre; puis vous détaillez trente gâteaux avec un coupe-pâte ovale de 6 bons centimètres de longueur sur 4 centimètres de largeur. Cette forme ovale doit se terminer en pointe aux deux extrémités, au lieu d'être arrondie. Mettez le quart d'une cuillerée de glace sur un gâteau, et, avec la lame du couteau, vous étalez cette glace afin que toute la surface du gâteau se trouve parfaitement masquée, et surtout d'égale épaisseur : cette épaisseur doit être d'un demi-centimètre. Lorsque tous vos gâteaux sont masqués, vous attendez une demi-heure avant de les mettre au four chaleur modérée. Cet espace de temps est pour que le glacé se hâle par l'action de l'air. Cette opération est très-nécessaire pour que le masqué conserve son glacé lisse et uni, ce qui fait toute la beauté de ces sortes de gâteaux; au lieu qu'en les mettant au four après les avoir masqués, le glacé se ride, se fond par places, et, par ce triste résultat, ce bon entremets devient de pauvre mine.

La couleur de ces gâteaux doit être rougeâtre, et le dessous légèrement coloré.

En les ôtant du four, vous aurez soin d'appuyer le glacé des gâteaux sur lesquels il aurait fait trop d'effet à la cuisson ; ce qui arrive presque toujours, si l'on n'a pas cette attention (et ce glacé est très fragile; lorsqu'il se trouve brisé, cela dépare singulièrement cet entremets.

Ces gâteaux réclament beaucoup de soins, mais particulièrement à la cuisson ; car, si le four agit avec trop de vitesse sur le glacé, celui-ci se fond tout alentour et prend la couleur du caramel ; et si, pour empêcher qu'il ne se colore davantage, on les retire avant qu'ils soient cuits à point, votre entremets est manqué complétement, attendu que le feuilletage, manquant de cuisson, s'aplatit et devient tout à fait galette.

Mais lorsque cet entremets est fait selon la règle, ces petits gâteaux sont infiniment agréables, par la raison que le feuilletage et le glacé sont croustillants et fondants dans la bouche, et laissent au palais le parfum embaumé de la vanille.

PETITS GATEAUX A LA FLEUR D'ORANGE.

Pilez 31 bons grammes de fleur d'orange avec 185 grammes de sucre ; passez le tout au tamis de soie. Le reste du procédé est le même que ci-dessus.

PETITS GATEAUX AU CÉDRAT.

Râpez sur un morceau de sucre du poids de 185 grammes le demi-zeste d'un cédrat ; écrasez ce sucre et mettez-le quelques minutes à la bouche du four. Lorsqu'il est bien sec, vous le pilez et le passez au tamis de soie. Finissez l'opération de la manière accoutumée.

Vous procéderez de même pour les parfumer de zestes de bigarade, de citron et d'orange.

PETITS GATEAUX AUX AVELINES.

Émondez 62 bons grammes d'amandes d'avelines, et pilez-les parfaitement en les mêlant peu à peu avec le quart d'un blanc d'œuf, afin qu'elles ne tournent pas à l'huile. Vous les passez au tamis de crin bien fin, de manière qu'aucun fragment d'amande ne soit aperçu. Mêlez ces amandes dans une terrine avec 185 grammes de sucre passé au tamis de soie et un blanc d'œuf ; le tout bien amalgané pendant quelques minutes, vous en masquez le dessus des gâteaux et terminez le procédé selon la règle.

Vous tenez le glacé de ceux-ci un peu plus épais que de coutume par rapport aux avelines.

PETITS GATEAUX AUX AMANDES AMÈRES.

Pilez 24 grammes d'amandes amères, passez-les par le tamis de crin, mêlez-les avec 185 grammes de sucre et presque un blanc d'œuf. Terminez l'opération comme de coutume.

PETITS GATEAUX AU CHOCOLAT.

Râpez 185 grammes de chocolat à la vanille, et

et mêlez-le avec 125 grammes de sucre fin passé au tamis de soie; délayez ce mélange avec un blanc d'œuf: peut-être serez-vous obligé d'en ajouter encore un peu, afin que le glacé se trouve mollet, comme de coutume; vous finissez vos gâteaux selon les procédés décrits précédemment, mais vous mettez ceux-ci à four un peu plus modéré.

Lorsque ces gâteaux sont soignés à la cuisson, leur glacé, quoique de couleur brune, n'en a pas moins d'éclat que les autres.

Vous faites ces sortes de gâteaux dans toutes les formes possibles, comme ronds, longs, carrés, en losange ou en croissant.

PETITS GATEAUX AUX ABRICOTS.

Faites deux abaisses de feuilletage de 37 bons centimètres carrés; vous en masquez une avec un pot de marmelade d'abricots, puis vous couvrez la confiture avec l'autre abaisse. Vous détaillez vos gâteaux comme de coutume, et les terminez selon les procédés indiqués précédemment.

Vous pouvez garnir ces sortes de gâteaux de marmelade de pêches, de prunes et d'ananas.

PETITES BOUCHÉES A LA GELÉE DE POMMES.

Abaissez trois quarts de litre de feuilletage (à neuf tours) à un demi-centimètre au plus d'épaisseur: détaillez vingt-quatre petites abaisses avec un coupe-pâte rond-uni de 5 centimètres au moins de diamètre ; puis faites-en vingt-quatre autres, mais un peu plus minces. Vous coupez ces dernières au milieu avec un coupe-pâte de 3 centimètres et demi de diamètre : mouillez légèrement le dessus de ces couronnes, que vous posez sur les autres abaisses ; ensuite vous masquez les autres couronnes de même que les gâteaux précédents. Lorsqu'elles sont cuites de belle couleur, vous garnissez (au moment du service) l'intérieur des couronnes de gelée de pommes, ou de groseilles rouges ou blanches.

Ces sortes de bouchées sont fort croustillantes et très agréables.

PETITS GATEAUX PRALINÉS AUX AVELINES.

Hâchez 250 grammes d'amandes d'avelines, mêlez-les avec 125 grammes de sucre en poudre et un demi-blanc d'œuf. Lorsque le feuilletage est abaissé à un fort demi-centimètre d'épaisseur, vous le masquez avec les amandes ; et après les avoir glacées avec du sucre passé au tamis de soie, vous détaillez vingt-quatre croissants larges de 3 centimètres et demi et de 7 centimètres de longueur. Mettez au four chaleur modérée, et donnez-leur une belle couleur blonde. Lorsqu'ils sont refroidis, vous pouvez les dresser.

Vous procéderez de même pour les amandes ordinaires. Vous pouvez faire ces gâteaux de toutes sortes de formes. Ces gâteaux sont un excellent entremets de feuilletage.

PETITS GATEAUX PRALINÉS A LA MARMELADE DE PRUNES DE MIRABELLE.

Faites une abaisse de près d'un demi-centimètre d'épaisseur et de 37 bons centimètres carrés, masquez cette abaisse avec un pot de marmelade de mirabelles ; ensuite faites-en une autre pareille à la première, mais abaissez-la le plus mince possible. Vous en masquez la marmelade, et détaillez vos gâteaux en croissants de même que ci-dessus. Dorez-les légèrement, et masquez-les ensuite d'avelines, comme je l'ai indiqué pour les gâteaux précédents. Mettez au four chaleur modérée, et servez-les de belle couleur.

PETITES COURONNES DE FEUILLETAGE AUX PISTACHES ET AU GROS SUCRE.

Abaissez trois quarts de litre de feuilletage (à neuf tours) à un bon demi-centimètre d'épaisseur ; puis, avec un coupe-pâte rond-cannelé, et de 5 bons centimètres de largeur, vous détaillez vingt-quatre petites abaisses, dont vous coupez ensuite le milieu avec un coupe pâte uni de 2 centimètres et demi de diamètre. Humectez légèrement le dessus avec du blanc d'œuf seulement, placez-y ensuite en zigzag des filets de pistaches ; puis vous posez la couronne sur du gros sucre, afin d'en masquer les parties qui se trouvent entre la pistache. Mettez au four doux, et donnez-leur une légère couleur.

PETITES COURONNES DE FEUILLETAGE PRALINÉES A LA VANILLE.

Hachez une gousse de vanille, et la pilez avec 93 ou 94 grammes de sucre. Passez le tout au tamis de soie, mêlez-y 125 grammes d'amandes hachées très-fin, puis le peu de blanc d'œuf nécessaire à cette opération. Dorez légèrement les couronnes, que vous aurez détaillées comme les précédentes ; masquez-les ensuite avec les amandes, puis vous les cuisez selon la règle. Ces petites couronnes sont extrêmement agréables. Pour les faire à l'orange, vous râperez le demi-zeste d'une orange sur un morceau de sucre de 93 ou 94 grammes, puis vous l'écraserez et le mêlerez avec 125 grammes d'amandes. Vous procéderez de même pour les faire au cédrat, à la bigarade ou au citron. Vous pouvez vous servir de ces sortes d'amandes pour tous vos gâteaux pralinés.

PETITES BOUCHÉES PRALINÉES AU SUCRE DE COULEUR.

Après avoir abaissé votre feuilletage comme de coutume, vous détaillez trente petites abaisses avec un coupe-pâte rond-uni de 5 centimètres de diamètre ; ensuite vous donnez un tour aux parures. Faites-en une abaisse d'un quart de centimètre d'épaisseur ; détaillez-la comme les précédentes. Vous les coupez au milieu avec un coupe-pâte de 3 centimètres de largeur ; mouillez légèrement ces petites couronnes, et posez-les sur les autres abaisses : dorez-les et mettez-les au four chaleur modérée. Lorsqu'elles sont cuites de belle couleur, vous masquez le dessus des petites bouchées de blanc d'œuf (mêlé de sucre), et ensuite avec des amandes hachées très fin, mais n'y mettez point de sucre. Remettez-les quelques minutes au four, afin d'y sécher les amandes ; ayez soin qu'elles conservent leur blancheur, et ensuite vous semez par-dessus du sucre rose passé au tamis. Mettez très-peu de sucre, afin de ne point masquer les amandes entièrement.

Vous mettrez également sur ces amandes du sucre en poudre rouge, jaune, violet, et aux pistaches. (*Voyez* la manière de faire ce sucre de couleur.)

Vous garnissez ces bouchées avec toutes les confitures et crèmes possibles.

Vous pouvez praliner de la même manière toutes les formes de gâteaux susceptibles de se garnir de confitures et de crème à la Chantilly.

Ici se termine la description des entremets détachés et autres.

Cette série pourrait être beaucoup plus longue, quoiqu'elle décrive cependant presque quatre cents entremets divers. Ceux que j'ai omis sont des formes bizarres, qui ne conviennent ni au goût ni à l'élégance de la pâtisserie moderne. D'ailleurs, ce nombre m'a paru suffisant pour mettre les jeunes praticiens à même de varier selon les goûts et les circonstances, qui quelquefois nous forcent de simplifier notre travail et de le rendre prompt, afin d'arriver à l'heure prescrite pour le service. C'est le premier devoir de l'ouvrier; et je me rappelle que M. Avice, qui a joui longtemps d'une réputation fort distinguée comme excellent pâtissier de fonds et parfait décorateur, avait la manie de toujours faire attendre son service au moment où il devait paraître sur la table. J'ai plusieurs fois entendu dire dans les maisons où on l'employait que, sans ce défaut, M. Avice aurait été le premier pâtissier du monde.

CHAPITRE XXVII.

DES SUCRES ODORÉS.

Les pâtissiers de boutique emploient des essences distillées, telles que de citron et de bergamote, de l'eau de rose et de fleur d'orange, de la poudre d'iris; voilà ce qui compose l'assaisonnement de leurs biscuits et entremets.

Mais le vrai pâtissier de maison doit rejeter ces sortes d'odeurs, et parfumer ses entremets et ses grosses pièces de fonds de l'agréable arome de l'orange, du cédrat, de la bigarade, du citron, de la fleur d'orange, du café, de la vanille, des anis verts et du safran.

Il doit avoir alors ces diverses odeurs toutes préparées dans de petits flacons de verre ou dans de petits bocaux qui se ferment hermétiquement, ou bien les préparer à mesure qu'il en a besoin.

SUCRE AU ZESTE D'ORANGE.

Ayez des oranges de Malte douces, dont l'écorce sera fine ; vous râpez alors le zeste sur un morceau de sucre, mais légèrement, afin de ne pas anticiper sur la peau blanchâtre qui se trouve immédiatement sous le zeste, attendu qu'elle contient beaucoup d'amertume qui dénaturerait l'arome du fruit.

A mesure que la surface du sucre se colore, vous le ratissez avec un couteau, pour en séparer l'esprit du zeste, qui s'y attache par le frottement réitéré. Vous recommencez l'opération avec les mêmes soins ; ensuite vous faites sécher ce sucre à l'étuve ou à la bouche du four doux, et, après l'avoir écrasé, vous le passez au tamis de soie ou de crin.

Pour les sucres de bigarade, de citron et de cédrat, on procédera de la même manière que ci-dessus.

SUCRE DE VANILLE.

Coupez en deux une gousse de vanille bien grosse et bien givrée. Divisez-la en petits filets très minces, ensuite hachez-la en y joignant une cuillerée de sucre en poudre ; après cela, vous pilez le tout avec une seconde cuillerée de sucre. Passez-la ensuite par le tamis de soie ; pilez de nouveau avec une cuillerée de sucre la vanille qui n'a pas pu passer au tamis, et faites-la passer après.

SUCRE DE CAFÉ MOKA.

Mettez dans un petit poêlon d'office une tasse de café bien fort ; vous y mêlez assez de sucre en poudre pour le rendre un peu épais. Mettez-le sur un feu modéré, et remuez-le continuellement avec une petite spatule ; aussitôt qu'il commence à bouillonner, vous l'ôtez du feu, en y mêlant deux cuillerées de sucre en poudre. Remuez le tout avec une cuiller d'argent, en graissant le sucre le long des parois du poêlon ; à mesure qu'il se refroidit, vous le voyez se ternir en s'épaississant, et devenir absolument en cassonade. Vous le mettez sécher à l'étuve, et le faites passer ensuite par le tamis de soie.

CHAPITRE XXVIII.

DES CRÈMES PATISSIÈRES.

CRÈME PATISSIÈRE AU CÉDRAT.

Mettez dans une casserole six jaunes d'œufs et deux cuillerées (à bouche) de farine tamisée, ce qui vous donnera une petite pâte mollette, que vous délayez avec la spatule, en y versant peu à peu trois verres de crème bouillante et un grain de sel ; tournez votre crème sur un feu modéré, et, quand elle commence à s'attacher à la spatule, vous l'ôtez du feu pour la lier plus facilement. Lorsqu'elle est devenue consistante et très lisse, vous continuez de la tourner sur un feu modéré pendant dix à douze minutes pour la cuire.

Ensuite vous faites cuire 62 bons grammes de beurre d'Isigny à la noisette ; c'est-à-dire qu'après l'avoir écumé et quand il ne petille plus, vous le laissez se colorer légèrement : puis vous le mêlez de suite dans la crème, que vous versez dans une terrine ; alors elle se trouve faite. Râpez ensuite sur un morceau de sucre de 125 grammes le demi-zeste d'un cédrat. Écrasez le sucre avec 125 grammes de macarons doux, où vous comprendrez six macarons amers. Ajoutez ce mélange à la crème, qui alors doit devenir moelleuse, quoique pourtant plus compacte que la bouillie ordinaire. Si vous la trouvez trop ferme, vous y mêlez un peu de crème ; et dans le cas contraire, vous y joignez deux jaunes d'œufs. Vous pouvez l'employer pour les articles décrits à la *Crème pâtissière*.

On procédera comme ci-dessus pour les crèmes pâtissières à l'orange, à la bigarade, au cédrat et au citron, en râpant le demi-zeste de l'un de ces fruits.

CRÈME PATISSIÈRE AU CHOCOLAT.

Après avoir marqué et fait cuire la crème comme la précédente, et y avoir mêlé le beurre indiqué, vous y amalgamez 185 grammes de chocolat râpé avec 62 bons grammes de sucre fin et 125 grammes de macarons doux ; puis vous employez la crème.

On parfume également ces sortes de crèmes à la

fleur d'orange pralinée (une cuillerée), au rhum et au marasquin; le tiers d'un verre de ces deux liqueurs suffit.

CRÈME PATISSIÈRE AU CAFÉ MOKA.

Torréfiez 185 grammes de café selon la règle : aussitôt que les grains deviennent huileux, vous les versez dans trois verres de lait en ébullition. Couvrez l'infusion, et lorsqu'elle n'est plus que tiède, passez-la à la serviette. Versez-la peu à peu dans six jaunes d'œufs et deux cuillerées de farine passée au tamis. Mettez un grain de sel, tournez et cuisez la crème comme il est dit plus haut. Ajoutez-y 93 ou 94 grammes de beurre cuit à la noisette, 125 de sucre en poudre et autant de macarons doux écrasés. Cette crème a parfaitement l'odeur de l'arome du café.

CRÈME PATISSIÈRE AUX AVELINES PRALINÉES.

Lavez 93 ou 94 grammes d'amandes d'avelines; et, après les avoir égouttées, essuyez-les dans une serviette. Vous les mêlez ensuite dans un moyen poêlon d'office, où vous aurez fait cuire 125 grammes de sucre au soufflé. Laissez jeter une douzaine de bouillons; puis remuez-les légèrement avec la spatule, afin que le sucre s'attache aux amandes. Dès qu'il se ternit, blanchit et tourne en cassonade, vous versez le tout sur le tour, et détachez avec soin le sucre adhérent à la spatule et au poêlon. Lorsque les amandes sont froides, vous y joignez 62 bons grammes de sucre en poudre, et l'écrasez avec le rouleau. Vous mettez ce mélange dans la crème, que vous préparez comme il est dit pour la crème au citron ; mais vous observez que les avelines sont l'assaisonnement de cette crème, qui sera d'un goût exquis.

On pralinera également 125 grammes d'amandes douces pour faire la crème pâtissière aux amandes ordinaires.

CRÈME PATISSIÈRE A LA VANILLE.

Jetez une gousse de vanille dans quatre verres de crème bouillante. Placez l'infusion sur l'angle du fourneau, et laissez la réduire d'un quart. Passez-la à la serviette, et versez-la peu à peu dans six jaunes d'œufs que vous aurez délayés avec deux cuillerées de farine. Faites cuire la crème comme de coutume, après quoi vous y mêlez 62 bons grammes de beurre (cuit à la noisette), 125 de macarons doux, 125 de sucre en poudre et un grain de sel.

CRÈME PATISSIÈRE AUX PISTACHES.

Émondez 125 grammes de pistaches ; et après les avoir lavées, vous les pilez avec 31 bons grammes de cédrat confit et dix amandes amères. Le tout parfaitement broyé, vous y mêlez deux cuillerées d'essence de vert d'épinards passés au tamis de soie. Ensuite vous ajoutez 185 grammes de sucre fin, 125 de macarons aux avelines ou autres, et la crème que vous aurez préparée selon la recette de la première crème de ce chapitre. Broyez parfaitement le tout, ce qui doit vous donner une crème d'une saveur agréable, et colorée d'un beau vert pistache, si vous croyez nécessaire d'y joindre un peu d'essence d'épinards; mais vous en mettez peu à la fois, car il est important que cette crème soit d'un vert très tendre.

CRÈME PATISSIÈRE AU RAISIN DE CORINTHE.

Après avoir épluché 125 grammes de beau raisin de Corinthe, vous le lavez parfaitement à plusieurs eaux tièdes, et l'égouttez sur une serviette; ensuite vous le faites mijoter quelques minutes avec 62 bons grammes de sucre clarifié. Vous versez peu à peu trois verres de crème presque bouillante sur six jaunes d'œufs délayés avec deux cuillerées de farine passée au tamis. Placez le tout sur un feu modéré, et cuisez la crème comme de coutume; après quoi mêlez-y 93 ou 94 grammes de beurre fin, 125 de macarons doux et amers, 62 et demi de sucre en poudre, un grain de sel et le raisin. Le tout bien amalgamé, vous l'employez.

On procède de la même manière pour la crème pâtissière au raisin muscat; mais vous avez soin de séparer chaque grain en deux, et d'en ôter les pepins.

CRÈME PATISSIÈRE A LA MOELLE.

Ayez 125 grammes de moelle de bœuf; séparez-en le tiers en ôtant le cœur de la moelle; hachez le tout séparément. Mettez la plus grosse partie dans une petite casserole, et faites-la fondre sur un feu modéré. Quand cette moelle est parfaitement dissoute, vous la passez à la serviette, et la remettez sur le feu pour lui donner une petite couleur à peine sensible, et la versez dans la crème, en y joignant le reste de la moelle hachée.

Vous aurez préparé la crème selon l'une des recettes quelconques décrites précédemment; seulement vous supprimez la dose de beurre indiquée, puisque la moelle la remplace.

CHAPITRE XXIX.

TRAITÉ DE LA DÉCORATION DES GROS PATÉS OU DES SOCLES.

J'ai figuré dans ce chapitre quelques décorations, dont on peut se servir pour orner de gros pâtés froids et de gros socles de 16 centimètres de hauteur, comme on en fait quelquefois à large frise.

On peut aisément diminuer ou augmenter la dimension de ces décorations, et les exécuter pour orner des socles ou des pâtés ordinaires, des timbales d'entrées et des pâtés chauds.

DES ENTREMETS DE PATISSERIE. 349

Pour former ces sortes d'ornements avec régula-

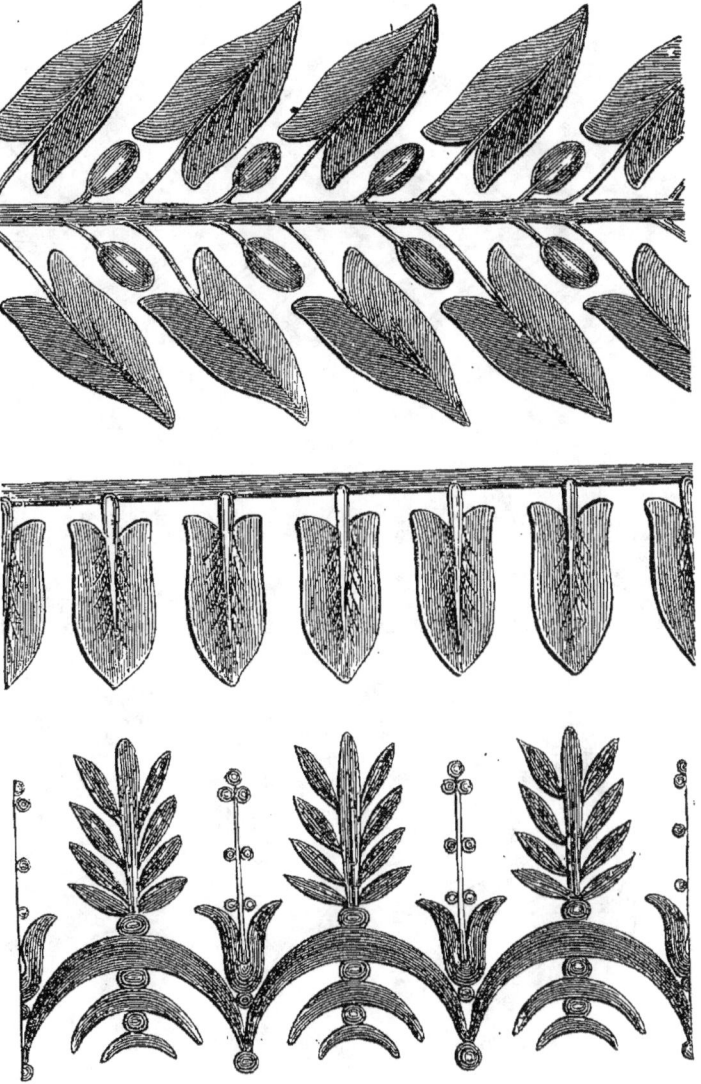

Fig. 79. — Décoration pour pâtés chauds.

rité et promptitude, il est réellement nécessaire

d'avoir les coupe-pâtes en fer-blanc, découpés et représentant tous ces différents dessins (fig. 79 et 80).

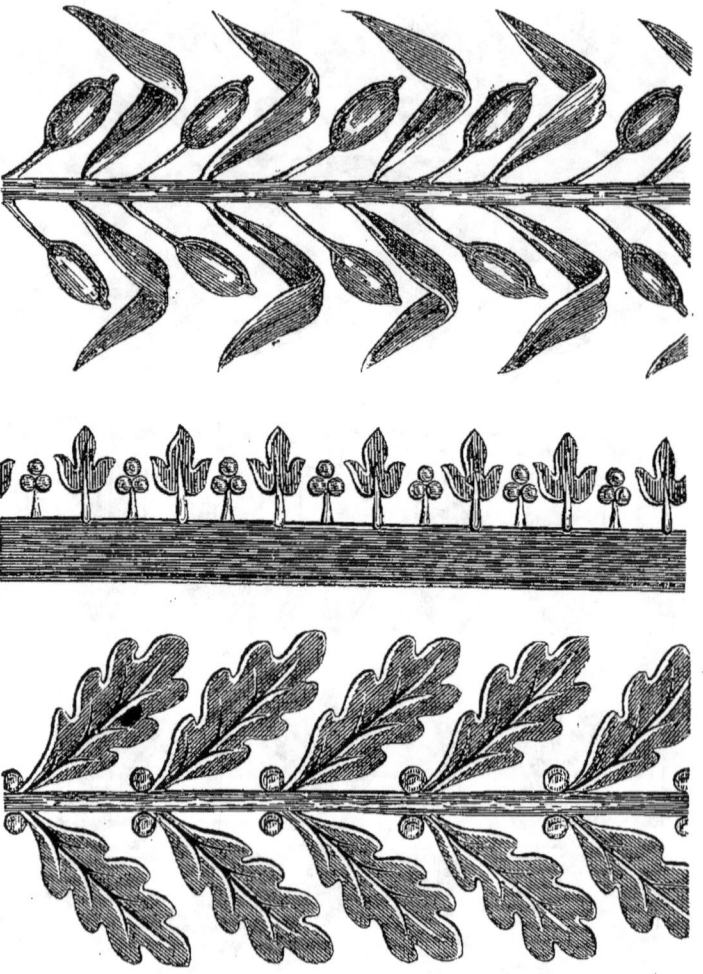

Fig. 80. — Décoration pour pâtés chauds.

Avec un peu d'imagination et de goût, et surtout si l'on a quelque connaissance de l'art du dessin, on peut varier ces ornements à l'infini.

Mais comme cette collection de coupe-pâtes deviendrait trop coûteuse, au moins on pourra toujours en choisir quelques-uns des plus jolis, avec lesquels on pourra former des décorations simples et correctes.

Les amateurs qui seraient tentés d'augmenter le nombre de ces dessins pourraient observer les décorations des pâtés chauds et des timbales consignées dans la deuxième partie, puis les ornements des grosses pièces de fonds de la troisième partie.

SIXIÈME PARTIE.
LE PETIT FOUR ET LES CONFITURES.

CHAPITRE PREMIER.
OBSERVATIONS PRÉLIMINAIRES.

Cette agréable partie a encore singulièrement gagné depuis le commencement de ce siècle. On peut même dire qu'elle est, en quelque sorte, arrivée à son dernier point de perfection. Ces petits fours sont une riche partie du commerce de nos établissements, tandis que nos pâtissiers anciens ne savaient guère faire que le macaron et le biscuit; encore n'en avaient-ils point de débit, attendu que les confiseurs d'alors avaient la prééminence. Mais aujourd'hui c'est tout le contraire, ce sont nos boutiques pâtissières qui l'emportent sur celles des confiseurs, et cela est tellement vrai, que maintenant le dessert se compose en grande partie des bonnes friandises que je vais décrire dans cette série de recettes, et non pas des sucreries de la rue des Lombards (1). Pour con-

---

(1) Depuis la première apparition de cet ouvrage, les confiseurs de Paris ont fait, il est vrai, de rapides progrès. Un grand

fectionner tous ces bonbons avec succès, on doit nécessairement employer des sucres de première qualité, sûr moyen d'opérer selon la règle de l'art, et avoir l'attention de n'employer que des œufs frais, et surtout de les casser avec le soin de séparer exactement le blanc du jaune sans aucune apparence de la plus petite nuance de ce dernier, attendu que ce peu de jaune influe singulièrement sur la réussite de ce genre de travail, et fait même manquer entièrement quelques-unes de ces recettes, telles que les petits soufflés, le massepain moelleux et seringué, le macaron soufflé et ordinaire, les petits biscuits à la fleur d'orange et aux avelines, les croquignoles à la reine, et les petites meringues moelleuses.

Enfin, il est de la plus grande importance de casser ces œufs les uns après les autres, en mettant les blancs dans une assiette et les jaunes dans l'autre.

Maintenant, je vais décrire ces recettes telles qu'elles se succèdent à la cuisson.

---

nombre d'entre eux se distinguent par l'élégance et le bon goût qu'ils apportent dans leurs travaux. Je l'avoue avec satisfaction, l'art du confiseur français a pris un accroissement notable. Quelques hommes d'un vrai mérite ont imité en sucre conservé toutes les espèces de fruits. Par cette intéressante innovation on a fait tomber ces misérables imitations représentant toutes sortes de légumes en sucre. A coup sûr, c'est là le cachet de l'ignorance ; mais grâce au talent de de quelques confiseurs à réputation, ce genre ridicule a disparu de leurs établissements.

CHAPITRE II.

TRAITÉ DES BISCUITS EN GÉNÉRAL.

BISCUITS A LA CUILLER.

Cassez quatre blancs dans un petit bassin ; mettez les jaunes dans une petite terrine, avec 125 grammes de sucre en poudre, sur lequel vous aurez râpé le quart d'un zeste de citron bien sain. Travaillez le tout avec une spatule pendant dix minutes, après quoi vous fouettez les blancs bien fermes ; alors, vous en versez le quart dans les jaunes, que vous mêlez ensuite avec les blancs, en y joignant 62 bons grammes de farine séchée au four, que vous passez par le tamis. A mesure que vous l'amalgamez, remuez la pâte légèrement avec la spatule, afin de la rendre bien lisse ; puis vous couchez vos biscuits à la cuiller selon la règle, sur des demi-feuilles de papier d'office, que vous ployez dans leur longueur, afin de ne donner aux biscuits que 8 centimètres de longueur et la grosseur d'un doigt. A mesure que vous en avez une feuille de couchée, vous la posez sur une feuille de papier, sur laquelle vous aurez placé 250 grammes de sucre passé au tamis de soie, de manière que vous commencez à masquer vos biscuits en faisant glisser doucement le sucre dessus. Après cela, placez-les sur des feuilles d'office, ou sur des plaques ou plafonds, et continuez la même manipulation pour employer la pâte, on observant de mettre au four les premières feuilles de biscuit, aussitôt que leur surface est devenue luisante par le moyen que le sucre se fond.

Vous devez enfourner vos biscuits dans un four d'une chaleur modérée, et laisser les bouchoirs entr'ouverts, afin de donner le temps aux biscuits de faire leur effet. Après sept à huit minutes de cuisson, vous fermez le four, et les retirez dès qu'ils sont colorés d'un beau blond rougeâtre ; et, à mesure que vous les ôtez du four, vous avez soin de faire tenir les biscuits droits en ployant les feuilles de papier en deux. Quand ils sont refroidis, vous les détachez du papier avec la lame d'un couteau très mince, et les accouplez deux à deux du côté de l'âtre ou du papier, pour ne pas les déglacer.

Je ne parle point de la manière de coucher ces sortes de petits biscuits, attendu qu'il n'appartient qu'à la pratique de réussir dans cette sorte d'opération, que la théorie la plus claire ne saurait démontrer ; le procédé du cornet de papier réussit parfaitement pour cette opération.

BISCUITS DE FÉCULE EN TOURTIÈRE.

Cassez trois œufs comme ci-dessus ; mettez dans les jaunes 125 grammes de sucre fin, sur lequel vous aurez râpé le quart du zeste d'une orange ou citron ; ajoutez une petite cuillerée de poudre d'iris, et travaillez ce mélange avec la spatule pendant dix minutes. Prenez les blancs de la manière accoutumée, et lorsqu'ils sont pris à point, mêlez-les par parties avec les jaunes, en y joignant 51 grammes de fécule de pommes de terre séchée au four et passée au tamis de soie. La pâte étant bien lisse et déliée, vous en garnissez de petites tourtières de fer-blanc, de forme longue, ronde ou en cœur, beurrées au beurre épongé, et glacées à deux reprises avec du sucre passé au tamis de soie. Après les avoir masquées légèrement dessus, vous les mettez au four chaleur modérée ; et après dix-huit à vingt-deux minutes de cuisson, vous les ôtez du four, en les sortant à mesure des tourtières.

BISCUITS DE FÉCULE A LA VANILLE. SECOND PROCÉDÉ.

Après avoir cassé trois œufs selon la règle, vous travaillez les jaunes avec 125 grammes de sucre fin, une demi-gousse de vanille pilée et passée au tamis de soie. Au bout de cinq minutes de travail, vous ajoutez un œuf entier et continuez l'opération pendant cinq minutes ; après quoi, vous mêlez encore un œuf entier, et suivez ce travail pendant cinq autres minutes. Après cela, vous fouettez les blancs bien fermes, les amalgamez avec les jaunes, et y joignez 62 bons grammes de fécule sèche et passée au tamis de soie. Vous rendez cette pâte bien lisse et en garnissez des tourtières comme les précédentes. Glacez-les de sucre fin, et cuisez-les de même que les autres.

PETITS BISCUITS AUX AMANDES.

Vous préparez trois jaunes comme de coutume, que vous travaillez pendant dix minutes avec 125 grammes de sucre et 31 bons grammes d'amandes amères parfaitement pilées; puis, vous y joignez un œuf entier, et travaillez encore cinq bonnes minutes.

Ensuite, vous prenez les blancs bien fermes, et les mêlez aux jaunes avec 46 bons grammes de farine de froment séchée au four et passée au tamis de crin. Rendez cette pâte mollette en la maniant; puis versez-la dans de petits moules de cuivre formant de petits melons. Vous beurrez ces moules avec soin, et les glacez à deux reprises. Saupoudrez le dessus de sucre fin, et mettez-les au four chaleur modérée : la cuisson est la même que ci-dessus. On sert ces biscuits pour entremets.

BISCUITS EN CAISSE.

Vous préparez la recette que j'ai indiquée pour le biscuit à la cuiller. Vous en garnissez de petites caisses rondes ou carrées; ensuite vous écrasez avec le rouleau 125 grammes de sucre jadis appelé royal, en ayant soin de le conserver un peu grenu; vous le semez sur vos biscuits, et une minute après vous les retournez, afin d'en séparer le sucre qui se trouve superflu. Placez-les sur une grande plaque de cuivre; mettez-les dans un lieu frais pour aider le sucre à fondre, ce qui a lieu dès que vous voyez la surface des biscuits humide ; vous les mettez au four chaleur douce. Mettez à la bouche du four une pelletée de braises ardentes pour faire grêler le sucre ; aussitôt que vous voyez paraître sur les biscuits un grand nombre de petites perles, vous ôtez la braise et fermez le four. Vos biscuits doivent être cuits en vingt à vingt-cinq minutes.

BISCUITS A LA CRÈME.

Mettez trois jaunes dans une petite terrine avec 125 grammes de sucre fin, sur lequel vous aurez râpé le quart du zeste d'un petit cédrat. Dix minutes après avoir travaillé ce mélange, vous fouettez les blancs selon l'usage, et les mêlez par parties dans les jaunes ; vous y joignez 46 bons grammes de farine séchée au four et passée au tamis, et quatre cuillerées à bouche de crème fouettée bien égouttée. La pâte étant légèrement mêlée et bien lisse, vous garnissez avec douze caisses d'office, et glacez le dessus des biscuits de sucre passé au tamis de soie. Ce sucre étant fondu, vous mettez ces biscuits au four chaleur douce, et leur donnez vingt à vingt-cinq minutes de cuisson. En les sortant du four, vous devez avoir le soin de les mettre sur le côté, pour empêcher par ce moyen qu'ils ne s'affaissent.

On peut servir ces biscuits pour entremets et pour dessert ; on les parfume de même de fleur d'orange pralinée, de vanille, de zeste de citron, de bigarade, d'orange, d'amandes amères et d'avelines.

BISCUITS GLACÉS AU CHOCOLAT.

Vous préparez la recette du biscuit en caisse comme je l'ai indiqué précédemment ; mais vous odorez cet appareil avec une demi-gousse de bonne vanille pilée et passée au tamis de soie. Vous versez cette pâte dans une caisse de 18 bons centimètre de large sur 27 de long, et la mettez au four chaleur douce. Quarante à cinquante minutes après, vous observez si le biscuit se trouve un peu ferme au toucher ; alors vous l'ôtez du four, et, dès qu'il est froid, vous retournez la caisse que vous séparez du biscuit, et le coupez en petits losanges, en carrrés, en carrés longs ou en ronds de 4 centimètres de diamètre.

Vous devez mettre dans une petite terrine un blanc d'œuf, 62 bons grammes de sucre passé au tamis de soie, et 185 grammes de bon chocolat que vous aurez râpé fin et fait fondre à la bouche du four pendant quelques minutes. Vous travaillez le tout avec une cuiller d'argent pendant cinq minutes, en ajoutant un peu de blanc d'œuf, afin de rendre cette glace assez molle pour qu'elle forme un masqué un peu épais et très-luisant. Alors, vous en masquez le dessus des biscuits, en étalant cette glace un peu épaisse et très unie avec la lame du couteau. Les biscuits étant ainsi glacés, vous les mettez à la bouche du four pendant quatre à cinq minutes, et les laissez refroidir avant de les dresser.

BISCUITS GLACÉS A L'ORANGE.

Vous frottez sur un morceau de sucre le quart du zeste d'une belle orange rouge en couleur et fine de peau. Vous ratissez le sucre seulement coloré, que vous écrasez parfaitement avec le rouleau ; ensuite vous en mêlez la moitié dans une petite terrine avec 93 à 94 grammes de sucre passé au tamis de soie, et un blanc d'œuf. Le tout, bien travaillé pendant cinq à six minutes, doit vous donner une glace couleur orange luisante, et un peu molle, dont vous pouvez aisément masquer vos biscuits, que vous aurez préparés de même que les précédents, avec cette différence que vous odorez l'appareil avec la moitié du zeste d'une orange conservée à cet effet.

On emploiera les mêmes procédés pour glacer ces sortes de biscuits au citron, à la bigarade ou au cédrat, de même qu'au café et à la rose, en colorant la glace rose avec du rouge végétal ou du carmin et quelques gouttes d'essence de rose.

Vous pouvez aussi glacer de la même manière les biscuits en caisse ronde ou carrée, en les conservant dans les caisses.

BISCUITS DE COULEURS MARBRES POUR LES ROCHERS.

Préparez 500 grammes de pâte à biscuit (vingt-quatre œufs, 500 grammes de sucre, 375 grammes de farine sèche), en suivant les procédés indiqués à l'article *Biscuits à la cuiller*. Ensuite vous broyez dans une moyenne terrine 125 grammes de chocolat dissous, dans lequel vous joignez le tiers de la pâte. Le tout bien mêlé, vous le séparez en deux parties ; dans l'une, vous mêlez le quart de la pâte à biscuit, ce qui rend cette partie de l'appareil légèrement colorée au chocolat.

Ensuite vous mêlez dans une moyenne terrine du rouge végétal et de l'infusion de safran, pour colorer la moitié du reste de la pâte à biscuit couleur orange rouge, et dans la moitié de cette préparation vous mêlez le reste de la pâte à biscuit, de manière que le tout vous donne deux couleurs au chocolat et deux couleurs à l'orange.

Versez le tout de cette manière dans deux grandes caisses de papier de 21 centimètres carrés sur 8 de hauteur : dans l'une, vous commencez à verser une grande cuillerée d'appareil au chocolat, de même que si vous vouliez former un gros biscuit à la cuiller d'un bout à l'autre de la caisse ; et par-dessus, vous recommencez la même opération en y versant une cuillerée de l'appareil couleur orange ; par-dessus celle-ci une cuillerée de pâte à chocolat, et ainsi de suite de l'appareil orange et chocolat. Lorsque la caisse se trouve à moitié garnie, vous saupoudrez de farine et la mettez sur un plafond au four doux. Versez le reste des appareils dans une seule terrine, et mêlez-le quatre à cinq fois avec la cuiller pour le rendre veiné par les nuances des couleurs. Versez le tout dans l'autre caisse, que vous saupoudrez de farine, et la mettez au four.

Donnez trois bons quarts d'heure de cuisson : alors le biscuit doit être ferme au toucher, sinon, vous le laissez encore quelques minutes au four. Lorsqu'il est bien refroidi, vous le coupez par lames de 5 bons centimètres de largeur ; ensuite vous en cassez la moitié par parties inégales de 2 centimètres et demi à 3 centimètres et demi de largeur et longueur. Coupez le reste du biscuit dans les mêmes dimensions ; après cela, vous mettez le tout sur une grande plaque au four, afin de le dessécher assez pour qu'ils deviennent cassants sous la pression des doigts. Vous groupez avec ces sortes de biscuits des rochers et des rocailles pour les pièces montées, telles que je les ai décrites dans les troisième et quatrième parties.

On fait également du biscuit vert pâle et vert pistache, mêlé avec du rouge foncé et jaune pâle, ou bien du jaune citron avec du rose et du vert pâle, ou du violet avec du rouge amarante et du jaune aurore. On peut varier ces sortes de couleurs selon son goût.

CHAPITRE III.

CROQUETTES A LA PARISIENNE.

Après avoir pilé un bâton de vanille avec 62 grammes et demi de sucre, vous passez le tout au tamis de soie. Vous le mêlez avec 215 bons grammes d'autre sucre en poudre bien sec, que vous mêlez avec 250 grammes de belle farine tamisée ; ensuite vous amalgamez ce mélange dans quatre blancs d'œufs fouettés selon la règle. Travaillez le tout quelques minutes, afin que cet appareil devienne très-lisse et mollet.

Vous faites chauffer deux grandes plaques de cuivre que vous frottez avec de la cire vierge ; vous les ressuyez légèrement afin d'étendre la cire, et en même temps pour l'ôter de manière que la surface de la plaque se trouve à peine luisante de cire. Lorsque ces plaques sont froides, vous moulez un peu d'appareil avec une cuiller à bouche, de la même manière que pour un biscuit à la cuiller. Vous pouvez également vous servir du procédé du cornet de papier. Vous couchez les croquettes sur une plaque de la même forme que ce biscuit, en observant de les écarter à 2 centimètres et demi les unes des autres. Lorsqu'elles sont ainsi couchées sur les deux plaques, vous les placez sur le four sur des tabourets, pour empêcher qu'elles ne reçoivent aucune chaleur du dessous ; puis vous mettez sur le four un fourneau de braise ardente (le dessus du four doit être parfaitement clos) à quelque distance des croquettes, pour que celles-ci ne reçoivent la chaleur qu'à leur surface.

Lorsque le dessus du four n'est pas propice à cette opération, vous mettez les plaques dans le bas d'une étuve, et mettez du feu sur la dernière tablette du haut.

Les croquettes doivent rester sur le four ou dans l'étuve toute la nuit; alors, le lendemain matin, vous les mettez au four chaleur modérée, et leur donnez quinze à vingt minutes de cuisson. En les ôtant du four, elles doivent quitter la plaque aisément, et être colorées dessus et dessous d'une belle couleur claire rougeâtre. Puis vous avez soin de les détacher de suite des plaques; car, si vous les laissiez refroidir, vous les briseriez toutes en voulant les détacher.

Ces croquettes sont réellement une agréable friandise; elles ont, d'ailleurs, l'avantage de se dresser aisément.

On peut également odorer cet appareil au zeste de cédrat, de bergamote, d'orange, de citron, à l'essence de rose, de fleur d'orange et de vanille.

CROQUIGNOLES A LA REINE.

C'est le même appareil que le précédent. Vous le traitez, dans sa préparation et cuisson, de la même manière; avec cette seule différence qu'au lieu de coucher les croquignoles à la cuiller, vous couchez celles-ci avec le couteau sur une spatule, en les formant de la grosseur d'une aveline: le procédé du cornet est préférable; puis, en les posant sur la plaque, vous avez soin d'ôter le couteau, en l'appuyant sur la plaque de manière que la croquignole soit parfaitement ronde, sans aucun indice que le couteau y ait touché.

Je ne parlerai point des mêmes croquettes que l'on fait plus petites, et dans lesquelles on ajoute du rouge, du jaune ou du vert ; ce genre est de mauvais goût.

CROQUIGNOLES A LA CHARTRES.

Émondez 155 grammes d'amandes douces et 93 d'amères ; après les avoir lavées et essuyées dans une serviette, vous les pilez parfaitement, en y joignant de temps en temps un peu de blanc d'œuf, afin qu'elles ne tournent pas à l'huile. Ensuite vous mettez 250 grammes de farine sur le tour ; vous en faires une fontaine dans laquelle vous mettez les amandes pilées, avec 250 grammes de sucre en poudre, quatre jaunes d'œufs et un peu de sel. Faites cette détrempe selon la règle, en la fraisant quatre tours ; après quoi vous la roulez par bandes grosses comme le doigt. Mettez trois ou quatre de ces bandes l'une contre l'autre, et coupez-les carrément de la grosseur d'une aveline ; vous les roulez dans le creux de la main, et les rangez à mesure sur deux plaques frottées avec de la cire, comme pour les croquettes à la parisienne. Lorsqu'elles sont toutes ainsi préparées, vous les dorez et les mettez au four chaleur modérée, en leur donnant une belle couleur rougeâtre. Détachez-les des plaques aussitôt qu'elles sont retirées du four.

CROQUIGNOLES AUX PRALINES.

Vous faites la même pâte que ci-dessus et l'abaissez

à un petit demi-centimètre d'épaisseur ; vous la coupez en deux parties égales ; vous mouillez légèrement la surface de l'une ; placez dessus avec ordre des pralines, et à 1 centimètre et demi de distance entre elles ; ensuite vous mouillez à peine la seconde abaisse, que vous placez sur les pralines ; vous l'appuyez très légèrement, et détaillez les croquignoles avec un coupe-pâte ovale de 2 petits centimètres de largeur sur 3 centimètres de longueur ; ensuite vous leur donnez une belle forme, en ayant soin de souder parfaitement la pâte autour des pralines. Vous terminez le procédé de même que ci-dessus.

CROQUIGNOLES AUX AVELINES.

Après avoir émondé 250 grammes d'amandes d'avelines, vous en mettez la moitié dans un poêlon d'office, que vous placez sur un feu modéré, en remuant sans cesse les amandes, afin de les torréfier également. Dès qu'elles sont colorées d'un beau jaune, vous les versez sur une assiette. Étant froides, vous les pilez avec les autres amandes, en les mouillant avec du blanc d'œuf pour éviter qu'elles ne tournent à l'huile ; et, lorsque aucun fragment d'amandes n'est plus aperçu, vous détrempez cette pâte avec 250 grammes de farine, autant de sucre fin, quatre jaunes d'œufs et un grain de sel. Fraisez quatre tours, et finissez l'opération ainsi que je l'ai enseigné pour les croquignoles à la Chartres.

Vous pouvez également abaisser cette pâte, et la

garnir d'avelines pralinées, en opérant de même qu'il est décrit pour les croquignoles aux pralines.

On fait encore, avec ces mêmes pâtes à croquignoles, de petites tresses, des couronnes, et autres petits objets de fantaisie.

CROQUIGNOLES A LA FRANÇAISE.

Écrasez parfaitement 250 grammes de macarons amers que vous passez au tamis ; mettez ensuite dedans 250 grammes de farine tamisée et disposée en fontaine ; ajoutez 185 grammes de sucre fin, trois jaunes, 93 ou 94 grammes de beurre fin et un grain de sel. Détrempez le tout comme de coutume, formez-en des croquignoles de la grosseur ordinaire : vous donnez à celles-ci la forme d'une olive ; et après les avoir légèrement dorées, vous les mettez au four chaleur douce, et les cuisez bien blondes.

On peut remplacer les macarons amers par des macarons aux avelines, ou bien par des macarons doux odorés avec le zeste de citron, d'orange, de cédrat, de bigarade, ou à la vanille, et même à la fleur d'orange pralinée et aux anis.

GIMBLETTES A L'ORANGE.

Râpez sur un morceau de sucre le demi-zeste d'une orange bien saine ; écrasez parfaitement ce sucre, et mêlez-le avec d'autre sucre en poudre pour en peser 185 grammes ; ensuite pilez parfaitement 125 grammes d'amandes douces ; mettez sur le tour

250 grammes de belle farine; faites-en une fontaine et mettez au milieu 16 grammes de levûre, que vous délayez avec le quart d'un verre de lait. Vous y joignez 31 bons grammes de beurre, deux jaunes, un grain de sel, les amandes et le sucre à l'orange. Détrempez le tout comme de coutume, et laissez cette pâte dans un lieu chaud pendant cinq à six heures, pour que la fermentation s'opère. Alors vous corrompez la pâte et la roulez par petites bandes grosses comme le bout du petit doigt; et, quand vous avez cinq ou six de ces bandes, vous les coupez en biais de 13 centimètres de longueur, et en formez de petites couronnes, dont les soudures ne doivent pas paraître. La pâte étant ainsi employée, vous jetez la moitié de vos gimblettes dans une grande casserole d'eau bouillante, que vous remuez légèrement à sa surface, avec une spatule pour détacher les gimblettes et les faire monter sur l'eau. Alors vous les égouttez et les versez dans de l'eau fraîche; puis vous échaudez le reste des gimblettes, et les mêlez avec les autres dans l'eau fraîche. Lorsqu'elles sont froides, vous les égouttez dans une grande passoire et les sautez ensuite, en y versant par intervalles deux œufs de dorure. Laissez-les encore égoutter quelques minutes; alors vous les rangez avec ordre sur trois plaques légèrement cirées, comme je l'ai indiqué pour les croquettes à la parisienne; vous les mettez au four chaleur douce, et les ôtez de belle couleur.

On fait de la même manière de petites tresses et de petits pains longs comme le pouce.

On parfume également ces gimblettes au zeste de citron, de cédrat, de bigarade, aux anis, à la vanille et à la fleur d'orange pralinée.

CHAPITRE IV.

PETITES BISCOTTES AUX ANIS.

Lavez 16 grammes d'anis étoilé, et faites-les sécher à la bouche du four; ensuite travaillez cinq jaunes avec 125 grammes de sucre en poudre pendant dix minutes; fouettez les cinq blancs bien fermes et mêlez-les aux jaunes, en ajoutant 125 grammes de farine sèche passée au tamis et l'anis. Amalgamez parfaitement le tout avec légèreté, et versez cette pâte dans une grande caisse de papier de 18 bons centimètres de largeur sur 29 de longueur. Mettez-la au four doux; et quarante à cinquante minutes après, observez si le biscuit est ferme au toucher. Alors vous l'ôtez, et dès qu'il est froid, vous en séparez le papier; vous coupez vos biscottes de 8 centimètres à peine de longueur sur 1 centimètre et demi de largeur, et les remettez sécher au four, afin qu'elles deviennent cassantes.

On peut couper ces biscottes en croissants, en ovales allongés, ou en losanges longs.

BISCOTTES AUX PISTACHES.

Mettez dans une terrine 125 grammes de sucre fin, autant de farine sèche tamisée, et cinq jaunes.

Le tout étant travaillé pendant dix minutes, vous y joignez 62 grammes et demi de pistaches entières, et couchez cet appareil dans une petite plaque de fer-blanc (légèrement beurrée) de 13 centimètres de largeur sur 27 au plus de longueur. Élargissez l'appareil d'égale épaisseur ; masquez le dessus avec 62 grammes et demi de pistaches coupées en travers. Mettez au four doux ; quarante à cinquante minutes après, sortez-les du moule, et coupez vos biscottes de 6 centimètres de longueur sur 1 centimètre au plus d'épaisseur ; vous les remettez sécher au four en les rangeant à plat sur des plaques.

On fait également ces biscottes aux avelines ou aux amandes douces en place de pistaches.

CHAPITRE V.

PETITES DENTS-DE-LOUP AUX ANIS DE VERDUN.

Mettez dans une petite terrine 125 grammes de farine tamisée et autant de sucre en poudre avec cinq jaunes d'œufs. Travaillez ce mélange pendant un petit quart d'heure ; après quoi vous y mêlez 16 grammes d'anis étoilé, trié, lavé et séché au four. Vous couchez cet appareil dans des moules de fer-blanc en forme de jalousie, et à peine beurrés, de manière que les dents-de-loup s'élargissent en prenant la forme de petites navettes grosses et longues comme le petit doigt ; alors vous masquez le dessus avec 125 grammes d'anis blanc de Verdun. Mettez-les au four chaleur modérée, et, dès qu'elles se trouvent légèrement colorées, détachez-les et ôtez-les des moules pour les remettre sur une plaque séchée au four afin qu'elles deviennent cassantes.

CROQUETTES AUX ANIS DE VERDUN.

Vous préparez le même appareil que ci-dessus. Vous le couchez (de la même manière que je l'ai démontré pour les croquettes à la parisienne) sur des plaques légèrement cirées; vous les masquez ensuite avec des anis blancs, et les mettez au four doux; dès qu'elles sont colorées, vous les ôtez en ayant soin de les détacher de suite.

CHAPITRE VI.

PETITES MERINGUES MOELLEUSES, ET A LA CRÈME.

PETITES MERINGUES AUX PISTACHES.

Fouettez trois blancs d'œufs bien fermes; vous y mêlez 125 grammes de sucre en poudre, et couchez vos meringues, grosses comme de petits œufs de pigeon, sur des bandes de papier de 4 centimètres de largeur; ensuite vous les masquez de sucre passé au tamis de soie, et prenant les bandes par les deux extrémités, vous les secouez légèrement en soufflant sur les meringues pour en séparer le sucre. Placez-les à mesure sur des planches de 64 centimètres de longueur.

Vous fixez sur les meringues des filets de pistaches (l'amande coupée en six filets), en formant une rosace ou un double rond. Vous les mettez au four doux; étant colorées d'un beau blond, vous les tirez à la bouche du four, et les enlevez avec soin en appuyant un peu le dedans avec le bout d'une petite cuiller à café. Vous les placez du côté où elles sont colorées sur un grand plafond. Le tout ainsi préparé, vous les remettez au four pour leur donner couleur en dedans; quand elles sont froides, et au moment du service, vous les garnissez d'une petite crème plombière aux pistaches ou avec des confitures.

On peut les garnir aussi avec l'une des crèmes à la Chantilly ou des crèmes pâtissières.

On peut également, avant de mettre les meringues au four, semer du gros sucre dessus, ce qui produit beaucoup d'effets, de même qu'on peut mettre les pistaches hachées.

PETITES MERINGUES MOELLEUSES AU CÉDRAT ET AU GROS SUCRE.

Vous préparez vos meringues de la même manière que ci-dessus; mais vous mêlez dans cet appareil le demi-quart du zeste d'un cédrat râpé sur du sucre, que vous avez soin d'écraser parfaitement. Vos meringues étant couchées comme les précédentes, vous les glacez de même avec du sucre passé au tamis de soie; lorsque ce sucre est fondu, vous semez du gros sucre sur les meringues, et les mettez aussitôt sur des planches et au four doux, afin que le gros sucre n'ait pas le temps de se fondre. Lorsqu'elles se trouvent colorées d'un beau blond, vous les tirez à la bouche du four, et les accouplez deux par deux; alors elles doivent former un œuf parfait. Au moment du service, vous les dressez en buisson.

On odore encore ces meringues moelleuses au citron, à l'orange, à la bigarade, au café, à la vanille et à la fleur d'orange.

On peut également mêler au gros sucre des pistaches coupées en petits dés, ou bien de petits grains de raisin de Corinthe, choisis d'égale grosseur, épluchés, lavés et séchés à la bouche du four. On masque encore ces meringues avec du gros sucre rose; mais alors vous mettez ces dernières au four très doux, afin que le sucre ne perde pas sa belle couleur rose.

CHAPITRE VII.

MERINGUES A L'ITALIENNE.

Cassez par petits morceaux 250 grammes de sucre de première qualité que vous mettez dans un moyen poêlon d'office avec un verre d'eau. Placez-le sur un fourneau ardent; aussitôt qu'il est cuit au grand lissé (*Voyez* les cuissons du sucre au *Traité des confitures*), vous le laissez refroidir un peu.

Alors vous le faites blanchir en le frottant sur les parois du poêlon avec une cuiller d'argent ou avec une petite spatule de bois. Pendant ce temps, vous faites fouetter trois blancs d'œufs bien fermes, et les mêlez avec le fouet dans le sucre, ce qui doit vous donner un appareil très blanc et très lisse, brillant et ferme. Vous devez surtout avoir la précaution de bien dégager le sucre qui est adhérent au fond et aux côtés du poêlon.

Vous couchez vos meringues avec une petite cuiller à café, ou par le procédé du cornet à meringuer, et les placez à 1 centimètre et demi de distance entre elles, et toujours en leur donnant la forme d'un petit œuf de pigeon. Lorsque toutes vos meringues sont ainsi couchées sur des bandes de papier, vous les placez comme de coutume sur des planches, et les mettez au four très doux, afin qu'elles conservent leur blancheur; et dix à quinze minutes après qu'elles sont fermes au toucher, vous les tirez à la bouche du four pour les accoupler deux à deux, de manière qu'elles forment exactement l'effet de petits œufs très ronds et bien formés, attendu que ces sortes de meringues ne font pas du tout d'effet à la cuisson, qui s'opérerait également dans une étuve un peu chaude.

On doit avoir l'attention de les conserver au sec, et de ne les dresser qu'au moment du service, à cause du moelleux qui se trouve dans l'intérieur.

Il est facile de voir qu'on ne glace pas le dessus de ces sortes de meringues comme les précédentes, et cela devient inutile, attendu qu'elles sont naturellement très brillantes, résultat que l'on obtient par l'effet de la cuisson du sucre au poêlon.

Pour faire ces meringues à la rose, vous mêlez dans l'appareil de l'essence de rose et du rouge végétal, ou du carmin délayé, et à plusieurs reprises afin de les colorer d'un rose tendre.

On fait également ces meringues jaunes, par l'addition d'une infusion de safran.

On les fait encore aux pistaches, en y joignant assez d'essence de vert d'épinards, de l'essence de citron ou bien le zeste d'une orange râpée sur du sucre, ou celui d'un cédrat, d'un citron et d'une bigarade, ou de la vanille, du café, du chocolat, et même des anis de Verdun blancs et rouges.

CHAPITRE VIII.

PETITES BOUCHÉES DE DAMES.

Faites 62 grammes et demi de biscuit à la cuiller, selon les procédés décrits à la première recette de cette partie. Vous couchez cette pâte comme de petites méringues rondes et de la même grosseur. Après les avoir ainsi couchées sur des bandes de papier, vous les masquez de sucre passé au tamis de soie, comme on fait pour glacer ce biscuit à la cuiller; et quand ce sucre se trouve fondu, vous les mettez au four chaleur modérée; retirez-les dès qu'ils sont colorés d'un beau blond, en les détachant de suite du papier. Lorsqu'ils sont froids, vous masquez de marmelade d'abricots le côté qui était sur le papier; et à mesure que vous en avez deux de masqués, vous les mariez ensemble du côté de la confiture. Le tout ainsi préparé, vous mettez dans une petite terrine 125 grammes de sucre de première qualité passé au tamis de soie, que vous délayez avec un blanc d'œuf; travaillez ce mélange avec une cuiller d'argent pendant dix bonnes minutes, en y mettant de temps en temps un peu de jus de citron, ce qui blanchit la glace avec laquelle vous masquez presque entièrement les bouchées, que vous tenez sur le bout des doigts, afin de les glacer plus aisément. Vous les placez à mesure sur un grand plafond masqué d'un rond de papier. Le tout étant ainsi glacé, vous mettez ces bouchées quelques minutes à la bouche du four, pour qu'elles ne changent pas de couleur.

BOUCHÉES DE DAMES GLACÉES AU CHOCOLAT.

Vous faites vos bouchées de la même manière que les précédentes; mais couchez celles-ci un peu ovales. Lorsqu'elles sont cuites, vous les détachez des bandes de papier; ensuite vous mettez dans une petite terrine 62 bons grammes de sucre de première qualité passé au tamis de soie, et 93 grammes de chocolat râpé que vous aurez fait fondre en le mettant sur du papier à la bouche du four pendant quelques minutes. Vous délayez ce mélange avec un blanc et demi d'œuf, en le remuant avec une cuiller d'argent pendant huit à dix minutes; et après avoir garni le milieu des bouchées de marmelade de coings, d'ananas ou d'abricots, vous les masquez avec la glace. A mesure que vous en terminez une, vous semez légèrement dessus et autour du gros sucre cristallisé; posez-la avec soin sur un grand plafond couvert d'un rond de papier. Lorsque les bouchées sont toutes placées, vous les mettez cinq à six minutes au four; lorsqu'elles sont froides, vous pouvez les dresser.

Pour les bouchées de dames à la rose, vous faites la glace rose-tendre avec de l'essence de rose et du rouge végétal; et lorsqu'elles sont glacées, vous semez dessus du gros sucre.

Vous pouvez également les masquer jaune en mêlant à la glace du safran et du zeste de citron; de même à l'orange, en colorant la glace avec du rouge et du jaune, et le zeste d'une belle orange bien saine, et toujours en les masquant de gros sucre.

Lorsque vous les masquez à la glace blanche, vous pouvez semer dessus des pistaches hachées ou de petits grains de raisin de Corinthe parfaitement lavés et séchés au four, ou bien vous mêlez du gros sucre avec des pistaches ou avec des raisins.

BOUCHÉES DE MONSIEUR.

Vous faites la moitié de la recette décrite à l'article des *Croquettes à la parisienne*. Vous couchez celles-ci de même que les croquignoles à la reine, puisque c'est absolument la même chose. Vous les masquez de la marmelade d'abricots et les accouplez deux par deux. Vous les masquez de la même manière que les bouchées de dames, en les glaçant au chocolat, à la rose, aux pistaches, à l'orange, au cédrat, au citron et à la bigarade. Enfin, vous les masquez aussi avec du gros sucre, des pistaches, des raisins de Corinthe et des sucres de couleurs.

On glace de la même manière les croquignoles à la française, en les accouplant toujours deux par deux.

CHAPITRE IX.

TRAITÉ DES MASSEPAINS.

MASSEPAINS MOELLEUX.

Vous pilez bien parfaitement 250 grammes d'amandes douces (émondées), en les mouillant peu à peu de quelques gouttes d'eau de fleur d'orange, d'eau de rose ou du jus d'un citron; lorsqu'on n'aperçoit plus aucun fragment d'amande, vous les mettez dans une moyenne poêle d'office avec 250 grammes de sucre cristallisé passé au tamis de soie. Amalgamez le tout avec une spatule, et placez la poêle sur un fourneau peu ardent, en ayant soin de remuer la pâte d'amandes, afin qu'elle ne s'attache ni au fond ni au bord de la poêle. Lorsque l'humidité de la pâte est évaporée, elle quitte la poêle en se pelotonnant en une seule masse autour de la spatule : alors vous posez le doigt dessus, et si elle s'y attache, vous continuez de la dessécher. Du moment qu'elle ne s'attache plus au toucher, vous l'ôtez du feu, et continuez de la remuer en ayant soin, avec la spatule, de détacher exactement le peu de pâte qui se fixe au fond et aux parois de la poêle. Après cela, vous versez la pâte sur une feuille de papier saupoudrée de sucre fin; mêlez à la pâte du sucre à la vanille, ou telle autre odeur que vous désirez lui donner, comme au zeste de cédrat, d'orange, de citron, de bergamote et de bigarade, ou au café, au chocolat et aux anis.

Cette opération terminée, vous roulez de petites parties de pâte d'un fort centimètre de grosseur; lorsque vous avez plusieurs de ces bandes, vous les mettez les unes contre les autres, et les coupez un peu en biais, en leur donnant 10 centimètres de longueur; après quoi vous en formez de petites couronnes bien rondes, dont la soudure ne doit pas être visible. Vous suivez les mêmes procédés pour préparer le reste de la pâte en petites couronnes, que vous mettez sur une petite grille de laiton que vous aurez placée sur un grand plat rond. Ensuite vous mettez dans une petite terrine 125 grammes de sucre de première qualité passé au tamis de soie, que vous délayez avec un blanc d'œuf, et travaillez ce mélange pendant dix minutes avec une cuiller d'argent, en ajoutant quelques gouttes de jus de citron. Vous masquez de cette glace le dessus des couronnes; et à mesure que vous en glacez une, vous reprenez de la glace avec la cuiller pour en masquer une autre. Toute la glace étant employée, vous laissez les couronnes s'égoutter de la glace qui tombe en travers du laiton, que vous enlevez ensuite pour ramasser la glace qui se trouve sur le plat. Vous remettez les couronnes sur le plat, et continuez à les masquer avec le reste de la glace; après quoi vous enlevez avec une fourchette les couronnes, que vous posez sur des feuilles de papier blanc placé sur des plaques de cuivre. Vous mettez au four chaleur modérée; et quinze à vingt minutes après, vous les retirez. Lorsque ces massepains sont colorés d'un blond rougeâtre, et qu'ils sont refroidis, vous les détachez avec précaution, en passant doucement dessous la lame d'un couteau mince.

Ces sortes de massepains sont très agréables à manger, et d'un glacé réellement séduisant.

MASSEPAINS MOELLEUX GLACÉS A LA ROSE ET AU GROS SUCRE.

Vous les préparez comme les précédents, et mettez dans la glace du rouge végétal pour la colorer d'un beau rose; mais vous tenez cette glace un peu plus ferme que l'autre, attendu que vous étalez celle-ci avec la lame du couteau; et à mesure que vous avez une couronne masquée de glace rose, vous la mettez de ce côté sur du gros sucre (bien égal en grosseur), afin que le sucre s'y attache; après quoi vous les placez sur des plaques couvertes de feuilles de papier; dès que toutes vos couronnes sont ainsi masquées, vous les mettez au four doux pendant quinze minutes, en observant qu'elles ne doivent pas changer de couleur.

Ces massepains sont plus riches que les premiers, par l'effet du gros sucre.

Vous pouvez également les masquer de toutes les diverses manières que j'ai indiquées précédemment pour les bouchées de dames.

On en fait encore en forme de petites colonnes de 5 centimètres de longueur, puis en croissants.

MASSEPAINS MOELLEUX PANACHÉS.

Après avoir préparé et masqué vos massepains de la même manière que ci-dessus, vous mettez dans le milieu de la couronne un petit four au chocolat, roulé rond, et que vous mouillez légèrement à sa surface; puis vous cuisez ces massepains comme les précédents.

Lorsque vous les masquez avec de la glace blanche, sur laquelle vous semez des pistaches hachées, vous pouvez mettre au milieu un petit four à la rose, jaune ou au chocolat, et vous pouvez, en place de pistaches, mettre de petits grains de raisin de Corinthe. Alors vous masquez le dessus du petit four avec du gros sucre.

MASSEPAINS A L'ITAITENNE.

C'est la même pâte que ci-dessus, que vous abaissez à un petit demi-centimètre d'épaisseur. Vous la séparez en deux parties égales; sur l'une, vous mettez de petites parties de marmelade (d'abricots ou d'ananas) de la grosseur d'une aveline, et à 2 forts centimètres de distance ; ensuite vous mouillez légèrement le reste de la surface de l'abaisse, sur laquelle vous placez l'autre partie d'abaisse que vous appuyez afin de contenir la confiture entre les deux épaisseurs de pâte ; après quoi vous détaillez vos massepains avec un petit coupe-pâte rond ou ovale de 3 à 3 centimètres et demi de diamètre, en observant que la confiture doit se trouver précisément au milieu.

Cette opération terminée, vous rassemblez les parures ; et après les avoir abaissées de même que ci-dessus, vous en préparez des massepains semblables aux autres, et employez encore le reste des parures de ceux-ci de la même manière.

Vous fouettez un blanc d'œuf bien ferme, et le mêlez avec 62 grammes et demi de sucre en poudre. Vous en masquez la surface et l'épaisseur des massepains, sur le milieu desquels vous placez droite une belle pistache ; ensuite vous les roulez sur du gros sucre bien égal en grosseur, et les placez à mesure sur des plaques d'office garnies de papier. Quand ils sont colorés d'un blond très tendre, vous les ôtez du four ; ensuite vous avez soin de détacher les massepains du papier quand ils sont froids.

On les masque également de glace rose et au gros sucre, ou blanche et aux pistaches hachées. ou glacée au chocolat et au gros sucre ; mais alors on doit avoir la précaution de les mettre au four doux, afin que la glace ne fasse que sécher sans prendre couleur.

On peut faire toutes ces sortes de massepains avec de la pâte d'amandes d'avelines; on emploie alors des avelines en place d'amandes douces.

MASSEPAINS SERINGUÉS SOUFFLÉS.

Après avoir émondé 250 grammes d'amandes douces, vous les pilez bien parfaitement, en y mettant de temps en temps un peu de blanc d'œuf pour les empêcher de tourner à l'huile, et vous y mêlez 310 grammes de sucre passé au tamis de soie, que vous aurez travaillé un petit quart d'heure avec le quart d'un blanc d'œuf. Le tout, bien amalgamé au pilon, doit donner une pâte lisse et ferme semblable à la pâte des massepains précédents; ensuite vous mettez cette pâte dans une seringue à massepains, et vous la poussez en la faisant passer par une petite étoile d'un centimètre et demi de diamètre, dont le tour doit être orné de rayons, de manière que la pâte étant bien pilée doit former à sa surface des rayures qu'il faut tâcher de conserver, quoique vous soyez contraint de former avec vos doigts les massepains, en leur donnant des formes de croissants, de nœuds, de petites volutes et de couronnes de 3 centimètres et demi de diamètre (cette forme est la plus jolie). Placez-les à mesure sur des feuilles de papier posées sur des plaques.

Tous vos massepains ainsi préparés, vous les mettez sur le four sur des planches élevées, afin qu'ils ne reçoivent la chaleur qu'à la surface. Le lendemain matin, vous les mettez à four doux; alors vous leur voyez faire le même effet qu'aux croquignoles à la reine, mais s'élevant davantage, ce qui leur donne une physionomie fort jolie. Aussitôt qu'ils sont colorés d'un beau blond, vous les ôtez du four; dès qu'ils sont froids, vous les détachez.

On fait ces massepains roses, en joignant dans la pâte du rouge végétal ou du carmin; on la colore pistache, en y mêlant de l'essence de vert d'épinards. On peut les colorer au safran ou à l'orange, puis on les odore de citron, de vanille pilée et de fleur d'orange pralinée.

Ces sortes de massepains demandent le four très doux, afin que leur couleur ne soit pas altérée par la chaleur.

MASSEPAINS SERINGUÉS ORDINAIRES.

Après avoir pilé 250 grammes d'amandes douces, selon la règle, vous y joignez le même poids de sucre passé au tamis de soie, et un blanc d'œuf, ce qui doit vous donner une pâte ferme et très liante. Alors vous la passez à la seringue, et la formez de la même manière que la précédente. Vos massepains étant terminés et placés sur des feuilles de papier posées sur des plafonds un peu épais, vous les mettez au four, chaleur modérée; aussitôt qu'ils sont colorés d'un beau jaune-rougeâtre, vous les ôtez et les détachez du papier étant froids.

On parfume ces massepains avec de la vanille pilée

ou du zeste de citron, de cédrat, de bigarade et d'orange.

CHAPITRE X.

TRAITÉ DES PETITS SOUFFLÉS.

PETITS SOUFFLÉS A LA ROSE.

Mettez dans une petite terrine 250 grammes de sucre passé au tamis de soie, que vous délayez avec un blanc d'œuf, ce qui vous donnera une pâte un peu ferme; alors vous la travaillez pendant dix minutes, et vous y joignez quelques gouttes d'essence de rose et assez de rouge végétal pour colorer le tout d'un rose vif. Cette opération terminée, vous roulez cette glace sur le tour (que vous aurez saupoudré de sucre fin) en bandes de la grosseur du doigt. Coupez ces bandes en petits dés, et les roulez dans le creux de la main. Ayez soin de les mouiller à mesure que vous aurez formé un petit soufflé, et placez-les de suite dans de petites caisses rondes de 2 centimètres de diamètre sur 1 centimètre de hauteur. Le tout ainsi préparé, vous appuyez légèrement la surface de chaque soufflé avec le bout du doigt index, que vous mouillez chaque fois dans un verre d'eau, ce qui rend les soufflés brillants et d'un beau glacé à la cuisson.

Vous les mettez au four chaleur douce. Alors vous voyez les soufflés s'élever à plus d'un centimètre et demi au-dessus des caisses; et après quinze bonnes minutes de cuisson, vous les retirez du four; en observant s'ils sont bien ressuyés à la surface; sinon, vous les laissez encore quelques minutes au four; mais ne les perdez pas de vue, car en quelques minutes ils perdent bientôt leur couleur première (qui cependant passe un peu à la cuisson), et deviennent par ce manque de soin de mauvaise mine.

PETITS SOUFFLÉS AU CHOCOLAT.

Après avoir râpé 125 grammes de chocolat, vous le mettez cinq minutes sur du papier à la bouche du four, et pendant ce temps, vous délayez 185 grammes de sucre passé au tamis de soie avec un blanc d'œuf; après quoi vous y joignez le chocolat qui doit se trouver fondu, et n'être cependant que tiède. Alors le mélange devient très ferme; vous êtes contraint d'y ajouter un peu de blanc d'œuf pour rendre la glace facile à rouler. Vous terminez l'opération de la manière accoutumée.

PETITS SOUFFLÉS AU SAFRAN.

Faites infuser dans un petit moule à dariole une pincée de safran en feuilles, que vous laissez mijoter, afin que l'infusion se réduise à une bonne cuillerée seulement; et pendant qu'elle se refroidit, vous travaillez dans une petite terrine 250 grammes de sucre passé au tamis de soie, avec un blanc d'œuf; dix minutes après, vous y mêlez assez d'infusion pour colorer la glace d'un jaune citron; vous ajoutez un peu de sucre passé au tamis de soie, afin de rendre la glace assez ferme pour pouvoir la rouler aisément. Vous détaillez et terminez vos soufflés ainsi qu'il est démontré ci-dessus.

PETITS SOUFFLÉS PRINTANIERS.

Vous délayez dans une petite terrine 250 grammes de sucre avec les trois quarts d'un blanc d'œuf et une petite cuillerée d'essence de vert d'épinards, pour colorer la glace d'un beau vert pistache. Ajoutez la moitié du zeste d'un cédrat, et terminez l'opération comme de coutume.

PETITS SOUFFLÉS AUX AVELINES.

Après avoir travaillé 250 grammes de sucre (passé au tamis de soie) avec un blanc d'œuf, vous râpez 93 à 94 grammes d'amandes d'avelines, que vous aurez torréfiées selon la règle, et les mêlez ensuite dans la glace, qui se trouve, par ce moyen, un peu raffermie. Alors vous ajoutez du blanc d'œuf, si cela est nécessaire, et terminez ces petits soufflés de la manière accoutumée.

Les soufflés aux amandes amères se préparent de la même manière, en employant 16 grammes de ces amandes, que vous pilez parfaitement avec un peu de glace que vous aurez préparée d'ailleurs comme la précédente.

PETITS SOUFFLÉS A LA FLEUR D'ORANGE PRALINÉE.

Vous préparez comme de coutume 250 grammes de sucre avec un blanc d'œuf ; et après l'avoir travaillé pendant dix minutes, vous y mêlez 8 grammes de fleur d'orange pralinée, et terminez l'opération selon la règle.

PETITS SOUFFLÉS A LA VANILLE.

Pilez avec 250 grammes de sucre une gousse de vanille, et passez le tout par le tamis de soie. Vous le travaillez avec un blanc d'œuf pendant dix minutes ; après quoi vous finissez le procédé comme de coutume.

PETITS SOUFFLÉS AU CITRON.

Râpez sur un morceau de sucre le demi-zeste d'un beau citron bien jaune et bien sain ; râtissez-en la surface pour en détacher tout l'arome du fruit, que vous écrasez sur le tour avec le rouleau ; mêlez-le ensuite dans 250 grammes de sucre travaillé comme d'habitude, avec un blanc d'œuf. Vous procédez pour le reste de l'opération selon la règle.

Les petits soufflés à l'orange, au cédrat et à la bigarade, se préparent de même que les précédents, en employant l'un de ces zestes râpés sur du sucre.

PETITS SOUFFLÉS AU GROS SUCRE, AUX PISTACHES ET AU RAISIN DE CORINTHE.

Ces sortes de petits soufflés ne sont autre chose que ceux décrits dans ce chapitre ; en voici seulement la différence : Lorsque vos petits soufflés à la rose sont prêts à entrer au four, vous appuyez légèrement leur surface sur du gros sucre, et les mettez ensuite au four. Alors vous obtenez des soufflés à la rose au gros sucre. Pour les soufflés à la rose, aux pistaches, vous parfumez seulement la glace avec de l'essence de rose, sans y mêler du rouge ; alors les soufflés seront blancs. Vous les appuyez légèrement sur des pistaches hachées menu, et les mettez au four.

Vous procédez de même pour les soufflés au chocolat, en les masquant de gros sucre, ainsi que pour les soufflés aux pistaches, ceux à la fleur d'orange, à la vanille, aux avelines, aux zestes de citron, de cédrat, de bigarade et d'orange. Vous pouvez les masquer au gros sucre, ou aux pistaches mêlées avec du gros sucre, ou au gros sucre mêlé avec du raisin de Corinthe, que vous aurez choisi petit et bien lavé ; séchez-le un peu à la bouche du four.

PETITS FOURS AUX PISTACHES.

C'est absolument le même appareil que pour les soufflés décrits précédemment ; cependant vous mettez un peu plus de sucre, afin de rendre la glace plus ferme : parce que ces petits fours ne sont point en caisse ; il faut donc qu'ils se soutiennent d'eux-mêmes.

Voici des détails plus substantiels.

Mettez dans une petite terrine 250 grammes de sucre avec la moitié du blanc d'un gros œuf, et assez d'essence de vert d'épinards passés au tamis de soie, pour colorer la glace d'un beau vert pistache ; ajoutez quelques gouttes d'essence de citron, et travaillez le tout quelques minutes ; alors la glace doit se trouver très ferme, et cependant liante. Vous la roulez en bandes (de la grosseur du petit doigt), que vous coupez ensuite en dés. Puis vous les roulez dans le creux de la main, en ayant soin de les mouiller assez pour rendre leur surface claire et luisante ; placez-les à mesure sur une feuille de papier fort, et à un fort centimètre et demi de distance les uns des autres. Dès que vous avez une demi-feuille de papier garni, vous la mettez sur une plaque de cuivre, et l'enfournez.

Il est facile de se convaincre que ces petits fours ont la même préparation que les soufflés ; ainsi on pourra faire de petits fours en suivant les préparations contenues dans ce chapitre, et en y joignant un peu plus de sucre, afin de rendre la glace plus propre à ces opérations.

Mais il est important de remarquer que la glace même des soufflés doit être assez ferme pour pouvoir se rouler aisément ; sans cela, la glace étant mollette, fait trop d'effet, et finit par donner une mauvaise mine aux soufflés qui sont plats et difformes. Pour les obtenir bien luisants, vous devez avoir soin de les mouiller légèrement à leur surface, de même que pour les petits fours en général.

CHAPITRE XI.

PETITS SOUFFLÉS A LA FRANÇAISE.

Vous travaillez dix minutes dans une petite terrine 125 grammes de sucre (passé an tamis de soie) avec deux blancs d'œufs. Vous y mêlez 125 grammes de farine tamisée, et continuez à travailler ce mélange pendant quelques minutes. Vous y joignez un peu d'essence de rose et 62 grammes et demi de sucre et vous la travaillez encore quelques minutes ; alors l'appareil doit être d'un corps un peu ferme, très liant et luisant.

Vous couchez ces petits soufflés dans le genre des croquettes à la parisienne ; vous donnez à ceux-ci la forme d'une grosse olive, et après les avoir ainsi couchés avec une cuiller à café, vous les mettez sur le four ou dans l'étuve : mais observez que ces endroits doivent être d'une chaleur douce, et placez-les sur des planches, afin que la surface seulement des soufflés soit légèrement séchée. Cinq à six heures après qu'ils se trouvent dans cette position, vous les mettez au four doux. Vous voyez les soufflés se conserver dans leur forme première, et s'élever malgré cela d'un centimètre à un centimètre et demi. Vous les retirez dès qu'ils sont colorés d'un blond rougeâtre à peine sensible ; et même en les mettant au four très doux, vous les obtenez très blancs.

On peut colorer cette préparation en rose, en vert et en jaune.

CHAPITRE XII.

PETITS BISCUITS SOUFFLÉS.

PETITS BISCUITS SOUFFLÉS A LA FLEUR D'ORANGE.

Fouettez trois blancs d'œufs bien fermes ; mêlez 250 grammes de sucre passé au tamis de soie et 31 bons grammes de fleur d'orange pralinée, que vous avez hachée légèrement. Garnissez de cet appareil de petites caisses plissées, de 2 centimètres de diamètre sur autant de hauteur ; mais ayez soin de ne les emplir qu'à moitié, et quand les biscuits sont en caisse, masquez-les un peu épais de sucre passé au tamis de soie, et mettez-les ensuite dans un lieu humide pour aider ce sucre à fondre. Après cela vous mettez au four doux, et les retirez de belle couleur.

Ces petits biscuits doivent s'élever un peu au-dessus de la caisse, en formant un soufflé léger, très clair et brillant.

PETITS BISCUITS SOUFFLÉS AUX AVELINES.

Vous émondez 93 ou 94 grammes d'avelines, que vous coupez en filets très minces, et les mettez au four doux pour les colorer légèrement. Pendant qu'elles refroidissent, vous fouettez trois blancs d'œufs, dans lesquels vous mêlez 250 grammes de sucre passé au tamis de soie, et les avelines. Vous terminez les biscuits comme les précédents; vous pouvez semer dessus des avelines hachées très fin, et mêlées avec un peu de blanc d'œuf et deux cuillerées de sucre.

On procédera de même que ci-dessus pour confectionner des biscuits soufflés aux amandes ordinaires, en préparant celles-ci de même que les avelines.

PETITS BISCUITS SOUFFLÉS AUX PISTACHES.

Après avoir émondé 125 grammes de belles pistaches, vous en coupez la moitié en filets, et vous hachez le reste légèrement. Vous fouettez trois blancs d'œufs bien fermes, dans lesquels vous mettez les filets de pistaches, et 250 grammes de sucre passé au tamis de soie. Ensuite vous garnissez les caisses, et saupoudrez légèrement la surface des biscuits. Dès que ce sucre est fondu, vous semez dessus les pistaches hachées, et mettez les soufflés au four doux. Otez-les lorsqu'ils seront colorés d'un beau jaune rougeâtre.

On peut mêler avec les pistaches hachées du gros sucre, ce qui produit un joli effet.

CHAPITRE XIII.

AVELINES GLACÉES A LA ROYALE.

Vous mettez dans une petite terrine 125 grammes de sucre (passé au tamis), que vous travaillez avec un œuf pendant dix minutes. Vous roulez dans cette glace 62 bons grammes d'avelines que vous aurez légèrement torréfiées, et les placez deux par deux, en les dégageant autant que possible de la glace, afin qu'elles s'en trouvent seulement masquées. Vous les placez sur du papier fort et à un centimètre et demi de distance. Vous les groupez également trois par trois en formant le trèfle. Sur ces trois, vous pouvez en placer une quatrième ; ensuite vous mettez encore 62 bons grammes d'avelines dans le reste de la glace, et les roulez et glacez de même que les précédentes. Vous les mettez au four, chaleur douce ; et lorsqu'elles sont colorées d'un beau blond, vous les retirez et les détachez du papier quand elles sont froides.

AMANDES SOUFFLÉES A LA ROYALE.

Après avoir émondé 125 grammes d'amandes douces (que vous choisissez petites et bien grasses), vous les mettez au four doux, et lorsqu'elles sont légèrement colorées, vous les retirez. Pendant qu'elles refroidissent, vous préparez la même dose de glace que ci-dessus ; mais vous la colorez en un beau rose. Vous glacez et groupez vos amandes de la même manière que les avelines, et les mettez au four très doux, afin que le rose se conserve de belle couleur.

NOIX VERTES GLACÉES A LA ROYALE.

Après avoir épluché parfaitement trente-six à quarante moitiés de noix vertes, vous les mettez sécher légèrement à la bouche du four, et lorsqu'elles sont refroidies, vous les glacez de même que les avelines; vous glacez chaque moitié de noix séparément, afin de les conserver entières. Vous les placez de même sur les feuilles de papier, et leur donnez une belle couleur blonde à four doux.

PISTACHES GLACÉS A LA ROYALE.

Après avoir émondé 90 à 95 grammes de belles pistaches, vous les faites sécher légèrement à la bouche du four; quand elles sont bien froides, vous les glacez de même que les avelines; mais vous groupez celles-ci six par six, et huit par huit, en forme de rosace.

On peut également glacer les avelines, les amandes douces, les noix et les pistaches au chocolat, en joignant du chocolat dans la glace, de même à la rose en colorant la glace rose; et au citron en mêlant à la glace le zeste d'un citron bien sain. Vous mettez du safran pour colorer d'un beau jaune citron, aux pistaches en colorant la glace d'un vert tendre avec de l'essence d'épinards passés au tamis de soie.

CHAPITRE XIV.

MACARONS SOUFFLÉS.

MACARONS SOUFFLÉS AUX AMANDES AMÈRES.

Émondez 375 grammes d'amandes douces et 125 d'amères ; coupez-les en filets sur la largeur des amandes ; mêlez-les avec 125 grammes de sucre (passé au tamis de soie) et le quart d'un blanc d'œuf ; mettez-les sur un grand plafond sécher au four doux, pour qu'elles se colorent d'un blond à peine sensible. Pendant qu'elles refroidissent, vous mêlez dans une moyenne terrine 625 grammes de sucre (passé au tamis de soie) avec deux blancs d'œufs, et travaillez cette glace pendant un quart d'heure ; après quoi vous y mêlez parfaitement les amandes pour qu'elles soient également glacées. Alors vous mettez un macaron au four, et, s'il se conserve de belle forme, vous couchez l'appareil ; mais si, par hasard, la glace tombait du macaron, on doit ajouter un peu de sucre. Si, au contraire, la glace était trop ferme, et si vos macarons n'avaient point de liant, vous ajouteriez un peu de blanc d'œuf. Vous mouillez le dedans de vos mains, et y roulez une cuillerée d'appareil, que vous couchez par petites parties de la grosseur d'une noix-muscade. Après les avoir ainsi toutes détaillées, vous trempez vos mains dans de l'eau, pour mouiller ensuite la surface des macarons que vous touchez légèrement. Mettez-les sur des plaques au four doux, que vous aurez soin de fermer pendant vingt minutes, et observez vos macarons. S'ils se trouvent d'un beau blond clair et résistants au toucher, vous les retirez du four ; sinon vous les laissez le temps nécessaire à leur parfaite cuisson : dès qu'ils sont froids, vous les détachez.

MACARONS SOUFFLÉS AU CHOCOLAT ET AU GROS SUCRE.

Émondez 500 grammes d'amandes douces et coupez-les en filets ; après quoi vous les pralinez en les mêlant avec 125 grammes de sucre et le quart d'un blanc d'œuf. Laissez-les sécher au four doux sans qu'elles prennent couleur. Pendant qu'elles se refroidissent, vous mêlez dans une moyenne terrine 500 grammes de sucre très-fin avec deux blancs d'œufs. Le tout étant travaillé avec la spatule pendant douze à quinze minutes, vous y mettez 250 grammes de chocolat râpé (fondu à la bouche du four pendant cinq minutes), ce qui raffermit la glace ; alors vous y joignez le blanc d'œuf nécessaire et y amalgamez parfaitement les amandes. Le macaron doit être du même corps que le précédent. Couchez-le de même sur des feuilles de papier fort ; et, après les avoir légèrement mouillées à leur surface, vous prenez chaque macaron que vous appuyez un peu sur du gros sucre, du côté du dessus, et à mesure, vous les remettez à leur place sur le papier. Aussitôt que vous avez une demi-feuille masquée de gros sucre, vous mettez les macarons sur une plaque de cuivre au four doux que vous fermez. Lorsque le reste se trouve terminé, vous les mettez au four. La cuisson est la même que ci-dessus.

MACARONS SOUFFLÉS AUX AVELINES ET AU GROS SUCRE.

Après avoir émondé 500 grammes d'avelines, vous les coupez en filets et les pralinez. Séchez-les comme les précédentes, et préparez 625 grammes de sucre (passé au tamis de soie) avec deux blancs d'œufs. Après un quart d'heure de travail, vous y mêlez les avelines froides, et terminez ces macarons de la même manière que ci-dessus, en les masquant de gros sucre. La cuisson est la même.

MACARONS SOUFFLÉS AUX NOIX VERTES.

Épluchez 500 grammes de noix vertes et coupez-les par filets ; après cela vous les mêlez avec 125 grammes de sucre et le quart d'un blanc d'œuf, et les faites sécher au four. Pendant qu'elles refroidissent, vous préparez la glace comme de coutume, avec deux blancs d'œufs et 625 grammes de sucre très fin. Vous y joignez les amandes, et terminez l'opération de la manière accoutumée.

On fait également ces sortes de macarons soufflés (qu'on nomme ordinairement *tourons*) demi-kilogramme par demi-kilogramme : c'est-à-dire que 500 grammes de sucre suffisent pour les amandes, tandis que, dans ces recettes, j'en ai mis toujours 625 grammes, ce qui rend les macarons plus légers et plus brillants; mais si la glace se trouvait trop claire, alors ces 125 grammes deviendraient funestes aux macarons.

CHAPITRE XV.

MACARONS AUX AVELINES ET AUX AMANDES AMÈRES.

De tous nos appareils de petits fours, celui-ci est, sans contredit, le plus difficile à bien réussir, tant dans sa préparation que dans sa cuisson, qui réclame le four à son déclin; c'est-à-dire que c'est après avoir cuit tous les autres petits fours que l'on peut penser à cuire le macaron : car, après cette cuisson, je crois qu'il serait impossible de vouloir en tenter aucune autre.

Si, inconsidérément, on met le macaron à four un peu trop chaud, celui-ci, agissant trop vite, fait monter le macaron, qui bientôt après retombe, et devient par ce triste résultat de mauvaise mine. Cependant il est un moyen de fixer cette cuisson : après dix à douze heures que le four a été chauffé, vous mettez une demi-douzaine de macarons d'épreuves sur six petits fragments de papier, et vous les placez ensuite au fond, au milieu, à droite et à gauche du four, que vous fermez pendant quarante à quarante-cinq minutes; après quoi vous devez retirer vos macarons beaux et de bonne couleur. Mais si, dans le cas contraire, ils se trouvent minces et trop colorés par-dessous, alors le four aura encore trop de chaleur d'âtre. Pour remédier à cet inconvénient, on place les feuilles de macarons sur des plaques de cuivre.

Relativement à la préparation de l'appareil, il est important de mettre les amandes passer la nuit sur le four après les avoir émondées, afin de les avoir sèches le lendemain, ou seulement de les mettre le matin pour les avoir sèches le soir. Une chose plus essentielle encore, c'est d'avoir la précaution de casser les blancs à mesure que vous les employez, et de les casser séparément sur une assiette, en observant qu'ils soient purs, sans la plus légère odeur et sans le plus petit indice de jaune, attendu que ce dernier devient funeste à l'appareil ; car la plus petite partie d'un jaune rend tous les macarons d'une cuisson du plus mauvais effet.

MACARONS AUX AVELINES.

Mettez dans un grand poêlon d'office 125 grammes d'amandes d'avelines telles qu'elles sortent de la coquille, et torréfiez-les sur un feu modéré, en les remuant continuellement avec une grande cuiller d'argent. Aussitôt que les avelines commencent à se colorer, et que la pellicule se détache, vous les retirez du feu pour parer aussitôt les amandes. Cette opération faite, vous recommencez trois fois encore la dose d'avelines, afin d'en avoir 500 grammes.

Vous commencez par piler les 125 grammes d'avelines qui ont été préparées les premières, et qui doivent se trouver froides; sans cela il faudrait attendre qu'elles le fussent. Vous avez soin de les mouiller par intervalles avec un peu de blanc d'œuf, pour les empêcher de tourner à l'huile; et, lorsque aucun fragment n'est plus aperçu, vous retirez les amandes du mortier, que vous remplacez par 125 grammes d'amandes pilées de la même manière, et avec les mêmes attentions que les premières. Vous recommencez deux fois encore la même opération, afin que les 500 grammes d'avelines soient parfaitement pilés; vous les réunissez dans le mortier, et les pilez avec 500 grammes de sucre et deux blancs d'œufs pendant dix minutes; ensuite vous y joignez 1 kilogramme de sucre (passé au tamis de soie), que vous aurez travaillé pendant dix minutes avec six blancs d'œufs. Amalgamez parfaitement le tout avec une spatule, et, après avoir remué pendant cinq à six minutes, l'appareil doit se trouver mollet; pourtant les macarons ne doivent pas s'élargir lorsque vous les couchez : s'ils se trouvent trop fermes, alors vous y mêlez le blanc d'œuf nécessaire pour qu'ils s'attachent au doigt en y touchant.

Ensuite vous mettez au four six macarons d'épreuves, et, après leur cuisson, vous mouillez l'intérieur de vos mains, dans lesquelles vous roulez une cuillerée d'appareil. Couchez les macarons de la grosseur d'une noix muscade, et continuez ainsi à former vos macarons; après quoi vous trempez vos mains dans de l'eau, et les posez ensuite légèrement sur les macarons, afin de les rendre luisants à leur surface; vous les mettez au four que vous fermez hermétiquement pendant trois quarts d'heure. Vous devez les retirer de belle couleur et de bonne mine.

On doit avoir l'attention de coucher les macarons à un peu plus de deux centimètres de distance entre eux, et de les former aussi ronds que possible.

On couche également ces macarons en forme de grosses olives, sur lesquelles on sème du gros sucre, et quelquefois mêlé de pistaches hachées. On les garnit encore en forme de hérisson, en piquant à leur surface des filets de pistaches.

MACARONS AUX AMANDES AMÈRES.

Après avoir émondé et lavé 500 grammes d'amandes amères, vous les mettez passer douze heures sur le four ou dans l'étuve; ensuite vous commencez à en piler la moitié lorsqu'elles sont froides, avec le quart d'un blanc d'œuf; et, à mesure que vous pilez, vous y mêlez un peu de blanc afin qu'elles ne tournent pas en huile. Quand elles sont parfaitement broyées, vous les ôtez du mortier, où vous pilez le reste des amandes, de la même manière que les premières. Après cela, vous réunissez le tout et le pilez avec 500 grammes de sucre et deux blancs d'œufs; vous y joignez un kilogramme de glace que vous aurez préparée comme ci-dessus (avec 1 kilogramme de sucre et six blancs d'œufs).

Après avoir bien amalgamé l'appareil, que vous

aurez soin de tenir aussi mou que le précédent, vous terminerez vos macarons en suivant les procédés donnés pour les précédents.

Les macarons aux amandes douces se préparent de même que ceux-ci, avec cette différence que vous employez 500 grammes d'amandes douces en place d'amandes amères.

Je ne parlerai point des pralines, ni du sucre soufflé, attendu que ces sortes de bonbons ne regardent nullement le four.

FLEUR D'ORANGE PRALINÉE A LA PATISSIÈRE.

Choisissez cette fleur fraîche cueillie, blanche et bien nourrie. Vous en épluchez 3 kilogrammes, ce qui ne vous donnera réellement que 1 kilogramme et demi de fleurs; alors faites cuire au soufflé 1 kilogramme et demi de sucre supérieur; versez dedans ces fleurs que vous aurez pressées dans un seau d'eau de puits; faites cuire le sucre à la grande plume, en ayant soin d'enfoncer la fleur d'orange, que vous ôtez aussitôt de dessus le feu, en la remuant avec la spatule, afin de graisser le sucre en cassonade. Alors vous mettez sécher la fleur d'orange sur le four ou dans l'étuve, en ayant soin de la frotter dans les mains par intervalles, en y mêlant 500 grammes de sucre de première qualité passé au tamis de soie, ce qui blanchit et élargit les fleurs; le lendemain vous la mettez dans des bocaux.

Cette fleur d'orange n'est pas très-blanche; mais

elle a plus de parfum, et convient mieux à notre genre de travail que celle que l'on obtient plus blanche et plus large en procédant de cette manière.

Lorsque la fleur d'orange est cuite comme la précédente, c'est-à-dire au moment où vous retirez la bassine du feu, vous égouttez la fleur sur un tamis, et, quelques minutes après, vous la versez sur une grande feuille de papier en y mêlant 750 grammes de sucre royal passé au tamis de soie. Vous la placez sur le four ou dans l'étuve, et la remuez de temps en temps afin de l'élargir. Étant bien sèche, les feuilles sont larges et blanches; alors vous la conservez dans des bocaux.

Après avoir égoutté la fleur d'orange, vous travaillez son sirop pour le faire devenir en cassonade, que vous employez dans les assaisonnements.

CHAPITRE XVI.

TRAITÉ DES CONFITURES.

OBSERVATION. — Cette agréable partie réclame des soins vraiment minutieux. Aussi, lorsqu'elle est bien faite, elle donne du ton et de l'élégance à nos entremets modernes, elle en fait tout l'éclat; mais aussi, autant elle nous est propice étant belle, autant elle nous devient désavantageuse lorsqu'elle est mal confectionnée. Cependant, en employant de beaux fruits et de beau sucre, on peut, avec des soins, obtenir des confitures qui ne laissent rien à désirer.

Mais une chose qui se trouve nuisible à leur parfaite réussite, c'est que dans nos maisons pâtissières, où la consommation est grande, on a la mauvaise habitude de faire les confitures en général en trop grande dose à la fois : par exemple, quand on fait de 18 à 20 kilogrammes de gelée de groseilles à la fois, assurément il est de toute impossibilité d'obtenir les mêmes résultats que si on n'en cuisait que la moitié. De plus, la confiture, restant longtemps dans le cuivre, contracte un goût d'empyreume : elle perd une partie de sa couleur naturelle, attendu que l'action du feu, agissant sur elle trop longtemps, finit par colorer les parties qui touchent les côtés de la bassine, même malgré les soins de l'éponge mouillée que l'on passe ordinairement autour de l'intérieur de la bassine, pendant la cuisson du sucre et des confitures en général.

C'est pourquoi il est important de procéder en petit, afin de réussir d'une manière satisfaisante.

C'est ce que je vais faire moi-même.

Remarque. — On doit avoir l'attention de ne couvrir les pots de confitures que le lendemain qu'elles ont été faites, afin qu'elles soient parfaitement froides. A l'égard des ronds de papier qui entrent dans les pots, on doit les couper exactement du diamètre de la surface des confitures sur laquelle on les pose, après les avoir imbibés d'eau-de-vie : les pots étant ensuite couverts parfaitement avec un double papier, vous les placez dans une armoire qui doit être dans un lieu toujours sec.

MANIÈRE DE CLARIFIER LE SUCRE.

On doit choisir le sucre d'une belle blancheur, d'un grain brillant et non poreux. Les belles cassonades de la Martinique et de la Havane sont encore assez propres à ce genre de travail ; mais néanmoins on doit de préférence employer du sucre en pain et de bonne qualité.

Mettez dans un poêlon d'office deux blancs d'œufs que vous fouettez avec deux verres d'eau. Lorsque ce mélange est bien blanchi, vous y versez quinze verres d'eau ; remuez parfaitement, et retirez deux verres de ce liquide que vous conservez de côté ; ensuite vous mêlez dans la poêle de 4 kilogr. à 4 kilogr. et demi de beau sucre concassé menu. Placez le tout sur un feu modéré ; aussitôt que l'ébullition a lieu, mettez la bassine sur l'angle du fourneau, afin que l'écume se jette de côté ; alors vous versez le quart de l'eau conservée dans le sirop que vous écumez. A mesure que l'écume monte, vous y versez un peu d'eau conservée ; et quand le sucre est débarrassé de toute son écume, et que celle-ci paraît légère et blanchâtre, et qu'ensuite elle a tout à fait disparu, vous passez le sirop dans un tamis de soie ou dans une serviette légèrement mouillée.

Les praticiens reconnaissent six cuissons de sucre qui règlent nos travaux ; en voici l'analyse :

PREMIÈRE CUISSON; SUCRE AU LISSÉ.

Le sucre étant clarifié, vous le mettez sur le feu; et, après quelques moments d'ébullition, vous prenez un peu de sucre au bout du doigt index, en l'appuyant sur le pouce que vous séparez aussitôt; alors le sucre doit former un petit filet à peine sensible qui se rompt de suite. Cette cuisson est au petit lissé; mais si, au contraire, le sucre s'allonge un peu plus, c'est le signe qu'il est au grand lissé.

DEUXIÈME CUISSON; SUCRE AU PERLÉ.

Le sucre ayant reçu quelque ébullition de plus que le précédent, vous en prenez de nouveau entre les doigts que vous séparez de suite; alors le sucre s'étend en formant un fil qui se rompt. Cette cuisson indique le petit perlé; aussitôt que le sucre s'étend d'un doigt à l'autre sans se rompre, alors il se trouve cuit au grand perlé. Voici encore un signe qui caractérise cette cuisson : les bouillons forment à leur surface comme des perles rondes et serrées.

TROISIÈME CUISSON; SUCRE AU SOUFFLÉ.

Vous continuez la cuisson du sucre, dans lequel vous trempez une écumoire que vous frappez aussitôt sur la bassine; vous soufflez à travers cette écumoire afin d'en faire sortir de petites bouteilles, ce qui indique la cuisson au soufflé.

QUATRIÈME CUISSON; SUCRE A LA PLUME.

Donnez encore quelques bouillons au sucre; et, après y avoir trempé l'écumoire, vous la secouez fortement pour en dégager le sucre, qui s'en sépare aussitôt en formant une espèce de filasse volante; c'est alors que le sucre a acquis la cuisson dénommée à la grande plume. Il n'y a entre la cuisson à la grande plume et celle à la petite plume qu'un rapport de plus à moins.

CINQUIÈME CUISSON; SUCRE AU CASSÉ.

En donnant un peu plus de cuisson que ci-dessus, vous trempez le bout du doigt dans un verre d'eau fraîche, ensuite dans le sucre, et bien vite après dans l'eau froide, de manière que vous détachez ce sucre de votre doigt; alors, il doit se briser net en formant de petits éclats. Cette cuisson distingue le sucre au cassé; mais si, en le présentant sous la dent, il s'y attache, alors le sucre n'a atteint que la cuisson du petit cassé.

SIXIÈME CUISSON; SUCRE AU CARAMEL.

Lorsque le sucre a atteint le degré indiqué ci-dessus, il passe rapidement au caramel; car, dès qu'il perd sa blancheur et qu'il commence à se colorer d'une teinte à peine sensible à la vue, alors il est réellement au caramel, cuisson importante pour notre pâtisserie moderne, puisque c'est avec ce sucre que nous groupons nos pièces montées, et que nous glaçons une infinité d'entremets distingués. Nous devons employer cette cuisson de préférence à celle dite au cassé, attendu que cette dernière est sujette à tourner au gras, ce qui rend bientôt le sucre en cassonade. Quand cela arrive, nous sommes obligés de faire cuire de nouveau, ce qui lui donne toujours plus de couleur qu'il n'en aurait d'abord eu si nous avions eu le soin de le cuire un peu plus qu'au cassé.

MARMELADE D'ABRICOTS.

Ayez de beaux abricots de plein vent. Choisissez-les jaunes en couleur et de bonne maturité, c'est-à-dire pas trop mûrs. Pelez-les légèrement; ôtez les noyaux, émincez-les, et pesez-en 6 kilogrammes que vous versez dans une moyenne poêle d'office. Ajoutez 4 kilogrammes et demi de beau sucre en poudre; placez le tout sur un fourneau ardent, après quoi vous remuez la préparation avec une longue spatule de bois que vous passez sans discontinuer çà et là sur toute la surface de la poêle, afin d'éviter que la marmelade ne s'y attache. Pour vous assurer de sa cuisson à point, vous en laissez tomber quelques gouttes dans un verre d'eau fraîche; et si elle ne s'étale pas dans l'eau, c'est le signe qu'elle est cuite. Voici un autre procédé : Vous en prenez un peu que vous broyez entre le bout du pouce et de l'index; si elle forme un filet en séparant les doigts, vous pouvez de suite la retirer du feu et la mettre dans des pots.

AUTRE PROCÉDÉ POUR FAIRE CETTE MARMELADE.

Vos abricots étant préparés de la même manière que ci-dessus, vous les mettez dans la poêle d'office avec la moitié du sucre seulement (2 kilogr. et un quart de kilogr.), et avec la spatule vous remuez la marmelade sur le feu. Dès que le fruit commence à vouloir prendre la consistance de la marmelade, vous y joignez le reste du sucre que vous aurez clarifié et fait cuire au grand lissé. Terminez l'opération de même que la précédente.

Cette marmelade, étant préparée avec soin et avec de beau sucre, a quelque chose de plus clair que la première.

On emploie les procédés décrits ci-dessus pour la confection des marmelades de pêches, de prunes de mirabelle et de reines-Claude.

MANIÈRE DE CONFIRE LES CERISES.

On doit choisir de préférence celles qui sont claires, transparentes, colorées d'un rouge pâle et de bonne maturité. Vous en ôtez les queues et les noyaux; vous en pesez 6 kilogrammes que vous mêlez dans 5 de sucre clarifié et cuit au grand lissé. Couvrez la bassine, et, après quelques bouillons couverts, vous les écumez et les ôtez du feu. Versez le tout dans une grande terrine de grès. Le lendemain matin, vous égouttez les cerises sur un grand tamis; vous joignez le jus de 500 grammes de groseilles blanches dans le sirop que vous écumez, et faites cuire à la grande plume ; après quoi, vous y mêlez les cerises et leur donnez une dizaine de bouillons couverts. Vous les enlevez de dessus le fourneau, et, après les avoir écumées, vous les versez dans des pots que vous emplissez à un bon centimètre près du bord. Lorsque les cerises sont froides, vous les masquez de gelée de groseilles, préparée à cet effet.

PROCÉDÉ POUR CONFIRE LE VERJUS.

Ayez 3 kilogrammes de beau verjus que vous égrenez, et fendez les grains légèrement sur le côté, afin d'en séparer les pepins avec le bec d'une plume. Cette opération terminée, vous les jetez dans une poêle qui contiendra assez d'eau bouillante pour baigner aisément la surface du fruit, auquel vous faites jeter quelques bouillons couverts ; après quoi vous posez la bassine sur un feu doux, et la couvrez bien parfaitement afin que le verjus retrouve sa couleur primitive. Laissez le tout dans cet état pendant cinq à six heures, puis égouttez le fruit sur un tamis, et versez-le ensuite dans 3 kilogrammes de sucre clarifié et cuit à la petite plume. Faites-lui jeter deux ou trois bouillons couverts, et, après l'avoir ôté du feu, écumez-le et mettez-le dans les pots.

VERJUS TRANSPARENT.

Vous prenez 3 kilogrammes de beau verjus bien vert et de bonne maturité ; et, après l'avoir pelé et en avoir ôté les pepins, vous le jetez dans 3 kilogrammes de sucre cuit à la grande plume, et lui donnez douze à quinze bouillons couverts; vous le retirez du feu, l'écumez et le mettez dans les pots.

MARMELADE DE VERJUS.

Après avoir ôté les pepins de 3 kilogrammes de beau verjus, vous le faites blanchir dans une poêle d'eau bouillante. Lorsqu'il est monté à la surface de l'eau, vous le couvrez hermétiquement, et placez la bassine sur un feu doux. Deux heures après, vous laissez refroidir le tout; ensuite vous égouttez le fruit et le passez par le tamis pour en extraire tout le suc que vous faites réduire sur un feu ardent. Dès qu'il commence à quitter le fond de la poêle, vous y mêlez 3 kilogrammes de sucre cuit à la grande plume. Après quelques légères ébullitions, vous versez promptement cette marmelade dans des pots.

MANIÈRE DE CONFIRE LES FRAMBOISES.

Choisissez des framboises d'une égale grosseur, d'un rouge clair et surtout n'étant pas trop mûres. Vous en pesez 3 kilogrammes dont vous aurez ôté les queues, et les jetez ensuite dans 3 kilogrammes de sucre clarifié et cuit à la petite plume. Donnez-leur un bouillon couvert; écumez-les et versez-les doucement dans une grande terrine que vous lutez d'un rond de papier percé çà et là. Le lendemain matin, vous égouttez avec soin le fruit sur un tamis, et le versez légèrement dans des pots que vous ne garnissez qu'à moitié. Ensuite vous joignez le jus d'un kilogramme de cerises passées à la chausse, dans le sirop que vous écumez et faites cuire à la nappe; après quoi, vous le versez sur les framboises. Dès qu'elles sont froides, vous les masquez d'un peu de gelée de groseilles.

On fait également ces sortes de confitures d'une seule cuisson; mais je préfère la manière précédente, attendu que les framboises sont parfaitement atteintes par le sirop qui en resserre la chair, et par là elles se conservent plus longtemps.

GELÉE DE GROSEILLES ROSES FRAMBOISÉES.

Prenez vos groseilles d'un beau rouge transparent et bien mûres. Pesez-en 3 kilogrammes et demi et 1 et demi de groseilles blanches; puis 1 kilogramme de framboises blanches. Pressez le tout sur un tamis de crin un peu serré; versez le jus que le fruit aura donné sur 4 kilogrammes et demi de sucre supérieur cassé en petits morceaux. Placez le tout sur un feu ardent, en ayant soin d'ôter (avec l'écumoire de cuivre rouge) l'écume à mesure qu'elle paraîtra. Lorsque vous voyez l'ébullition devenir plus serrée, vous sortez l'écumoire de la gelée; et après l'avoir remuée, vous la penchez pour en laisser tomber la gelée, qui doit former la nappe en quittant l'écumoire : alors la gelée est cuite convenablement.

On peut également s'assurer de sa cuisson en versant un peu de gelée sur une assiette que l'on expose quelques minutes dans un lieu frais; alors elle doit quitter l'assiette. Ce procédé parfois devient nuisible à la cuisson à point, car, pendant que la gelée se refroidit, l'ébullition a toujours lieu; cet espace de temps est donc de trop, mais les praticiens seuls peuvent empêcher ces mauvais effets.

A l'égard de la gelée de groseilles rouges, on emploie les mêmes procédés que ci-dessus, avec cette différence qu'on prend toutes groseilles rouges. On peut y mêler des framboises rouges.

GELÉE DE GROSEILLES BLANCHES.

Après avoir égrené 6 kilogrammes de belles groseilles blanches que vous aurez choisies transparentes, grosses et bien mûres, vous les jetez dans 5 kilogrammes de sucre clarifié, cuit au grand lissé. Vous ôtez la bassine du feu, et, avec l'écumoire, vous remuez légèrement la gelée. Vous lui faites jeter deux bouillons; après quoi vous la passez par une étamine neuve, que l'on aura eu soin de laver avant. Cette opération terminée, vous remettez la gelée sur le feu, en ayant soin, avec une petite éponge mouillée, de ressuyer les côtés de la poêle, afin d'éviter que l'extrême chaleur ne colore la gelée autour de l'ébullition. Vous l'écumez et terminez sa cuisson comme la précédente.

On fait également cette gelée en passant le jus du

fruit par la chausse; après quoi on le pèse et on le verse sur le même poids de sucre de qualité supérieure cassé très-fin; puis, on cuit cette gelée à grande ébullition, ce qui n'est pas long, et on la termine selon la règle.

Il est très-difficile d'obtenir cette sorte de gelée très-belle, les groseilles blanches n'étant pas propices à ce travail.

GELÉE DE GROSEILLES VIOLETTES.

Prenez 1 kilogramme de beau cassis que vous mêlez à 5 kilogrammes de groseilles rouges. Le tout passé par le tamis, vous versez le jus sur 4 kilogrammes et demi de sucre cristallisé concassé, et suivez le reste du procédé décrit pour la gelée de groseilles roses.

Ce cassis donne à la gelée une légère teinte de violet qui n'est pas désagréable à l'œil ; et au goût, on ne s'aperçoit pas de ce mélange de fruits.

Ces sortes de confitures conviennent seulement pour garnir nos entremets de pâtisserie.

GELÉE DE GROSEILLES DE BAR.

Prenez de belles groseilles blanches, très-claires, et les plus grosses possible. A mesure que vous les égrenez, vous retirez avec précaution les pepins avec le bec d'une plume. Enfin, quand cette longue partie de l'opération est faite, vous versez le fruit dans 6 kilogrammes de sucre supérieur cuit à la grande plume. Vous retirez aussitôt la poêle du feu, et avec l'écumoire vous remuez légèrement la gelée, que vous remettez ensuite sur le feu pour lui donner un bouillon couvert seulement. Vous la retirez du feu, et, après l'avoir écumée, vous la versez dans des pots, ou de préférence dans de petits verres destinés à ces confitures.

La gelée de groseilles rouges de Bar se prépare de même en employant ces groseilles en place des blanches.

GELÉE D'ÉPINES-VINETTES.

On doit choisir ce fruit d'un beau rose et de bonne maturité ; vous l'égrenez et l'épepinez de la même manière que les groseilles de Bar ; ensuite vous versez la gelée dans du sucre cristallisé du même poids que le fruit, cuit à la grande plume. Retirez la bassine du feu ; remuez légèrement la gelée avec l'écumoire ; remettez-la sur le feu pour lui faire jeter un bouillon couvert. Écumez-la, et versez-la dans les pots ou petits verres.

GELÉE DE COINGS.

Prenez cinquante gros coings, et, après les avoir essuyés avec une serviette, vous les émincez menu, et les faites cuire dans une grande bassine avec assez d'eau filtrée pour les baigner seulement à leur surface. Quand ils sont doux à la pression du doigt, vous les versez sur un tamis, et filtrez ensuite le jus à la chausse. Vous pesez ce jus, et prenez le même poids de sucre royal (1), que vous faites cuire au cassé. Vous y joignez le fruit, et suivez cette gelée en l'écumant et en la cuisant à la nappe, de même qu'il est démontré pour la gelée de groseilles roses, attendu que c'est la même cuisson. Garnissez les pots.

GELÉE DE POMMES.

Prenez cinquante belles pommes de vraie reinette; coupez chacune d'elles en quatre; pelez-les et ôtez-en les cœurs. Vous les émincez et les mettez dans une bassine avec l'eau nécessaire pour les mouiller seulement à leur surface. Vous les faites cuire, et les jetez ensuite sur un tamis pour en extraire le jus, que vous passez après cela à la chausse deux ou trois fois, afin de l'obtenir clair, fin; et, après avoir pesé ce jus, vous prenez le même poids de beau sucre cristallisé que vous faites cuire au cassé; vous y mêlez le fruit; vous écumez la gelée et la cuisez à la nappe, comme il est démontré précédemment, et mêlez la gelée dans des pots.

---

(1) *Sucre royal*, dénomination ancienne qui peut se traduire aujourd'hui par : sucre de première qualité.

SEPTIÈME PARTIE.

CHAPITRE PREMIER

REVUE CRITIQUE DE GRANDS BALS DE 1810 ET 1811.

En consacrant un chapitre à cette revue rétrospective, j'ai cru être utile aux jeunes gens qui veulent devenir habiles dans l'état de pâtissier, et même aux maîtres : ils pourront en effet tirer quelque fruit de mes observations et de mes remarques.

PREMIER GRAND BAL.

Ce grand *extra* fut parfaitement bien commandé ; les travaux s'opérèrent avec célérité et sans bruit. Le jour du service arrivé, chaque chef de partie se piqua d'émulation ; enfin tout eut fort bonne mine, et l'ensemble fut d'un beau fini. Mais c'est le dénouement qui couronne l'œuvre, disent les bonnes gens ; et c'est en cela que manqua l'affaire.

Cependant, le contrôleur et l'architecte s'étaient concertés ensemble pour décider de l'emplacement et de la forme du buffet; par malheur, leurs idées ayant été mauvaises, mesquines, il ne ressembla en rien à ces beaux buffets qui étalent avec splendeur une grande munificence. L'amphitryon, qui paye largement pour être bien servi, voit l'effet de son buffet. Quelle surprise est la sienne à l'aspect de ce triste appareil! Il ne peut contenir son mécontentement, et qualifie d'hommes ignorants les entrepreneurs; il veut que tout disparaisse et soit changé à l'instant même. Mais la chose est impossible; l'heure du service est arrivée; la musique se fait entendre; la danse est commencée, et déjà on vient prendre des rafraîchissements.

En effet, ce buffet n'était ni commode ni élégant; il était d'une petitesse qui faisait peine à voir. Il se composait d'une mesquine planche portée par quatre pieds qui en formaient une espèce de banc posé sur une table : le tout était plaqué à la muraille, et une nappe couvrait ce triste gradin pour toutes draperies; puis des vases ornés de fleurs, quelques assiettes montées et garnies de bonbons, quelques entrées froides et un peu de pâtisserie. Cela semblait annoncer un festin de noces de campagne. Et, chose incroyable! dans une salle voisine on avait déposé le service de cuisine, qui s'y trouvait en grande quantité et très brillant (pensée irréfléchie!); ces entrées étaient là pour paraître tour à tour sur le petit buffet. Enfin, tout le monde fut très-mécontent.

Un contrôleur, qui a fait un menu, qui a commandé les provisions, est inexcusable de faire construire un buffet qui ne peut contenir que la douzième partie des grosses pièces, des entrées et des entremets. Pour ne pas être inférieur à sa tâche en pareille occasion, un ordonnateur doit avoir un esprit de méthode et de réelles connaissances.

DEUXIÈME GRAND BAL.

Je ne vis jamais d'extra plus mal conduit, plus mal organisé, ni plus mal rendu que celui-ci. Le chef, à dire vrai, était nouveau dans la maison, que je fournissais moi-même depuis longtemps. Ce chef me commanda le colifichet et les entremets montés seulement, et me fit le sincère aveu qu'il ne pouvait pas me charger du tout, attendu qu'il avait un ami pâtissier qui lui avait rendu de grands services, et qu'il était comme forcé de l'employer dans cette occasion ; qu'alors il lui avait donné à faire ses pièces de fonds et les entremets détachés.

Mais le bon pâtissier sut si bien se tirer d'affaire qu'il manqua toute sa commande, qui fut cachée dans les buffets de l'office. Mais voilà notre chef dans une position bien difficile et donnant son ami le pâtissier à tous les diables. Il ne sait que résoudre. Faire recommencer ? La dépense est trop forte (545 francs). Il se décide à envoyer chez moi, à dix heures du soir, pour me commander un gros baba et une grosse brioche pour le service de la table du ministre.

J'arrive le lendemain à huit heures du soir; et, lorsque j'ai dressé mes douze grosses pièces et mes douze entremets montés, le tout placé en ligne de service, je vais pour voir le froid ; mais, quelle est ma surprise! de quelque côté que je me tourne, mon étonnement redouble. Voici ce que je vois : des aspics trop chargés en couleur, ce qui rendait la triste décoration invisible ; des poulardes en galantine qui étaient glacées d'une glace noire ; et, pour orner ces galantines d'Amérique, le chef avait impitoyablement haché du blanc d'œufs durs, des truffes, de la langue à l'écarlate et des cornichons. De ce bizarre mélange il masquait la surface des galantines : enfin, je ne vis jamais rien d'aussi mauvais goût ; des salmis chauds-froids mal dressés, sans élégance ; la sauce louche et d'une mauvaise teinte de couleur. Les chauds-froids de poulets ne furent pas plus heureux. Les entrées de poisson sont dressées de mauvaise mine ; les salades de volailles sont dressées sans goût. Puis, pour relever ces tristes entrées, on les avait bordées de gelée mal coupée, placée sans idée de la chose ; et, pour donner plus d'éclat à cette gelée, on y avait mêlé toutes sortes de couleurs : c'était un vrai galimatias.

Des socles sans forme et sans tournure, faits sans profils, par conséquent sans moulures ; et, pour couronner l'œuvre, il avait placé dessus deux poulets en galantine. Figurez-vous voir deux petits pigeons bisets servis sur un long plat de rôt, qui doit être posé sur une table de quarante couverts ! Telle était la garniture de ces socles, dont deux grosses dindes en galantine n'eussent pas suffi à masquer la surface ; encore fût-il resté un bord de saindoux beaucoup trop large pour recevoir la bordure de gelée qui doit en faire l'ornement. Mais ce qui me surprit bien plus, ce fut leur décoration. On avait employé des garnitures de robes pour ornements de cuisine ! Voici le fait : une douzaine de grandes feuilles de vigne en taffetas vert découpé. Le pire de tout, c'étaient des grains de raisin en cuivre doré et bruni qui, une seconde après avoir été placés sur les socles, eurent imprégné de vert-de-gris la place du saindoux qui recélait ces espèces de grelots. Enfin, ils furent servis ainsi sur les tables et buffets. Je passe à une autre partie, où j'espère être dédommagé par l'entremets de douceur : mais, point du tout, je vis encore du rouge, du jaune, du noir, du vert. Les petits pots de blanc-manger sont chamarrés par toutes ces couleurs ; la gelée de marasquin est masquée de vert ; celle de vin de Madère, de chocolat ; la gelée d'orange est rouge ; celle d'anisette rosée est encore barbouillée !

Enfin, après avoir ainsi parcouru et visité ces grands travaux, j'allai placer mes grosses pièces montées sur les buffets. A onze heures du soir, je fis mes salutations. Le lendemain j'appris par le chef lui-même que le service avait été fait dans le plus grand désordre.

TROISIÈME GRAND BAL.

Ce beau bal fut donné, comme les autres ci-dessus, à l'occasion du mariage de l'archiduchesse d'Autriche Marie-Louise. Il fut l'un des plus brillants de ceux qui eurent lieu à cette époque ; mais le chef qui l'organisa était un cuisinier fameux, jouissant d'une réputation méritée.

Un bon cuisinier est considéré et justement apprécié par ses maîtres ; il jouit de toute leur confiance, connaît parfaitement leur goût ; et lorsque nos marchés offrent quelques nouveautés qui peuvent leur être agréables, aussitôt il en sert une entrée ou un entremets, et, par son habitude de faire lui-même ses provisions, il connaît l'art de contenter ses maîtres, et de varier souvent son service.

Dans le cas présent, le chef éprouva pourtant des désagréments. Son vieux maître-d'hôtel pose-plats (1), jaloux de ses talents, voulut lui faire perdre la confiance des maîtres, et, pour y réussir, il eut recours à la bassesse et au mensonge. Il répétait sans cesse que le cuisinier était trop cher, et que ses dépenses étaient ruineuses ; que si monsieur (en parlant à son maître) voulait en faire la différence, il ferait volontiers les achats de cuisine, et que bien sûrement ses dépenses seraient d'un tiers moindres. Il fit de faux rapports, il employa de tels arguments, que son maître voulut en essayer. Alors le chef est mandé pour entendre la volonté de son maître, qui lui objecte des raisons motivées sur ses dépenses, qu'il trouve ruineuses. Il lui ordonne de remettre ses livres au maître-d'hôtel ; et il dit à celui-ci : « C'est

(1) On appelle ainsi le maître-d'hôtel qui n'a aucune dépense à faire, et dont tout le talent consiste à placer les plats avec ordre sur la table.

vous que je charge des dépenses de la cuisine; soyez plus économe. »

Mais notre cuisinier, se voyant injustement disgracié, salue son maître avec dignité et sort.

Le maître réfléchit, et se décide à ne point le sacrifier à la vile ambition du méchant maître-d'hôtel : il lui ordonne d'aller dire lui-même au chef de continuer son service et ses dépenses.

Les vrais connaisseurs et amateurs de bonne chère doivent laisser volontiers le chef faire ses dépenses : la dépense n'en est pas plus considérable; la cuisine en est plus variée, mieux servie, et infiniment plus succulente, au lieu que si c'est un maître-Jacques, il dépensera beaucoup plus, et encore ne fera-t-il rien qui vaille. Ses provisions manquent souvent de fraîcheur et de beauté; et, quoique le cuisinier porte tous ses soins, tout son savoir pour bien servir, il ne peut réellement remédier au manque de qualité des objets qui lui sont fournis par son mauvais pourvoyeur. Il en est bien autrement lorsque le cuisinier fait lui-même les dépenses : il est réfléchi, difficile dans ses achats; sa provision est toujours de première qualité, et tout ce qu'il servira sera trouvé beau et bon.

Lorsque, le matin, il présentera à son maître le menu du dîner du jour, il recevra des compliments, ou des reproches s'il les a mérités, et, par ce moyen, connaîtra mieux les goûts de ses maîtres. Il s'empressera de les contenter à l'avenir, et, par ses soins et son attention, méritera bientôt toute leur confiance.

QUATRIÈME GRAND BAL

Les travaux de cuisine avaient je ne sais quoi de ridicule, et manquaient par une chose bien importante. Le chef n'était pas assez maître de son opération, il manquait d'énergie ; il avait la bonhomie de laisser conduire ses travaux par son aide.

Le chaud me parut en ordre, et l'entremets avait assez bonne mine. Le rôt était très bien apprêté ; mais le froid ne fut pas si heureux, et cependant c'était notre aide présomptueux qui dirigeait et dressait les entrées. Il prouva bien son mauvais goût et son peu de connaissance de la belle et importante partie du froid. Quoi ! encore des socles à colonnes et décorés avec du papier découpé, doré et argenté, dont les *officiers* se servent habituellement pour orner leurs assiettes montées ! Mais ce genre est le comble de la sottise. La cuisine, ce me semble, a assez de ressources en ce genre de décor, sans prendre ni l'or ni l'argent de l'office.

Des galantines couvertes de saindoux, et historiées d'une manière effroyable ; des noix de veau, de même masquées de saindoux, et chamarrées de trente-six couleurs ; des filets de bœuf parés en forme de chien, de canard et d'oie ; des chauds-froids sans élégance ; des salades de poisson mal dressées, et les autres entrées qui ne sont pas mieux finies. Ce qui fut bien plus extraordinaire et presque incroyable, c'est qu'on avait attendu à neuf heures du soir pour commencer à décorer et à border les entrées de gelée ;

enfin il en résulta que la moitié du froid n'avait pas encore été touchée à onze heures et demie, au moment même que l'on devait servir ; et peu s'en fallut que l'affaire ne fût tout à fait manquée.

Je m'étonne toujours, et ne peux comprendre comment il est possible que l'homme chargé en chef de semblables opérations puisse ainsi abandonner ses travaux à des incapables.

CINQUIÈME ET DERNIER GRAND BAL.

Ce bal fut très considérable et fort mal rendu. Le jour du service, j'allai, sur l'invitation du chef, voir ses grands travaux. Quelle confusion ! quelle malpropreté ! Des tables toutes dégoûtantes de graisse ; des fourneaux d'un rouge sale ; la batterie placée çà et là, enfin dans un désordre extrême ; de petits tas de boue masquaient le parterre de la cuisine, et formaient des monticules raboteux, ce qui rendait la marche fort inégale ; aussi, au moment du service, les cuisiniers avaient-ils grand soin de dire aux valets de pied : Messieurs, allez doucement ; portez droit, et levez les pieds, s'il vous plaît.

Je passai dans le garde-manger avec la ferme résolution de ne pas m'occuper de la tenue de la maison ; je regardai tristement quelques entrées froides mal dressées. De là, je passai à la pâtisserie, et je n'y fus pas plus satisfait qu'ailleurs. On m'invita à monter pour voir les buffets et les tables qui étaient déjà servies à neuf heures. Ainsi, de peur de ne pas arriver assez tôt, ils avaient servi trois heures d'avance !

C'est là que je vis, pour la première fois, des socles d'un ridicule outré. Ils étaient absolument en forme de champignons, et dessus étaient placés une dinde en galantine ou des jambons glacés au sucre. Telle était cette singulière garniture, qui avait quatre fois plus de volume que ses socles fragiles.

Jamais aucun extra n'offrit autant de choses insipides et de si mauvais goût. Les socles d'entrée étaient extrêmes par leur grosseur ; dessus étaient placées quatre cervelles de veaux entières. Il fallait voir les entrées de petits canetons ! Comme ces pauvres petits se noyaient dans la gelée !

OBSERVATIONS.

De tels exemples ne peuvent manquer d'agir sur l'esprit des jeunes praticiens qui ont l'amour de l'état. Ils en éviteront les écueils en étant plus sages. Ils verront combien il nous est funeste d'avoir trop de prétentions, et de ne pas savoir profiter des occasions qui peuvent nous donner une réputation méritée.

Il n'y a point de doute que si réellement les hommes qui ont osé commander ces différents extraordinaires avaient été assez sages pour juger eux-mêmes de leur capacité, bien sûrement ils n'eussent pas mécontenté leurs maîtres.

Ils auraient, tout simplement, employé des hommes capables et se seraient résignés à devenir les aides du chef d'extras, plutôt que d'avoir le vain orgueil de commander en chef. Avec plus de modestie, on apprend, on observe et on fait des progrès. Combien n'a-t-on pas vu de petits cuisiniers qui, après avoir employé ces maîtres dans différentes occasions, avaient reçu d'eux de bonnes leçons, et qui, par cet heureux résultat, sont devenus capables de commander à leur tour !

Et puis, l'objet est plus important qu'on ne se l'imagine et il vaut la peine qu'on y réfléchisse.

Quand un personnage dépense vingt, trente, quarante mille francs dans une soirée pour donner un grand bal, certes la somme est assez forte pour que notre service soit rendu avec splendeur. Si les personnes invitées ne trouvent rien d'aimable dans notre service, alors la soirée devient triste et monotone, la danse se paralyse ; et, lorsque vient une heure du matin, les dames ressentent des besoins d'estomac qu'elles ne peuvent satisfaire.

Il en résulte que chacun se retire fort mécontent, tout en faisant les salutations d'usage au maître de la maison, qui, de son côté, donne à tous les diables son cuisinier. Bientôt le bruit des voitures se fait entendre et succède à la douce harmonie des contredanses de Julien (1) ; en un moment la société est désunie.

Que d'argent dépensé pour les bijoutiers, les mo-

(1) Fameux violon et compositeur de valses et contredanses.

distes, les fleuristes, les coiffeurs et les couturières du bon ton, et tant d'autres dépenses nécessaires pour ces brillantes réunions ! Et tout cela, pourquoi ? pour avoir passé une soirée bien languissante. L'orgueil des dames est satisfait, puisqu'elles se sont montrées éblouissantes par leurs toilettes ; mais cela n'empêche pas que l'appétit se fasse sentir, et, ne pouvant le satisfaire, il faut nécessairement se retirer deux heures plus tôt qu'on ne l'eût fait si on eût trouvé de bons restaurants.

Tel est le résultat de nos bonnes ou mauvaises opérations.

CHAPITRE II.

ESSAI SUR MES EXTRAS DE PATISSERIE.

Je vais essayer de donner aux jeunes gens une idée de ma manière de procéder dans mes grands extraordinaires ; il est possible que mes conseils leur soient de quelque utilité en pareille occasion. Je rappellerai la plus pénible de mes opérations, que je n'ai eu à accomplir que deux fois dans l'espace de dix années pendant lesquelles je fis les extraordinaires de toutes les grandes maisons de Paris.

Ce grand extraordinaire eut lieu dans les appartements du château de Neuilly, en 1805. Comme la cuisine s'y trouvait trop petite pour ces travaux, le chef, M. Carvette (ci-devant pâtissier de la bouche de S. M. Louis XVI), me fit faire la pâtisserie à Villiers, qui se trouve à un petit quart de lieue de Neuilly.

Quand j'y arrivai, je trouvai un petit four qui n'avait pas un mètre et demi de diamètre; et, pour comble de malheur, il n'avait pas été chauffé depuis deux ans. Cependant il fallait cuire dedans huit grosses pièces de fonds, huit montées, soixante-douze entremets, et quelques entrées de pâtés chauds, de vol-au-vent et casseroles au riz.

J'avais trois aides, et trois jours pour l'opération de ces grands travaux.

En arrivant, je fis mettre le feu dans le four (première besogne du pâtissier d'extras). Le four brûla depuis six heures du matin jusqu'à midi. Après avoir ainsi subi six heures consécutives de chauffage, mon four fut bien atteint, et me parut disposé à conserver sa chaleur. Je le laissai une demi-heure ouvert pour l'évaporation de son extrême chaleur.

Pendant que le four chauffait, je fis piler trois pains de sucre, ensuite un paquet d'épinards pilés pour en extraire le vert. Après cela, nous émondâmes 3 kilogrammes d'amandes douces, dont la moitié fut coupée en filets, un demi-kilogramme pilé pour la pâte d'amandes qui devait servir à faire des abaisses pour garnitures de mes pièces montées. Le kilogramme restant fut haché très fin. J'en colorai la moitié d'un beau vert pistache, et la moitié du reste fut colorée rose tendre. Deux poignées furent mises au safran, et le peu qui resta fut coloré au chocolat. Après cela, je fis la pâte à dresser nécessaire, et je fis faire en même temps une même quantité de pâte d'office. Mes pâtés furent dressés, garnis et décorés avant midi. Après avoir nettoyé le four, nous déjeunâmes ; ensuite je détaillai ma pâte d'office qui devait servir à grouper mes huit pièces montées.

Mes deux gros pâtés entrèrent au four à une heure ; je fermai les bouchoirs afin de leur donner une couleur mâle ; et à deux heures moins un quart mes pâtés furent couverts ; l'un fut placé à droite, et l'autre à gauche de l'entrée du four ; à trois heures toutes mes abaisses de pâte d'office furent cuites. Après la pâte d'office, je commençai à cuire ma petite pâtisserie blanche, qui devait servir pour l'ornement des pièces montées ; ensuite je passai mes amandes de couleur un moment dans le four, et les remuai souvent pour qu'elles perdissent promptement leur humidité et qu'elles conservassent leur vive couleur. Elles furent placées de suite dans des caisses de papier. (Lorsque j'avais une étuve, mes amandes séchaient dedans ; cela me demandait moins de soins.) Mes amandes à nougat furent colorées d'un blond très tendre. Un kilogramme de sucre fut égrené pour faire du gros sucre à mettre sur ma petite pâtisserie. A quatre heures nous marquâmes cent œufs de biscuit ; et pendant que mes aides travaillaient les jaunes, et que l'on prenait les blancs, je beurrai et glaçai mes deux moules. Alors mes biscuits furent mis au four à cinq heures (au même instant où je retirais mes gros pâtés qui avaient subi quatre heures de cuisson). Après cela, nous dînâmes ; et, en sortant de table, je fis détremper un boisseau et demi (9 kilogrammes de farine) de pâte à brioche. Pendant que mon premier aide préparait sa détrempe, nous épluchâmes le raisin de Corinthe et ôtâmes les pepins du raisin muscat. Lorsque la pâte à brioche fut faite, je la fis séparer en deux parties égales: l'une fut placée sur une nappe dans une manne, et l'autre fut convertie en pâte à babas. A sept heures et demie j'allai voir mes biscuits, et les retirai. Peu de temps après, je fis emplir de bois le four pour qu'il fût sec le lendemain.

Ensuite nous hachâmes très fin les amandes de couleur. Je parai mes abaisses de pâte d'office, et nous terminâmes soixante-douze abaisses en pâte d'amandes; après quoi la pâte à brioche fut corrompue, et la pâte à babas mise dans les moules beurrés, et placée ensuite dans un lieu propice à la fermentation. Cela fait, nous nettoyâmes et rangeâmes le travail. Tous les ustensiles furent placés en ordre; à onze heures nous soupâmes, et nous allâmes prendre quelques heures de repos.

Le lendemain, je fis lever mes aides à quatre heures du matin; et, en entrant à la pâtisserie, je fis mettre le feu dans le four, qui brûla trois heures. Pendant que le four chauffait, 4 litres et demi de feuilletage furent détrempés. Les deux caisses pour recevoir les brioches furent faites. Des pistaches furent émondées et coupées en filets pour deux entremets. La crème-pâtissière fut détrempée, les entremets de sucre marqués et placés en ordre. A sept heures je fis nettoyer le four, et une heure après je commençai à cuire mon feuilletage, comme canapés, renversés, et autre pâtisserie pour mes pièces montées. A neuf heures mes grosses brioches entrèrent au four. Ensuite la pâte à choux pour mes rocailles fut cuite; à midi mes babas entrèrent également au four, et les entremets de sucre se disposèrent pour subir leur cuisson. A deux heures après midi mes grosses pièces et mes entremets furent cuits et placés en ordre sur des tables nappées dans une pièce particulière destinée à recevoir les objets finis.

Nous déjeunâmes (1), et ensuite je commençai à grouper mes pièces montées. Je fis placer par mes aides les petits objets d'ornements.

A neuf heures nous soupâmes, et une demi-heure après on se mit à l'ouvrage : à trois heures après minuit mes huit grosses pièces montées furent entièrement collées. Nous prîmes un potage et un verre de vin, et allâmes nous coucher.

Après deux heures de repos, je fus frapper à la porte de mes aides, et, aussitôt descendus, le feu fut dans le four. Nous prîmes une tasse du gloria (espèce de punch à l'eau-de-vie). Je fis détremper

---

(1) Bien des chefs d'extras ne veulent pas prendre le temps de faire un bon repas, dans la crainte de perdre un moment. Enfin j'ai fait certains extraordinaires où je n'avais encore rien pris à cinq heures du soir, par la faute du chef. Cela tue les hommes et nuit aux travaux plutôt que de les faire accélérer; quand notre appétit est satisfait par une nourriture solide, nous sommes plus aptes au travail. Au lieu que, quand nous sommes exténués de fatigue et de besoin, tout nous devient pénible et à charge.

le feuilletage nécessaire et trois litres trois quarts de litre de pâte à dresser pour trois croûtes de pâté chaud. La pâte à choux pour les entremets fut détrempée. A sept heures le four fut nettoyé; mes pâtés chauds et trois casseroles au riz entrèrent au four à huit heures. Mes entremets de feuilletage et autres se succédèrent selon leur cuisson, et à une heure après midi toute ma pâtisserie en général fut cuite; alors nous déjeunâmes, et à quatre heures du soir nos entremets furent glacés et garnis de confitures. Mes grosses pièces montées furent garnies de tous leurs gâteaux, tout cela placé et rangé dans de grandes mannes qui furent disposées et assujetties sur quatre brancards pour les transporter à Neuilly.

En arrivant, nous trouvâmes une grande pièce qui avait été destinée à recevoir la pâtisserie. A sept heures mes seize grosses pièces et les entremets furent dressés et placés en ligne : tout cela faisait un bel effet.

DEUXIÈME EXTRA, SIMPLE.

Lorsque je travaillais seul (1), et cela très souvent,

---

(1) Je me passais d'aides dans mes extras simples, qui se composent de quatre grosses pièces, dont deux de fonds et deux de colifichets, quatre ou huit entremets et deux entrées.

J'avais pour habitude de finir mes grosses pièces montées la veille du service : cela me faisait passer une partie des nuits; mais j'avais assez de deux heures de repos. A trois heures du jour de l'après-midi du service, ma pâtisserie était toujours rangée en ordre sur une nappe bien blanche; et par cette manière d'opérer je ne fis jamais attendre après moi; au contraire, au moment du service j'allais aider à dresser les entrées, et j'étais fort aise de n'entendre pas dire il me fallait tout faire, tout préparer par moi-même; ce qui était très pénible. Mon premier ouvrage était de mettre le feu dans le four pendant trois heures consécutives; pendant ce temps, je pilais un pain de sucre, et ensuite ma pâte d'office et ma pâte à dresser, lorsque j'avais un gros pâté froid. Mes amandes étaient émondées et coupées en filets, et une partie hachée pour colorer. Mon vert d'épinards était passé au tamis de soie, et à neuf heures je nettoyais mon four; ensuite je détrempais le feuilletage nécessaire pour mes pièces montées. Mes abaisses de pâte d'office étaient faites et prêtes à dorer. A dix heures je commençais à cuire ma petite pâtisserie glacée. A midi toute ma pâte d'office et ma petite pâtisserie blanche étaient cuites; ensuite je déjeunais. A une heure je cassais cinquante œufs de biscuit; après mes jaunes pris, je beurrais mon moule, et de suite je fouettais mes blancs et mêlais mon appareil. Je glaçais mon moule deux fois. A deux heures mon biscuit entrait au four; je parais ma pâte d'office et la mettais aux amandes de couleur; ensuite je préparais ma détrempe de brioche, de baba ou autre; mais lorsque j'avais un gros pâté et un biscuit, je ne faisais pas d'autre détrempe. A trois heu-

que je fusse un prodigue et un consommateur. Je faisais tout juste le nombre de gâteaux qui étaient nécessaires pour mes entremets, en sorte qu'il n'en restait jamais un seul. Pour mes pièces montées, j'étais tellement vétilleux, que j'observais le détail de ces sortes de pièces afin de ne rien faire de superflu.

En 1805, je fis cinquante-trois extras sans m'arrêter un seul jour; ce fut à l'occasion du traité de Presbourg.

res et demie j'allai regarder mon biscuit. Après cela, je glaçai ma pâtisserie au sucre au cassé; et à cinq heures et un quart je retirai mon biscuit; ensuite je mis mon travail en ordre, puis je dînai ; après cela, je commençai à grouper mes pièces montées, et à une heure du matin elles étaient collées entièrement ; alors je corrompis ma pâte à brioche ou celle de baba, et la mis dans le moule que je plaçai dans un endroit où la chaleur était douce et égale, c'est-à-dire que cet endroit ne doit pas être exposé aux courants d'air, afin que la pâte puisse fermenter sans interruption.

Après cela je fus me reposer ; et à cinq heures du matin je me mis à l'ouvrage, aussitôt le feu dans le four. Je fais une croûte de pâté chaud et une casserole au riz ; puis je détrempe 2 litres un quart de feuilletage, et leur donne deux tours ; à sept heures je nettoie le four, et une demi-heure après je mets en cuisson le pâté chaud, la casserole au riz et vingt-quatre petits vol-au-vent, pour être servis en assiettes volantes. Ensuite mes entremets se terminent; à onze heures mon baba entre au four, au lieu que si c'eût été une brioche je l'eusse mise une heure plus tôt. A midi, mes petites pâtisseries sont prêtes à dresser. Je fus déjeuner ; à une heure je fus retirer mon baba, et à deux heures mes quatre grosses pièces. Les entrées et entremets sont dressés et placés en ordre de service. Je préparai de suite les entremets de crème et de gelée, et à trois heures et demie je les plaçai à la glace ; après cela, je préparai quarante-huit caisses pour huit assiettes de fondus, dont je marquai aussitôt l'appareil ; puis je travaillai mon sucre filé pour l'ornement des deux pièces montées; à cinq heures moins un quart je fus m'occuper à la cuisine ; et lorsque les entrées furent prêtes à partir, j'allai finir mes fondus et les mis au four. Puis je démoulai mes entremets de douceur (c'est-à-dire les gelées) ; et lorsque l'entremets fut servi, je fis partir mes fondus sur huit assiettes d'argent, le tout le plus chaud possible.

TROISIÈME ET DERNIER EXTRA.

Les extras les plus beaux, les plus parfaits que j'aie vus, sont les grands dîners qui eurent lieu dans la superbe galerie des Relations extérieures, donnés par S. A. le prince de Talleyrand. La table servie par excellence fut toujours celle-là.

Quel beau tableau, quelle magnificence s'offrait à la vue, en contemplant ces illustres personnages savourant un bon dîner ! Quelle noble assemblée que la réunion de tous ces ambassadeurs étrangers, revêtus de leurs décorations ! Quel silence imposant et majestueux règne dans cette réunion ! Tout y imprime la dignité et la grandeur.

Il fallait voir le bel ensemble de ce service ! Il y avait quarante-huit entrées bien tournées, et parfaitement finies. C'est, sans contredit, ce que la grande cuisine moderne a produit de plus beau et de meilleure mine. Tous ces grands travaux furent commandés par M. Boucher. Son illustre maître tenait à ce que sa table fût l'une des plus somptueuses et des plus splendides de la capitale.

Mais, pour opérer ces superbes dîners, M. Boucher avait le bon esprit d'avoir pour seconds les hommes les plus adroits du métier (ce que l'on doit faire dans une pareille circonstance), tels que Lasne pour le froid, et pour faire partir le service avec le grand chef ; Riquette (ex-maître d'hôtel de l'empereur de Russie) pour les fourneaux ; Savard pour l'entremets et les potages ; le fameux Chevalier pour la broche : j'étais chargé de la pâtisserie (1) et de l'entremets de douceur ; avec une telle brigade, on peut faire le parfait fini. Nous étions largement payés ; nous employions tout ce que Paris avait de plus beau dans ses marchés, et ce qui était bien plus agréable encore pour nous, c'était cette gaieté franche et loyale, cette bonne union qui régnait dans toutes les parties. C'est ainsi que se passaient ces pénibles extras.

OBSERVATIONS.

Quelques grands cuisiniers ont des façons systématiques d'opérer, mais leur genre ne diffère que

---

(1) Ma partie se composait ainsi : huit grosses pièces, quatre de fonds et quatre de colifichets ; l'élévation était de 1 mètre 20 centimètres, 1 mètre 30 de hauteur sur 55 à 60 centimètres de largeur. Je ne fis jamais de pièce montée mieux finie que celle de ces grandes galeries. Plus, huit entremets de pâtisserie et huit de douceur, dont quatre de gelée, deux de suédoises et deux de crèmes ; quatre entrées de pâtisserie ; le tout à quatre heures, dressé et rangé en ligne de service.

dans quelques entrées et entremets particuliers qui les distinguent les uns des autres; car le fond de la grande cuisine est invariable, quoique quelques-uns le modifient selon les circonstances. On n'a jamais vu et jamais l'on ne verra un grand cuisinier confectionner un bon dîner avec de mauvaises fournitures. Pour le matériel de nos opérations, nous devons employer toujours les viandes de boucherie de première qualité, la plus belle volaille, de même que le gibier et les comestibles dans leur fraîcheur; le même choix pour les fruits, légumes et racines potagères de toute espèce.

Pour la bonne pâtisserie, les meilleurs beurres d'Isigny et de Gournay; les farines de première qualité et blancheur; de beau et bon sucre; des épiceries parfaites. Avec de telles fournitures, du talent et un bon commandement, on est sûr de bien faire.

Toutes ces sortes de provisions sont fort coûteuses, et voilà précisément pourquoi un bon cuisinier dépense beaucoup d'argent dans ses marchés; et si parfois des maîtres tracassiers font quelques emplettes pour s'informer du prix des choses, ils sont presque toujours trompés dans la qualité et la fraîcheur de leurs achats, et cela est tout simple; les marchands, jaloux de conserver et de fournir les bons cuisiniers de vrais amphitryons, leurs meilleures pratiques, savent fort bien qu'il faut leur choisir tout ce qu'il y a de plus frais et de plus beau; et pour bien les servir, ils s'empressent de mettre de côté ce que nos provinces nous envoient de plus fin et de plus exquis. Tous ces articles ne paraissent jamais en étalage : voilà donc positivement les raisons pour lesquelles les maîtres ne voient jamais ces belles fournitures, et d'ailleurs ils ne voudraient pas toujours payer leur juste valeur; puis la fraîcheur et la finesse des objets font beaucoup pour la variation des prix. Tous ces soins et toutes ces préférences se payent.

Mais le grand art de l'économie ne consiste pas à dépenser peu pour avoir de mauvaises provisions, qui détruisent la réputation de celui qui les a achetées et en même temps font peu d'honneur à l'amphitryon.

Eh! qui connaît mieux le grand art de l'économie qu'un parfait cuisinier? Il fait, par ses justes compensations, par ses soins assidus, et surtout par ses heureux détails, il fait, dis-je, usage de tout : tout par lui est simplifié et perfectionné. De là vient cette bonne mine des mets qui séduisent le coup d'œil, délice des vrais gastronomes.

Passons aux maîtres-d'hôtel-contrôleurs. Il y a un grand nombre de maîtres-d'hôtel et de contrôleurs, qui sont vraiment peu propres à cette profession, et qui ne peuvent régir leurs affaires sans tourmenter ceux qui les environnent. Ils peuvent à peine se recueillir pour l'opération au moment du service, et l'ensemble de leur gestion a quelque chose de mesquin et de ridicule.

Le vrai contrôleur doit être non seulement

homme de goût, mais d'un goût exquis ; il doit savoir administrer, avoir du tact et un commandement juste, sans équivoque ; un geste, un regard doit exprimer ce qu'il demande. Il ne doit jamais précipiter son service. De l'affabilité avec tout le monde, la mémoire toujours présente, un jugement sain, de l'intégrité dans sa gestion, voilà ce qui caractérise le vrai contrôleur.

Il y a des maîtres-d'hôtel orgueilleux, sans talents, qui prétendent que l'honneur d'un grand dîner leur appartient personnellement. Les travaux du cuisinier ne peuvent être mis en parallèle avec les occupations de ces maîtres-d'hôtel. Le premier passe des jours et des nuits dans le feu, il est sans cesse en butte à mille contrariétés que son travail fait naître. Le maître-d'hôtel, au contraire, après avoir fait son marché, passe du salon à la salle à manger, où il fait placer son couvert par les valets de pied ou couvreurs de table ; ensuite, il va dans son appartement : là, assis mollement dans un fauteuil, il attend complaisamment l'heure du dîner, et, descendant à la cuisine, regarde, observe et fait souvent la mine ; car ces messieurs ne sont pas très parleurs. Lorsqu'à table tout le monde lui sourit et lui fait compliment, le brave homme prend cela pour lui seul : il ne dira jamais au cuisinier : Nous avons un bon dîner ! Les maîtres sont très gais et mangent beaucoup (1). Si, vers la fin du dîner, notre mon-

(1) Signe qui dénote la bonne cuisine, et dont le cuisinier a grand

sieur fait une gaucherie, alors il tourmente tout le monde, ou bien il garde un silence affecté, vous regarde en sournois, et sa mine renfrognée exprime très bien tout ce qui se passe en lui; enfin, c'est le tyran des domestiques.

AVIS AUX JEUNES GENS.

Jeunes gens, vous qui êtes zélés, laborieux et adroits, vous qui avez la noble envie de réussir dans votre état, suivez mes conseils. Soyez attentifs et prévenants aux ordres de vos supérieurs; mais jamais de petitesse avilissante, cela dégrade le caractère de l'homme. Rappelez-vous qu'il n'est point de bon chef, si l'on n'est docile au commandement. Soyez donc ardents à remplir vos devoirs; ne répondez jamais par des mots impolis aux objections de vos chefs. Soyez patients, et le temps vous fera justement apprécier; prenez toujours la défense et les intérêts de l'homme qui vous commande et qui vous donne ses leçons; n'ayez jamais la faiblesse d'agir sourdement contre lui; soyez au contraire loyaux à son égard, et vous aurez toujours son estime. Avec de telles maximes vous serez considérés et estimés.

L'homme de bouche ne doit faire que sa cuisine, et ne pas plus se mêler des affaires de la chambre que de celles de l'écurie. Il faut être honnête avec tout le monde, poli, ami sans liaisons.

soin de faire la remarque; car si réellement on fait honneur au dîner, c'est honorer le maître de la maison et son chef de cuisine.

Ne cherchez pas à devenir chefs trop jeunes ; c'est une ambition souvent funeste, et l'inexpérience peut conduire à de grandes sottises.

Je sais que certains chefs égoïstes s'emparent de tous les profits, ce qui porte quelquefois les jeunes gens à cabaler contre eux ; mais si, au contraire, les chefs étaient assez justes pour se contenter de leurs bénéfices, qui se composent des suifs seulement, en laissant avec intégrité les graisses et les levûres de lard à leurs aides, de même en abandonnant aux garçons de cuisine les viandes des sauces et les fonds de marmite, par ce désintéressement, leur monde leur serait plus attaché, les estimerait davantage, et apporterait tout le zèle nécessaire pour les seconder dans leurs travaux.

Mais sans avoir l'envie d'être cabaleur, moi-même étant aide dans une des premières maisons de la capitale, je fus contraint d'abandonner à mon chef la moitié de mes profits pour avoir la paix, ou plutôt pour ne pas m'exposer à sortir de la maison ou à le faire chasser par des cabales.

Je ne voulais qu'une chose : faire des progrès dans mon état. En effet, je crois avoir plus gagné en me comportant ainsi que si j'avais quitté l'homme le plus capable de Paris.

Vous, jeunes gens qui avez l'amour de votre art, ayez aussi du courage et de la persévérance ; ne vous rebutez pas de vos recherches, bannissez toute idée chimérique, et espérez tout du temps et du travail. Et si jamais vous rencontrez un ami qui vous oblige avec désintéressement, trouvez-vous heureux d'avoir connu un tel homme.

PENSÉE A L'AMITIÉ.

Qu'il me soit permis ici de donner quelques détails sur un événement malheureux qui doit servir de leçon à tous les jeunes gens qui se vouent à la cuisine.

Souvenir affreux! Oh! pensée déchirante!.... Mes yeux se remplissent de larmes à ce cruel souvenir. Ami trop infortuné! tu fus la victime de ton imprudence extrême, et tu laissas à tous ceux qui t'ont connu l'éternel regret de ta fin malheureuse!

Ce fut en 1810; mon ami était premier aide de cuisine et chef des voyages dans une grande maison de la capitale. Ce fut un jour qu'il devait servir des petits pois : ces petits pois étaient conservés dans une bouteille. Pour les avoir, il eut la témérité de faire sauter le goulot d'un coup du dos de son grand couteau. Le goulot casse un peu plus bas en faisant quelques petits éclats de verre. Alors notre jeune homme voit le triste résultat de sa légèreté; il veut avoir une autre bouteille ; tous ses camarades lui dirent que ce serait plus sage que de s'exposer à de grandes réprimandes.

Mais peut-on fuir son malheur? Les petits pois sont étalés sur une serviette ; on les trie un à un, et aucun indice de verre n'est aperçu.

Enfin il se décide à les servir, sans prévenir le chef de son imprudence.

Mais, hélas ! quel terrible contre-temps ! La première fois que son maître en porte à sa bouche, il s'y trouve un petit éclat de verre plat et mince, de la largeur d'un petit pois. Le maître, surpris, réprimande le contrôleur.

Le contrôleur, furieux, descend à la cuisine, et traite sans pitié le malheureux jeune homme ; il l'accuse d'avoir tenté d'empoisonner son maître : il lui ordonne de quitter et de se retirer pour jamais. Ces mots, prononcés avec colère, avaient anéanti mon pauvre ami. La confusion, la crainte et l'effroi s'emparent de lui ; ses jambes tremblantes le soutiennent à peine. Enfin il quitte ses funestes travaux ; il arrive chez le suisse, la mort sur les lèvres, et là il tombe évanoui. Tous les soins lui sont prodigués ; on le rappelle à la vie : ses camarades, d'une voix unanime, lui dirent que son maître était bon et généreux, et que dans quelques jours on le rappellerait auprès d'eux.

Mais le coup mortel avait frappé au cœur l'infortuné : il se fit conduire à l'hospice Beaujon, où il mourut quelques jours après.

A LA

MÉMOIRE DE BOUCHER

CONTROLEUR DE LA MAISON DU PRINCE DE TALLEYRAND.

Boucher fut un des hommes qui, par leurs travaux, ont le plus contribué aux développements et à la splendeur de la cuisine moderne. Il eut le bonheur d'appartenir à un grand seigneur qui aima toujours la somptuosité de sa table; et les dîners des quarante-huit entrées, donnés par le prince de Talleyrand (lors de son ministère aux affaires étrangères), n'eurent jamais leurs semblables dans la capitale, et ne se renouvelleront probablement plus de longtemps, puisqu'il est vrai que notre état marche vers sa décadence, par suite d'un système d'économie extraordinaire qui existe dans toutes les grandes maisons de Paris. Mais si Boucher eut le bonheur insigne d'appartenir à un prince grand et généreux, le prince à son tour eut la douce satisfaction d'entendre citer sa maison comme la première de France. Telle on citait autrefois la maison du prince de Condé comme la première du royaume pour la bonne chère qu'on y faisait; et si notre illustre amphitryon fit la fortune de son cuisinier, celui-ci par son talent fit la réputation de la maison du prince!

Depuis la perte de Boucher, la cuisine française a perdu deux hommes des plus distingués. Le premier fut chef rôtisseur de la maison impériale. M. Gaillot avait la réputation d'être le premier rôtisseur de France. J'eus l'occasion de l'employer dans la grande affaire de Vertus près Châlons-sur-Marne, et je ne vis jamais d'homme plus soigneux et plus propre dans son travail; et lorsqu'il eut perdu la place éminente qu'il occupait dans les cuisines impériales, il se décida à prendre un hôtel garni pour quitter le pénible état d'être de maison.

Le second grand rôtisseur que l'art culinaire a perdu est le fameux Chevalier, chef rôtisseur de la maison du prince de Talleyrand-Périgord. Cet homme habile contribua par son talent à la beauté des grands dîners de la rue de Varennes, dans les grandes fêtes données par l'Hôtel-de-Ville de Paris. Ce fameux rôtisseur a soutenu pendant vingt ans sa grande réputation.

CHAPITRE III.

AVIS AUX MAITRES PATISSIERS.

MOYENS INFAILLIBLES POUR LA DESTRUCTION DES BÊTES NOIRES.

J'imaginai plusieurs moyens pour tâcher de diminuer le grand nombre de ces vilaines bêtes qui habitaient le dessous de mon four ; car lorsque onze heures ou minuit arrivaient, la voûte de dessous le four en était toute noire. Ces importuns insectes allaient par bandes visiter tous les coins de la maison, et finissaient par s'y fixer : cela devenait fort désagréable ; enfin, après m'être bien tourmenté l'imagination, je trouvai une idée qui réussit au delà de mon espérance. Je me rappelai qu'un jour nous avions trouvé dans un pot à confiture (qui était vide et très propre) une de ces bêtes noires vivante. Elle était là comme en prison, sans pouvoir en sortir ; ses pattes ne pouvaient s'attacher sur l'émail du pot de faïence, ce qui me fit faire la réflexion qu'en leur donnant un peu d'amorce nous pourrions bien en prendre. A cet effet, je fis mettre des parures d'abaisses de pâte d'office dans vingt pots à confitures, et les plaçai sous le four, à 15 centimètres à peu près de distance les uns des autres. Je fis poser le bord des pots sur le mur de la voûte, afin que les bêtes pussent facilement communiquer du mur dans les pots. Cela me réussit à merveille. Le lendemain matin, je fis retirer les pots. Le premier nous étonna tous, il était au quart plein de ces bêtes, et chaque pot que l'on retirait ressemblait beaucoup au premier. Je fis mettre de l'eau chaude dans une terrine, dans laquelle nous renversâmes les pots. Je fus curieux d'en savoir le nombre. Mon garçon de cuisine en compta 1,215. Nous avons constamment continué ce stratagème ; et chaque jour nous en prenions plus ou moins, sans cependant avoir rencontré un jour semblable au premier. C'est ainsi que, peu à peu, je me suis débarrassé de ces importuns, et que bientôt on n'en rencontra plus.

Longtemps après, je pris une mère qui portait encore son œuf après elle : son mâle l'avait accompagnée dans son précipice.

Je fus content de la rencontre. Je leur donnai de quoi se nourrir, et les laissai ensemble. Elles furent placées dans leur prison, sous le four, et chaque jour je les visitais. Au bout de deux jours, l'œuf fut détaché; mais il n'était point éclos. Le père, après dix jours de captivité, fut mangé par sa chère compagne; et trois jours après, elle termina sa carrière.

Je voulus savoir combien ces laids moricauds resteraient de temps sans prendre de nourriture ; j'en mis un seul dans un pot : il vécut quatorze jours. J'ai observé que depuis le mois d'avril jusqu'au mois de septembre, les femelles avaient toujours donné des petits en très grande quantité.

OBSERVATIONS SUR LA LEVURE.

Lorsque je fis mon petit voyage à Dusseldorff, comme chef pâtissier du prince J***, je m'étais imaginé d'y faire, comme à Paris, des brioches, des babas et diverses grosses pièces de fonds, je m'étais trompé. Il en fut bien autrement; point de levûre, et impossible de s'en procurer dans le pays. M. Lange (fameux traiteur de Bruxelles) nous en envoya deux bouteilles seulement vers la fin du voyage, qui dura trois mois et demi. C'est alors que j'aurais été très heureux de connaître cette manière que je vais décrire pour conserver la levûre ; j'en eusse fait ma provision avant de quitter Paris.

Les jeunes gens qui sont jaloux de faire leur état dans de semblables voyages me sauront gré de leur offrir cette recette, puisqu'elle peut à l'avenir éviter ces sortes de contrariétés.

MOYEN DE CONSERVER LA LEVURE. — Battez une certaine quantité de levûre jusqu'à ce qu'elle soit claire. Étendez-en une couche mince dans un plat de bois propre et sec. Renversez-le afin de préserver la levûre de la poussière, mais non pas de l'air qui doit la sécher. Quand cette première couche est sèche, mettez-en une autre, et ainsi de suite, jusqu'à ce qu'il y en ait huit centimètres d'épaisseur. On peut alors la conserver fort longtemps et en bon état dans des boîtes d'étain. Quand on en a besoin pour les détrempes, on en coupe un morceau qu'on fait fondre dans de l'eau tiède, et qu'on emploie comme la levûre fraîche (1).

J'ai répété cette expérience chez moi ; et au bout de six mois, j'ai employé cette levûre avec la même réussite que la levûre du jour, en la mettant cependant un peu plus forte de poids.

Il existe un autre moyen plus facile encore que le précédent, puisque l'on peut soi-même se procurer de la levûre. Voici comment :

MOYEN DE FAIRE LA LEVURE AVEC DES POMMES DE TERRE. — Faites cuire des pommes de terre farineuses jusqu'à ce qu'elles soient bien molles. Pressez, écrasez-les, et versez-y assez d'eau chaude pour leur donner la consistance de la levûre de bière ordinaire. Ajoutez, pour chaque demi-kilogramme de pommes de terre, 62 grammes de mélasse; et quand le tout est chaud, ajoutez-y pour chaque demi-kilogramme de pommes de terre deux grandes cuillerées à soupe de bière. Gardez le tout chaudement, jusqu'après la fermentation, et en vingt-quatre heures la levûre sera prête à être mise en usage. Un demi-kilogramme de pommes de terre produit un

---

(1) *Art de faire le pain*, par Edlin, traduit de l'anglais.

peu moins d'un litre de levûre, et elle se conserve trois mois. Cette levûre remplit si bien le but, qu'on ne peut distinguer le pain qui en contient de celui qui est fait avec la levûre de bière (1).

MÉTHODE ORDINAIRE POUR FAIRE LE PAIN.

Je crois rendre service à mon état, en donnant la méthode pour faire le pain d'après les procédés de M. Edlin.

Les hommes de bouche qui voyagent avec des maîtres amateurs de bonne chère pourront désormais, à l'aide de cette méthode, se procurer du pain frais tous les jours. Cependant nous pourrons en user ainsi toutes les fois que notre service de cuisine n'en souffrira en aucune manière. Or, quand nous habiterons une campagne éloignée, ou que les boulangers de province nous donneront du pain de mauvaise manipulation, c'est alors que nous serons heureux de pouvoir offrir à ceux que nous sommes spécialement chargés de faire bien vivre, du pain qui ne le cédera en rien à celui de nos boulangers de Paris. Cela serait fort agréable pour les maîtres, j'en conviens, mais peut-être fort déplaisant pour nous; car le même homme ne peut être à la fois cuisinier et boulanger; mais il doit en charger son aide et le surveiller dans l'opération, à moins que ce ne soit un aide-pâtissier; alors celui-là doit être l'homme de la chose.

(1) Edlin.

Lors de notre voyage à Dusseldorff, M. Robert (contrôleur du prince) fut obligé de faire venir un boulanger de Paris, attendu que le pain du pays était du plus mauvais goût, manquant d'apprêt et de cuisson, par conséquent d'une mauvaise digestion. Mais notre boulanger arriva; bientôt la table du prince fut servie avec du pain à la française, et tout le monde fut content. Cette circonstance me fit faire la réflexion que mon devoir était de donner à mes confrères les moyens de faire eux-mêmes du bon pain dans tous les pays où ils pourraient séjourner quelque temps. Cela serait, je pense, de la plus haute importance; car notre bonne cuisine n'est plus goûtée du moment que nous avons de mauvais pain.

Revenons à notre opération. Mettez un demi-boisseau de farine (ou 3 kilogrammes) sur le tour. Faites une fontaine au milieu, dans laquelle vous mettez 62 grammes de levûre. Faites votre détrempe à l'eau tiède; faites en sorte qu'elle soit de la consistance de la pâte à brioche, et travaillez bien votre pâte, en y joignant 62 grammes de sel fin délayé dans un peu d'eau tiède. Couvrez et mettez-la chaudement pour qu'elle puisse fermenter et lever. La bonté du pain dépend des soins donnés à cette partie de l'opération. Après avoir laissé la pâte en cet état une heure ou deux, selon la saison, vous la pétrissez de nouveau, la couvrez et la laissez encore deux heures dans cet état. Pendant ce temps, chauffez le four lorsque vous l'avez nettoyé, divisez la pâte en huit parties égales, et formez-en des pains de la forme que vous croyez la plus agréable. Placez-les dans le four le plus promptement possible. Lorsqu'ils sont cuits, vous frottez la croûte avec un peu de beurre, cela leur donne une belle couleur jaune (1).

Pain français en rouleau. — Mettez sur le tour à pâte (car nous ne connaissons d'autre pétrin que celui-là) un demi-boisseau (3 kilogrammes) de farine tamisée. Pétrissez-la avec un peu moins d'un litre de lait, 375 grammes de beurre tiède, 62 grammes de levûre et autant de sel. Quand le tout est mêlé, pétrissez-le avec une quantité suffisante d'eau chaude. Le tout bien travaillé, couvrez la pâte, et laissez-la deux heures pour l'épreuve ; ensuite mouvez-la en rouleaux que vous placez sur des plaques ou plafonds étamés, et laissez-les sur le four ou dans une étuve, chaleur molle, afin qu'ils puissent s'apprêter ; une heure après, placez-les dans un four très chaud pendant vingt minutes. Râpez-les lorsqu'ils sont cuits. On peut les mettre de préférence sur du papier fort et beurré : ils n'en font que plus d'effet en cuisant, et ils sont infiniment plus légers (2).

Pain a la terrine ou a la grecque. — Mettez dans une grande terrine de bois, ou dans une terrine ordinaire, un demi-boisseau (3 kilogrammes) de belle farine. Faites en sorte que le vase et la farine soient un peu chauds (mettez sur le four ou à l'étuve une

(1) Edlin.
(2) Edlin.

heure avant de faire le pain), et mettez 90 bons grammes de levûre et une quantité d'eau et de lait suffisante pour que votre pâte soit mollette (ajoutez 62 grammes de sel) comme pour le solilemne. Étant bien travaillée, tenez-la couverte pendant trois heures sur le four ou dans une étuve, et coupez-la en huit pains, que vous mettez dans des terrines beurrées. Mettez de suite au four très chaud. Quand le pain est à peu près cuit, ôtez-le des terrines, et placez-le sur des plaques ou plafonds pendant quelques minutes, afin que la croûte puisse prendre couleur; ensuite enveloppez de flanelle. Lorsque vos pains sont froids, vous les chapelez.

Le pain préparé de la sorte est beaucoup plus léger que celui des boulangers, et lorsqu'il est coupé il a la figure d'une ruche. Il importe de remarquer que la pâte doit être aussi travaillée et aussi molle que celle du solilemne (1).

OBSERVATION SUR LE RIZ.

Le riz vient principalement de la Chine et de la Caroline méridionale; il se sème après l'équinoxe du printemps. Il réussit dans les terrains bas et marécageux, et doit être semé dans des sillons éloignés de 30 centimètres au moins; il demande à être submergé par 10 à 15 centimètres d'eau à quatre ou cinq reprises différentes. Quand il est mûr, la paille jaunit, et on moissonne avec une faucille en septem-

(1) Edlin.

bre; puis on le soigne, à tous égards, comme le froment et l'orge.

Cette graminée est l'aliment principal des habitants de la moitié du globe; seul il nourrit plus d'hommes que toutes les autres substances prises collectivement (1).

OBSERVATION SUR LES POMMES DE TERRE.

C'est à l'amiral Drake que nous devons cette précieuse découverte : il observa ce végétal en 1578, dans les îles situées à l'ouest du détroit de Magellan; il en apporta dans sa patrie; mais pendant à peu près un siècle, on ne le cultiva qu'en Irlande, et ce ne fut guère avant le milieu du siècle dernier qu'on l'introduisit dans les jardins potagers de l'Angleterre. L'introduction générale de cette plante dans la culture en grand est une des améliorations qui font le plus d'honneur au génie et à l'industrie du siècle.

MANIÈRE DE PROCÉDER POUR OBTENIR LA FARINE DE POMMES DE TERRE. — Lavez et brossez 7 kilogrammes et demi de pommes de terre farineuses (ce qui donnera 1 kilogramme de farine). Vous les râpez au-dessus d'un vase large, profond et plein d'eau. Ce travail fini, vous changez l'eau; et, au bout de trois heures (ce qui ôtera le goût terreux de la pomme de terre), vous la lavez de suite à deux eaux différentes; vous l'égouttez sur un tamis de soie, et la mettez sécher

---

(1) Edlin.

sur le four ou dans l'étuve. Si vous en avez besoin de suite, vous pouvez la faire sécher sur un plafond que vous mettez quelques minutes dans le four, ou bien dans une casserole que vous posez sur des cendres chaudes. Bientôt vous obtenez de la farine très blanche et d'un goût agréable : avant de vous en servir, vous la passez au tamis de soie (1).

Remarque. — Un jour que j'étais pressé d'avoir de cette farine pour faire un soufflé, j'en fis à la hâte, et en quelques minutes j'eus de quoi marquer mon soufflé. Je desséchai bien mon appareil, et j'obtins le même résultat que si ma farine eût été séchée avant de m'en servir : mon soufflé fut beau et bon. Cette recette peut être d'une grande utilité dans les voyages, et pour les personnes qui habitent des campagnes où on ne peut s'en procurer ; mais, à Paris, ce serait une folie de s'en occuper, attendu la modicité du prix de cette fécule.

FRAGMENTS ET OBSERVATIONS SUR LES TRUFFES ET TRUFFIERS.

Voici quelques détails qui pourront nous donner une juste idée des truffes comestibles que nous employons presque tous sans savoir comment ce végétal se reproduit. Je les trouve dans quelques pages détachées d'un ouvrage que je n'ai pu me procurer. Ne connaissant pas le nom de l'auteur, j'ai fait faire

---

(1) Edlin.

des recherches inutiles dans plusieurs maisons de librairie.

« Je regarde la truffe comestible comme un végétal vivipare ; ce ne sont pas, à proprement parler, des graines que l'on voit dans les cellules de sa chair réticulée, mais de petites truffes toutes formées, attendu qu'elles ont la même forme et la même couleur que celles qui leur ont donné naissance ; elles ont aussi comme elles leur surface relevée de petites éminences taillées en pointes ; pour parvenir à leur accroissement complet, elles ne se développent pas comme graines, mais elles croissent par une simple extension des parties comme fœtus. C'est par les petites pointes dont leur surface est hérissée, lesquelles se prolongent en filets courts qui font l'office d'autant de cordons ombilicaux, qu'elles tirent de la mère-truffe les sucs nécessaires à leur accroissement ; ce sont ces mêmes filets qui, lorsque la mère-truffe est détruite, s'implantent immédiatement dans la terre, et y remplissent les fonctions de racines. Ces jeunes truffes, parvenues à la grosseur d'un pois, conservent encore visiblement ces petits filets ; ce n'est qu'avec l'âge qu'ils disparaissent.

« C'est particulièrement dans les forêts plantées de chênes et de châtaigniers que se plaît la truffe comestible ; c'est aussi dans les terrains graveleux, dans les terres légères en général, qu'on la rencontre le plus ordinairement. Elle est commune dans les provinces méridionales de la France, et particulièrement dans le Languedoc, la Provence, le Dauphiné, l'Angoumois, le Périgord, la Guienne. On en trouve aussi de fort bonnes en Bourgogne, en Lorraine, en Franche-Comté, dans la Champagne, et il est probable qu'on en pourrait trouver dans toute la France.

« La truffe comestible est ordinairement recouverte de 8 à 10 centimètres de terre ; quelquefois cependant elle se trouve jusqu'à 40 centimètres de profondeur, et quelquefois aussi elle est presque à fleur de terre. L'odeur pénétrante qui s'exhale de cette espèce de truffe et de ses variétés fait qu'on se sert avec succès, pour les découvrir, de petits roquets stylés à ce genre de chasse, ou d'un porc qu'on mène en laisse. Les bons chercheurs de truffes reconnaissent aussi les truffiers à certaines crevasses qui se trouvent à la terre ; d'autres, plus attentifs encore, les découvrent au moyen d'un insecte ailé qui voltige dans leur voisinage : ils regardent ce signe comme certain, quand la terre, au-dessus de laquelle rôdent des essaims de ces insectes, est dépouillée de végétaux.

« Cette truffe varie beaucoup dans ses dimensions. Cependant, quoiqu'elle soit fort pesante en raison de son volume, il est rare que son poids soit de plus de 220 à 250 grammes. Nous trouvons les truffes d'un poids extraordinaire, quand elles pèsent jusqu'à un demi-kilogramme ; et il y a encore loin de celles-là à celles qui, au rapport de Haller, d'après Bresl et Keisler, pesaient 7 kilogrammes.

« *Rapprochement.* — Au premier coup d'œil on

pourrait confondre la truffe comestible noire avec la truffe musquée ; mais cette dernière a sa surface lisse et sa chair mollasse. On pourrait aussi trouver quelques rapports entre la variété de la truffe comestible, qui est d'une couleur cendrée, et la truffe blanche ; mais, outre que la truffe blanche a une base radicale, sa surface n'est jamais relevée d'éminences prismatiques.

« *Usages.* — On fait un fréquent usage de la truffe comestible comme assaisonnement, et même comme aliment. On mange les truffes au court bouillon, au vin de Champagne, en potages, en ragoût gras et maigre, en pâtés, en tourtes. On en fait des crèmes, et les grands amateurs de truffes les préfèrent cuites sous la cendre et sans apprêts. Plus les truffes sont mûres, c'est-à-dire, plus leur chair est marbrée, plus elles ont de parfum, et plus elles sont agréables au goût. Celles de certaines provinces sont aussi plus estimées ; elles sont de meilleur goût, elles ont plus de parfum : ce qui paraît dépendre de la nature du sol.

« La truffe restaure, fortifie l'estomac, et excite les ardeurs de Vénus. »

Je regrette de ne pouvoir donner d'autres détails intéressants que doit contenir l'ouvrage sur ce végétal important, qui rend si souvent notre bonne cuisine savoureuse et agréable au palais, et qui, par son fumet délicieux, est si estimé des Lucullus modernes.

PROCÉDÉ POUR CLARIFIER LE MIEL, PAR M. FOUQUES, CHIMISTE, EMPLOYÉ DANS LE MIDI DE LA FRANCE POUR L'ENSEIGNEMENT DE LA FABRICATION DU SUCRE AVEC DES MATIÈRES INDIGÈNES.

Prenez miel 3 kilogrammes ; eau 870 à 875 grammes ; craie réduite en poudre 78 grammes ; charbon pulvérisé, lavé et desséché, 155 grammes ; trois blancs d'œufs battus dans 93 à 94 grammes d'eau par chaque demi-kilogramme de miel.

On met le miel, l'eau et la craie dans une bassine de cuivre, dont la capacité doit être d'un tiers plus grande que le volume de mélange. On le fait bouillir pendant deux minutes ; ensuite on jette le charbon dans la liqueur, on le mêle avec une cuiller, et on continue l'ébullition pendant deux autres minutes. Alors on retire la bassine du feu, on laisse refroidir la liqueur pendant à peu près un quart d'heure, et on la passe par une étamine, en ayant soin de remettre sur l'étamine les premières portions qui filtrent, par la raison qu'elles entraînent toujours avec elles un peu de charbon. Cette liqueur, ainsi filtrée, donne un sirop convenablement cuit.

Une portion de sirop reste sur l'étamine adhérente au charbon, à la craie et au blanc d'œuf; on l'en sépare par l'un des deux procédés suivants.

Premier procédé. — On verse de l'eau bouillante sur les matières jusqu'à ce qu'elles n'aient plus de saveur sucrée ; on réunit toutes les eaux du lavage, et on les fait évaporer à grand feu jusqu'à consistance de sirop. Ce sirop ainsi cuit contracte une saveur de sucre d'orge, et ne doit point être mêlé par cette raison avec le premier.

Second procédé. — On verse à deux reprises, sur les matières précédentes, autant d'eau bouillante qu'on en emploie pour purifier la quantité de matière sur laquelle on a opéré; on la laisse filtrer et égoutter ; on soumet le résidu à la presse ; on réunit toutes les eaux, et l'on s'en sert pour une autre clarification.

OBSERVATIONS. — 1° Le sirop fait par le procédé qu'on vient d'indiquer est d'autant meilleur que le miel dont on se sert est de qualité supérieure. Celui qu'on obtient avec le miel du Gâtinais, et à plus forte raison avec celui de Narbonne, ressemble beaucoup au sirop de sucre. Celui qu'on obtient avec le miel de Bretagne n'est pas bon.

2° Avant de se servir de l'étamine lorsqu'elle est neuve, il est nécessaire de la laver à plusieurs reprises avec de l'eau chaude ; autrement elle communiquerait une saveur désagréable au sirop, parce que dans cet état elle contient toujours un peu de savon.

3° Il faut que le charbon qu'on emploie soit bien pilé, lavé et desséché ; sans cela l'opération ne réussirait qu'en partie (1).

La récolte annuelle et périodique de la ruche pyramidale, lorsqu'elle est parvenue à un bon mètre

---

(1) Voyez la *Ruche pyramidale*, par P. Ducouédic.

d'élévation sur 43 centimètres de diamètre, est de 45 à 50 kilogrammes de miel et 2 de cire.

Il paraît, selon le même auteur, que le miel était le sucre de nos pères. Avant la découverte de l'Amérique, et sous les premières dynasties, le produit des abeilles a formé la branche la plus considérable des revenus de l'État. Le grand abeiller de France, c'est-à-dire le ministre pour la police et la recette générale des produits considérables de cette riche partie de l'économie rurale, était toujours l'un des plus importants personnages de la monarchie.

REMARQUES CURIEUSES SUR LA GLACE (1).

« Pendant l'hiver de 1740, qui fut très rigoureux, surtout en Russie où le froid surpassa celui de 1709, on construisit à Saint-Pétersbourg un palais de glace de dix-sept mètres de longueur sur cinq mètres de largeur et six à peu près de hauteur, sans que le poids des parties supérieures et du comble, qui était aussi de glace, parût endommager le moins du monde le pied de l'édifice. La Néva, où la glace avait deux ou trois pieds d'épaisseur, en avait fourni les matériaux.

« Les blocs de glace qu'on en tirait étaient d'abord taillés avec soin, embellis d'ornements, et posés ensuite selon toutes les règles de l'architecture. Il y avait au-devant du bâtiment six canons de glace faits sur le tour avec leurs affûts et leurs roues,

(1) Extrait du *Manuel physique*, par J. Ferapie-Dufieu.

pareillement de glace, et deux mortiers à bombes dans les mêmes proportions que ceux de fonte. Les canons étaient de ceux d'un kilogramme et demi de poudre de charge, ce qui répond au moins à 3 kilogrammes de balle ; mais on ne les chargeait que de 125 grammes de poudre : après quoi on y faisait couler un boulet d'étoupe, et même quelquefois de fer. L'épreuve d'un de ces canons fut faite un jour en présence de toute la cour ; le boulet perça une planche de cinq centimètres d'épaisseur à soixante pas d'éloignement. »

Plusieurs anciens n'ont pas cru que la mer pût se geler ; mais la mer Baltique et la mer Blanche se gèlent presque tous les ans, et les mers plus septentrionales se gèlent tous les hivers. Le Zuyderzée même se gèle souvent en Hollande.

Waffer rapporte que, près de la terre de Feu, il a rencontré plusieurs glaces flottantes très élevées qu'il prit d'abord pour des îles. Quelques-unes, dit-il, paraissaient avoir 4 et même 8 kilomètres de long, et la plus grosse de toutes lui parut avoir environ 150 mètres de haut (1).

Ces remarques, me dira-t-on, n'ont aucun rapport avec la pâtisserie. Cela est vrai ; mais c'est par curiosité que je les rapporte : cependant elles s'y rattachent, si l'on veut, sous le rapport du grand usage que nous faisons de la glace durant l'été, et

(1) Voyez le *Voyage* de Waffer, imprimé à la suite de ceux de Dampierre, tome IV, page 304.

même l'hiver, pour la congélation de nos entremets de crème, de fruits, de liqueurs spiritueuses, et pour faciliter le travail de la pâtisserie pendant les chaleurs de l'été.

Nota. — L'auteur s'est servi quelquefois, dans le cours de ces deux volumes, de l'expression tombée en désuétude de *sucre royal*, qui était le sucre superfin de son époque. Il a aussi souvent employé les mots *glace royale*, dont on se sert encore quelquefois dans la pratique. On dit encore, mais rarement, *glacer à la royale*. La glace royale est faite de blanc d'œuf et de fleur de sucre. Quelques fondants dont on use aujourd'hui et dans lesquels n'entre pas de blanc d'œuf ont l'avantage de sécher moins vite. On emploie ces fondants pour glacer, et on se sert de la glace royale pour décorer les gâteaux.

FIN DU TOME SECOND ET DERNIER.

TABLE DES MATIÈRES

TOME PREMIER.

RÉCAPITULATION DES PARTIES

PREMIÈRE PARTIE.

Des détrempes en général suivies d'observations sur les causes de leurs bons et mauvais effets............................ 1

DEUXIÈME PARTIE.

Des entrées chaudes de patisserie : patés chauds, timbales, casseroles au riz, croustades de pain, de nouille, de truffes, et des chartreuses.. 83

TROISIÈME PARTIE.

Des grosses pièces de fonds.................................. 219

TOME SECOND

QUATRIÈME PARTIE.

Des grosses pièces et des entremets montés...................... 1
Chap. I. Observations préliminaires............................. 1
Chap. II. Harpe ornée d'une couronne de sucre filé................ 6
   Lyre enlacée des emblèmes de l'Amour........................ 8
   Mappemonde en sucre filé................................... 9
Chap. III. Casque français..................................... 10
   Casque romain... 13

Casque grec..	15
Chap. IV. Trophée de guerre.................................	17
Schako français...	17
Trophée de marine...	18
Chap. V. Trophée militaire....................................	19
Casque antique..	19
Trophée moderne...	22
Chap. VI. Trophée des beaux-arts..........................	22
Coupe élégante..	24
Mappemonde égyptienne.....................................	25
Chap. VII. Grande cassolette à sultane...................	27
Pyramide d'abaisse en pâte d'amandes.................	28
Cassolette à cascade..	31
Chap. VIII. Vase en nougat...................................	31
Grande corbeille garnie de fruits...........................	33
Coupe garnie d'oranges......................................	33
Chap. IX. Observations..	35
Ermitage chinois..	37
Tour gothique..	37
Pavillon indien...	38
Chap. X. Ermitage parisien...................................	40
Rotonde rustique...	40
Berceau à treillage garni de vignes.......................	43
Chap. XI. Grotte ornée de mousse.........................	44
Rotonde parisienne..	46
Cascade des palmiers..	47
Chap. XII. Cascade demi-circulaire........................	49
Maison rustique...	50
Grande cascade à seize colonnes........................	52
Chap. XIII. Fontaine turque...................................	52
Fontaine antique dans une île..............................	54
Fontaine grecque...	54
Chap. XIV. Grand cabinet chinois..........................	57
Pavillon vénitien sur un pont................................	59
Belvédère égyptien...	60
Chap. XV. Moulin turc..	61
Ermitage hollandais..	63
Moulin chinois...	65
Chap. XVI. Pavillon turc.......................................	67
Rotonde en ruine...	67
Grande fontaine moderne....................................	70
Chap. XVII. Fronton en ruine................................	70
Ruine de Palmyre..	71

TABLE DES MATIÈRES.

Grande ruine d'Athènes............................	72
Chap. XVIII. Petit navire chinois.....................	72
Gondole vénitienne...............................	73
Chap. XIX. Pain bénit grandiose.....................	74
Observation sur les grosses pièces montées..........	76
Chap. XX. Des croque-en-bouche d'entremets........	79
Croque-en-bouche de quartier d'orange.............	79
— de génoises au gros sucre.............	80
— de feuilletage à blanc.................	82
— de marrons glacés au caramel..........	82
— de noix vertes glacées au caramel.......	83
Chap. XXI. Biscuit glacé à la royale.................	84
Biscuit à la parisienne............................	86
— aux confitures et meringué............	87
— fourré à la pâtissière et meringué.......	88
— à l'italienne.........................	89
Chap. XXII. Corbeille à la française..................	89
Corbeille à l'anglaise.............................	90
— à la génoise.........................	91
Coupe en pâte d'amandes ornée d'une sultane.......	91
Chap. XXIII. Premier traité des charlottes............	93
Charlotte à la parisienne..........................	93
— à la française.......................	94
— à l'italienne.........................	95
— aux macarons d'avelines..............	96
— aux gaufres aux pistaches.............	96
Chap. XXIV. Second traité des charlottes.............	97
Charlottes de pomme d'api........................	97
— de pommes de reinette...............	99
— d'abricots..........................	100
— de pêches..........................	100
Chap. XXV. Meringue montée et au gros sucre........	101
Chap. XXVI. Vase garni de noix en pâte d'amandes....	103
Coupe garnie d'un ananas en pâte d'amandes........	106
Corbeille garnie en pommes d'api, en pâte d'amandes	107
Ballon en sucre filé...............................	109
Corbeille en sucre filé, garnie de meringues.........	110
Coupe en nougat garnie de crème aux fraises........	112
Entremets monté à trois gradins...................	113
Chap. XXVII. Biscuit en timbale à l'espagnole........	114
Beignets à l'espagnole............................	116
Gâteau de mille feuilles à la napolitaine.............	116
Vol-au-vent à la française.........................	118

Charlotte à la polonaise.. 120
Nougat d'avelines et pistaches à la parisienne.............. 121
Gâteau de mille feuilles à la française........................... 123
    —   —   à la vénitienne............................ 125
Mousse en couronnes de meringues à la crème et au chocolat. 127
Flan de poires à la germanique....................................... 128
    — de pommes à la parisienne................................. 131
Chap. XXVIII. Coupe montée sur une cassolette........ 132
Vase garni d'une palme... 133
Sultane montée sur une cassolette................................... 134
Gerbe de blé ornée de sucre filé....................................... 135
Vase formant cascade.. 136
Arbuste portant de petits paniers..................................... 137
Chap. XXIX. Rotonde à palmier................................... 138
Petit temple en pâte d'amandes....................................... 139
Petit pavillon turc orné de sucre filé............................... 141
Petite ruine dans une île.. 141
Petit cabinet chinois... 142
Petite rotonde en ruine... 143
Chap. XXX. Observations... 146
Coupe gothique à sultane ornée de laurier.................... 148
Lyre en pâte d'amandes, ornée d'un cadran et de sucre filé. 150
Corbeille gothique, garnie de fleurs en sucre filé......... 151
Ermitage de Sion en Suisse... 153
Double cascade à l'italienne.. 154
Grande fontaine du Parnasse... 156

CINQUIÈME PARTIE.

Des entremets de patisserie, détachés et non détachés...... 160
Chap. I. Des entremets de pâtes à choux en général........... 160
Ramequins, entremets chauds.. 160
Choux pralinés aux avelines.. 162
    — grillés aux amandes.. 163
Gimblettes grillées aux amandes.................................... 164
Choux au gros sucre... 164
    — à la Mecque.. 164
    — aux anis blancs.. 165
Petits choux à la d'Artois... 166
Choux à la Saint-Cloud... 166
    — soufflés en zeste d'orange ou de citron......... 166
    — en caisse au cédrat... 167

TABLE DES MATIÈRES.

Pâte à choux pour les petits pains à la duchesse et les choux glacés................................	168
Petits pains à la duchesse...........................	168
Choux glacés.......................................	170
Pains aux avelines..................................	170
Choux aux avelines.................................	170
Petits pains au chocolat.............................	171
— à la reine................................	172
— à la rose.................................	173
— à la paysanne............................	173
— au raisin de Corinthe.....................	174
— glacés au caramel........................	174
— glacés aux pistaches.....................	175
— glacés aux anis roses....................	175
— glacés au raisin de Corinthe..............	175
— panachés................................	176
Profitrolles au chocolat.............................	176
CHAP. II. Madeleines au cédrat......................	178
Madeleines aux raisins de Corinthe...................	180
— aux pistaches...........................	180
— aux cédrats confits......................	180
— aux anis blancs.........................	181
— en surprises............................	181
CHAP. III. Des génoises en général, entremets de sucre........	182
Génoises à l'orange.................................	182
— à la rose................................	183
— à la vanille..............................	184
— au chocolat.............................	184
— au raisin de Corinthe.....................	185
— au cédrat confit.........................	185
— aux anis roses..........................	185
— au marasquin...........................	186
— aux pistaches...........................	186
— aux avelines............................	187
— aux amandes amères....................	188
— en couronnes perlées	188
— perlées aux pistaches	189
— perlées au raisin de Corinthe............	189
— à la reine...............................	192
CHAP. IV. Des gâteaux aux amandes amères.........	195
Gâteaux d'amandes amères.........................	195
— — aux avelines....................	197
— — au cédrat.......................	198

TABLE DES MATIÈRES.

Chap. V. Des gaufres en général, entremets de pâtisserie...... 199
Gaufres aux pistaches.................................... 199
— au raisin de Corinthe et au gros sucre............. 200
— à la parisienne.................................... 202
— à la française..................................... 203
— mignonnes aux avelines............................. 204
— d'office à la vanille.............................. 205
— à la flamande...................................... 205
Chap. VI. Des petits nougats détachés....................... 206
Nougats à la française................................... 209
— au sucre rose et à la vanille...................... 209
— au raisin de Corinthe et au gros sucre............. 211
— aux avelines garnis de crème fouettée.............. 211
Chap. VII. Des meringues en général........................ 212
Meringues à la bigarade.................................. 213
— aux pistaches...................................... 213
Chap. VIII. Des petits pains de châtaignes, de pommes de terre, et d'amandes... 215
Petits pains de châtaignes............................... 216
— de pommes de terre................................. 216
— aux avelines....................................... 217
— aux amandes amères................................. 218
— aux anis de Verdun................................. 219
— aux quatre fruits.................................. 219
— au zeste d'orange.................................. 220
Chap. IX. Darioles, entremets chauds....................... 220
Darioles au café Moka.................................... 221
— soufflées à la vanille............................. 222
Chap. X. Des talmouses au sucre, entremets chaud........... 222
Talmouses au sucre et au fromage de Viry................. 223
— ordinaires... 223
Chap. XI. Des petits soufflés de riz et de fécule.......... 225
Petits soufflés au zeste de citron....................... 225
— au riz au lait d'amandes........................... 225
Chap. XII. Des mirlitons en général........................ 226
Mirlitons à la fleur d'orange............................ 227
— aux avelines....................................... 227
— aux pistaches...................................... 228
— aux amandes.. 229
— au zeste de citron................................. 229
— à la marmelade d'abricots.......................... 230
Chap. XIII. Des fanchonnettes en général................... 230
Fanchonnettes à la vanille............................... 231
                                                           231

TABLE DES MATIÈRES.

Fanchonnettes au lait d'amandes	232
— au café Moka	233
— au chocolat	233
— au raisin de Corinthe	234
— aux pistaches	234
— aux avelines	235
— d'abricots	235
Chap. XIV. Des tartelettes de fruits en général	236
Tartelettes d'abricots	236
— de pêches	237
— de prunes de reine-Claude	237
— de prunes de mirabelle	238
— de cerises	238
— de groseilles vertes ou rouges	238
— de groseilles rouges ou blanches	239
— de fraises	239
— de pommes de reinette	239
Chap. XV. Des timbales et gâteaux au riz, de nouilles, de vermicelle, de semoule, de sagou et de pommes de terre	240
Timbales de riz au lait d'amandes	240
— au lait d'avelines	243
— à la moelle	243
— au café Moka	243
— au cédrat confit	244
— au raisin de Corinthe	244
— au raisin muscat	245
— aux pistaches	245
— aux marrons	246
Timbales de nouilles à l'orange	246
— de vermicelle aux citrons	247
— de pommes de terre, au zeste de bigarade	248
Gâteau de riz aux rognons	249
Chap. XVI. Des gâteaux fourrés de crème pâtissière et de fruits	250
Gâteau de Pithiviers aux avelines	250
— — aux amandes amères	251
— — au cédrat	252
— — à la fleur d'orange pralinée	253
— — au raisin de Corinthe	253
— — au raisin muscat	253
— — aux quatre fruits	253
— — aux rognons	254
— — à la moelle et à la vanille	254

TABLE DES MATIÈRES.

Gâteaux de Pithiviers anglo-français............................. 254
— anglo-français aux pistaches et aux avelines.......... 255
— fourrés de crème au café Moka..................... 256
— — de marmelade de pêches................... 256
— — à la d'Artois............................. 257
CHAP. XVII. Des gâteaux fourrés à la parisienne................ 257
Gâteaux fourrés à la parisienne................................. 257
— à la parisienne aux pommes et au raisin 258
— — aux pommes et aux pistaches 259
— — aux abricots....................... 260
— — aux pêches......................... 261
— — aux brugnons....................... 261
— — aux prunes de mirabelle............. 261
— — aux prunes de reine-Claude.......... 262
— — aux prunes de Sainte-Catherine...... 262
— — aux cerises douces.................. 262
— — aux fraises......................... 262
— — aux groseilles rouges ou blanches.... 263
— — aux groseilles vertes et roses....... 263
CHAP. XVIII. Des flans de fruits de toutes espèces............. 264
Flans de pommes au beurre et au cédrat........................ 264
— — à la portugaise....................... 265
— aux cerises de Montmorency................................. 265
— de prunes de reine-Claude.................................. 266
— de prunes de mirabelle..................................... 267
— d'abricots glacés.. 268
CHAP. XIX. Des flans de crème pâtissière...................... 268
Flans de crème pâtissière..................................... 269
CHAP. XX. Des tourtes d'entremets de fruits................... 269
Tourte d'abricots glacés...................................... 270
CHAP. XXI. Des vol-au-vent de fruits.......................... 270
Vol-au-vent garni de pêches................................... 272
CHAP. XXII. Des tourtes d'entremets de fruits confits......... 272
Tourte de marmelade d'abricots pralinés....................... 274
CHAP. XXIII. Des tourtes d'entremets de crème................. 274
Tourte à la moelle pralinée................................... 275
— aux rognons de veau et aux pistaches................ 275
— de crème aux épinards et pralinée................... 276
— de crème à la manière anglaise...................... 276
CHAP. XXIV. Des entremets détachés, fourrés de crème et de
confitures, masqués de gros sucre, pralinés et glacés...... 278
Petits gâteaux aux pistaches glacés........................... 278
— fourrés de riz au raisin de Corinthe....... 281

TABLE DES MATIÈRES.

Petits gâteaux fourrés à la manière anglaise...............	281
— — à la crème aux épinards...	281
— — de marmelade d'abricots.	282
— — de groseilles rouges................	282
— — de fraises ou de framboises.	283
— d'abricots glacés......................	283
— de marmelade de pommes de reinette........	284
— de pommes aux pistaches..................	284
— de pommes bandées......................	284
Petits nougats de pommes pralinées.....................	285
— gâteaux de Pithiviers pralinés.................	285
— — — aux avelines.................	285
CHAP. XXV. Des gimblettes de feuilletage pralinées...........	286
Gimblettes d'abricots aux avelines......................	286
— de prunes aux amandes......................	286
— de pêches aux pistaches.....................	287
CHAP. XXVI. Des entremets de feuilletage en général, glacés au sucre au cassé, pralinés, meringués, au gros sucre, aux pistaches et panachés........................	288
Petits vol-au-vent à la Chantilly et à la violette.............	288
— — glacés au gros sucre garnis de fraises......	289
— — printaniers......................	290
— — à la crème plombière et au café..........	290
— — au fromage bavarois et aux abricots.......	291
— — garnis de gelée fouettée................	291
Petits puits d'amour aux pistaches......................	292
— — au gros sucre......................	293
Petits gâteaux en mosaïque............................	294
Mosaïques glacées au sucre rose........................	295
— aux pistaches...........................	296
— aux avelines et au gros sucre..............	296
Tartelettes mosaïques à la marmelade de pêches...........	297
— — de cerises confites.................	297
— — aux pistaches glacées..............	298
— — aux avelines glacées...............	298
— — aux amandes amères glacées.........	298
— — glacées au raisin de Corinthe........	298
— — de pommes pralinées à la vanille.....	299
Petits gâteaux renversés à la gelée de groseilles............	300
— — à la gelée de pommes............	301
— — glacés aux pistaches.............	301
Canapés garnis d'abricots.............................	301
— aux pistaches garnis de gelée de pommes..........	302

27.

Petits gâteaux d'abricots	303
— livrets d'abricots	304
— cannelons glacés et garnis de gelée de pommes	304
Cannelons pralinés aux avelines	305
— au gros sucre	306
— meringués aux pistaches	306
— meringués au raisin de Corinthe	306
— meringués	307
Petites bouchées glacées à la pâtissière	307
— — meringuées aux pistaches	308
— — perlées	309
— — perlées au raisin de Corinthe	310
— — perlées aux pistaches	311
— — au gros sucre	311
— — au raisin de Corinthe	312
— — aux pistaches	312
— — aux anis roses de Verdun	313
— — aux anis blancs	313
— — glacées (à la royale) au chocolat	313
Petites fantaisies aux pistaches	314
— au gros sucre	315
Petits quadrilles aux quatre fruits	315
Quadrilles pralinés aux avelines	317
Petites rosaces au gros sucre	318
Petits trèfles perlés aux pistaches	320
— au gros sucre	321
— aux avelines	322
Petites étoiles au gros sucre	322
— aux pistaches	323
Petites couronnes aux pistaches	323
Petites feuilles de chêne perlées	324
Petits paniers au gros sucre	325
— pralinés aux avelines	326
Petits diadèmes aux pistaches	327
Panachés en diadème au gros sucre	327
— au raisin de Corinthe	329
— aux pistaches et au gros sucre	330
— ronds aux pistaches	330
— — au raisin de Corinthe	332
Petits gâteaux à la vanille	333
Petits gâteaux à la fleur d'orange	334
— au cédrat	334
— aux avelines	335

TABLE DES MATIÈRES. 475

Petits gâteaux aux amandes amères	335
— au chocolat	335
— aux abricots	336
Petites bouchées à la gelée de pommes	336
Petits gâteaux pralinés aux avelines	337
— à la marmelade de prunes de mirabelle	338
Petites couronnes de feuilletage aux pistaches et au gros sucre	338
Petites couronnes de feuilletage pralinées à la vanille	339
Petites bouchées pralinées au sucre de couleur	339
Chap. XXVII. Des sucres odorés	341
Sucre au zeste d'orange	342
— de vanille	342
— de café Moka	343
Chap. XXVIII. Des crèmes pâtissières	343
Crème pâtissière au cédrat	343
— au chocolat	344
— au café Moka	345
— aux avelines pralinées	345
— à la vanille	346
— aux pistaches	346
— au raisin de Corinthe	347
— à la moelle	348
Chap. XXIX. Traité de la décoration des gros pâtés ou des socles	348

SIXIÈME PARTIE.

Le petit four et les confitures	352
Chap. I. Observations préliminaires	352
Chap. II. Traité des biscuits en général	354
Biscuits à la cuiller	354
— de fécule en tourtière	355
— de fécule à la vanille, second procédé	356
Petits biscuits aux amandes	357
Biscuits en caisse	357
— à la crème	358
— glacés au chocolat	359
— glacés à l'orange	360
— de couleurs marbrés pour les rochers	360
Chap. III. Croquettes à la parisienne	362
Croquignoles à la reine	364

Croquignoles à la Chartres.................................... 365
— aux pralines........................... 365
— aux avelines............................ 365
— à la française.......................... 366
Gimblettes à l'orange.. 367
Chap. IV. Petites biscottes aux anis........................ 367
Biscottes aux pistaches...................................... 369
Chap. V. Petites dents-de-loup aux anis de Verdun.......... 369
Croquettes aux anis de Verdun............................... 370
Chap. VI. Petites meringues moelleuses, et à la crème...... 371
Petites meringues aux pistaches.............................. 371
— moelleuses au cédrat et au gros sucre.... 371
Chap. VII. Meringues à l'italienne.......................... 372
Chap. VIII. Petites bouchées de dames....................... 373
Bouchées de dames glacées au chocolat....................... 375
— de monsieur...................................... 376
Chap. IX. Traité des massepains............................. 377
Massepains moelleux... 378
Massepains moelleux glacés à la rose et au gros sucre...... 378
— panachés............................... 380
— à l'italienne......................... 381
— seringués soufflés.................... 381
— ordinaires............................ 383
Chap. X. Traité des petits soufflés......................... 384
Petits soufflés à la rose................................... 385
— au chocolat.......................... 385
— au safran............................ 386
— printaniers.......................... 386
— aux avelines......................... 387
— à la fleur d'orange pralinée........ 387
— à la vanille......................... 388
— au citron............................ 388
— au gros sucre, aux pistaches et au raisin de Corinthe............................... 388
Petits fours aux pistaches................................... 389
Chap. XI. Petits soufflés à la française.................... 389
Chap. XII. Petits biscuits soufflés......................... 391
Petits biscuits soufflés à la fleur d'orange................ 392
— — aux avelines......................... 392
— — aux pistaches........................ 392
Chap. XIII. Avelines glacées à la royale.................... 393
Amandes soufflées à la royale............................... 394
Noix vertes glacées à la royale............................. 394
                                                              395

TABLE DES MATIÈRES.

Pistaches glacées à la royale	395
Chap. XIV. Macarons soufflés	396
Macarons soufflés aux amandes amères	396
— — au chocolat et au gros sucre	397
— — aux avelines et au gros sucre	398
— — aux noix vertes	398
Chap. XV. Macarons aux avelines et aux amandes amères	399
Macarons aux avelines	400
— aux amandes amères	402
Fleur d'orange pralinée à la pâtissière	403
Chap. XVI. Traité des confitures	404
Manière de clarifier le sucre	406
Première cuisson : sucre au lissé	407
Deuxième cuisson : sucre au perlé	407
Troisième cuisson : sucre au soufflé	407
Quatrième cuisson : sucre à la plume	408
Cinquième cuisson : sucre au cassé	408
Sixième cuisson : sucre au caramel	408
Marmelade d'abricots	409
Autre procédé pour faire cette marmelade	410
Manière de confire les cerises	410
Procédé pour confire le verjus	411
Verjus transparent	411
Marmelade de verjus	412
Manière de confire les framboises	412
Gelée de groseilles roses framboisées	413
— — blanches	414
— — violettes	415
— — de Bar	415
Gelée d'épines-vinettes	416
— de coings	416
— de pommes	417

SEPTIÈME PARTIE.

Revue critique des grands bals de 1810 et 1811, etc.	418
Chap. I. Premier grand bal	418
Deuxième grand bal	420
Troisième grand bal	422
Quatrième grand bal	425
Cinquième et dernier grand bal	426
Observations	427

CHAP. II. Essai sur mes extras de pâtisserie.................... 429
    Deuxième extra, simple......................... 434
    Troisième et dernier extra..... 437
    Observations.................... 438
    Avis aux jeunes gens............... 438
    Pensée à l'amitié........................... 442
    A la mémoire de Boucher.................... 444
CHAP. III. Avis aux maîtres pâtissiers.................... 445
    Moyens infaillibles pour la destruction des bêtes noires..... 447
    Observations sur la levûre........................ 449
    Moyen de conserver la levûre..................... 449
    Moyen de faire la levûre avec des pommes de terre 450
    Méthode ordinaire pour faire le pain.................... 451
    Pain français en rouleau........................ 453
    Pain à la terrine ou à la grecque.................... 453
    Observation sur le riz........................ 454
    Observation sur les pommes de terre................. 455
    Manière de procéder pour obtenir la farine de pommes de terre................................. 455
    Observations sur les truffes et truffiers.................. 456
    Procédé pour clarifier le miel, par M. Fouques, chimiste, employé dans le Midi de la France pour l'enseignement de la fabrication du sucre avec des matières indigènes........ 460
    Premier procédé........................... 460
    Deuxième procédé............................. 461
    Remarques curieuses sur la glace......................... 462

NOTA. — Le sucre royal et la glace royale... 464

FIN DE LA TABLE DES MATIÈRES.

5341-78. — Corbeil. Typ. et stér. CRÉTÉ.

OUVRAGES DE CARÊME

ANTONIN CARÊME. — L'Art de la cuisine française au dix-neuvième siècle, par Carême et Plumerey. 5 vol. in-8. Les 3 premiers vol. sont rares.

PLUMEREY. — Les tomes IV et V, composés par M. Plumerey, chef des cuisines de l'ambassade de Russie à Paris, se vendent séparément et contiennent les *entrées chaudes*, les *rôts en gras et en maigre*, les *entremets de légumes*, toute la moyenne du beau service précédent et son complément.................................... 16 fr.

— **Le Maître d'hôtel français**, par Carême. Nouvelle édition. 2 vol. in-8, orné de 10 grandes planches........................ 16 fr.

— **Le Pâtissier** pittoresque, chef-d'œuvre d'invention et de dessin de l'art si difficile de monter les pièces, de décorer une table. Les premiers modèles des grandes pièces s'y trouvent réunis; 4ᵉ éd. 1 v. gr. in-8, orné de 126 pl........................... 10 fr. 50

FEU APPERT. — Le Conservateur ou Livre de tous les Ménages. 5ᵉ édition, revue, corrigée et augmentée, par Appert-Prieur, le docteur Gannal, 1 fort vol. in-8 avec planches......... 10 fr. 50

LE JARDINIER DE TOUT LE MONDE
Traité complet de toutes les branches de l'horticulture, par A. Ysabeau. 1 fort volume gr. in-18 illustré de gr. sur bois dans le texte. 4 fr. 50

NOUVEAU TRAITÉ PRATIQUE DU JARDINAGE
Comprenant : 1º La culture maraîchère, les primeurs et les plantes potagères à fruits comestibles; 2º La plantation, la taille, la conduite, la culture et le rajeunissement des arbres fruitiers; 3º La culture des plantes d'ornement de pleine terre, etc., indispensable à quiconque désire donner ses soins à un jardin et en obtenir PLAISIR et PROFIT, par A. Ysabeau. 1 vol. in-18 jésus..... 2 fr.

LE NOUVEAU JARDINIER FLEURISTE
Ouvrage contenant avec les principaux arbres d'ornement la nomenclature des fleurs de parterre, de bordure, de massif, de pelouse, de serre, de bassin, d'appartement et de fenêtre, avec la culture spéciale pour chaque espèce, par Hippolyte Langlois, auteur du grand ouvrage d'arboriculture : le Livre de Montreuil-aux-Pêches, avec environ 250 fig. dans le texte. 1 fort vol. in-18 jésus. 4 fr. 50

LES SECRETS DE L'INDUSTRIE ET DE L'ÉCONOMIE DOMESTIQUE
Mis à la portée de tous. Choix de recettes et de procédés utiles, la plupart nouveaux et inédits; moyens simples et faciles de reconnaître les falsifications dans les principaux aliments et produits de l'industrie, par M. Chevalier fils, chimiste, membre correspondant de l'Académie des sciences, arts et belles-lettres de Rouen, de la Société de médecine, de chirurgie et pharmacie de Toulouse, et M. Émile Grimaud fils, pharmacien de 1ʳᵉ classe de l'École de Paris, sous la direction de M. A. Chevalier, pharmacien chimiste à Paris, 1 volume in-8, 5 fr.; net .... 3 fr.

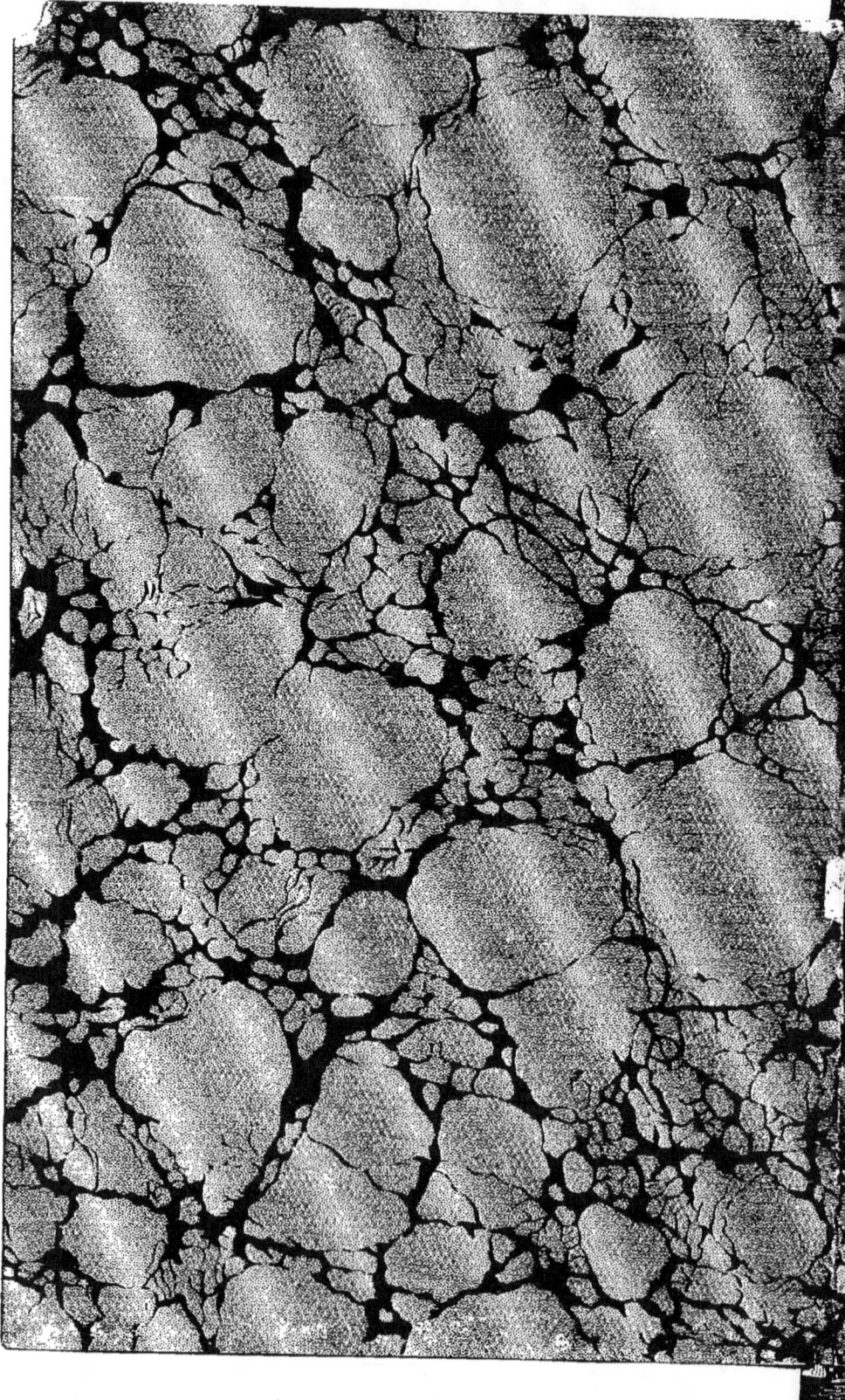

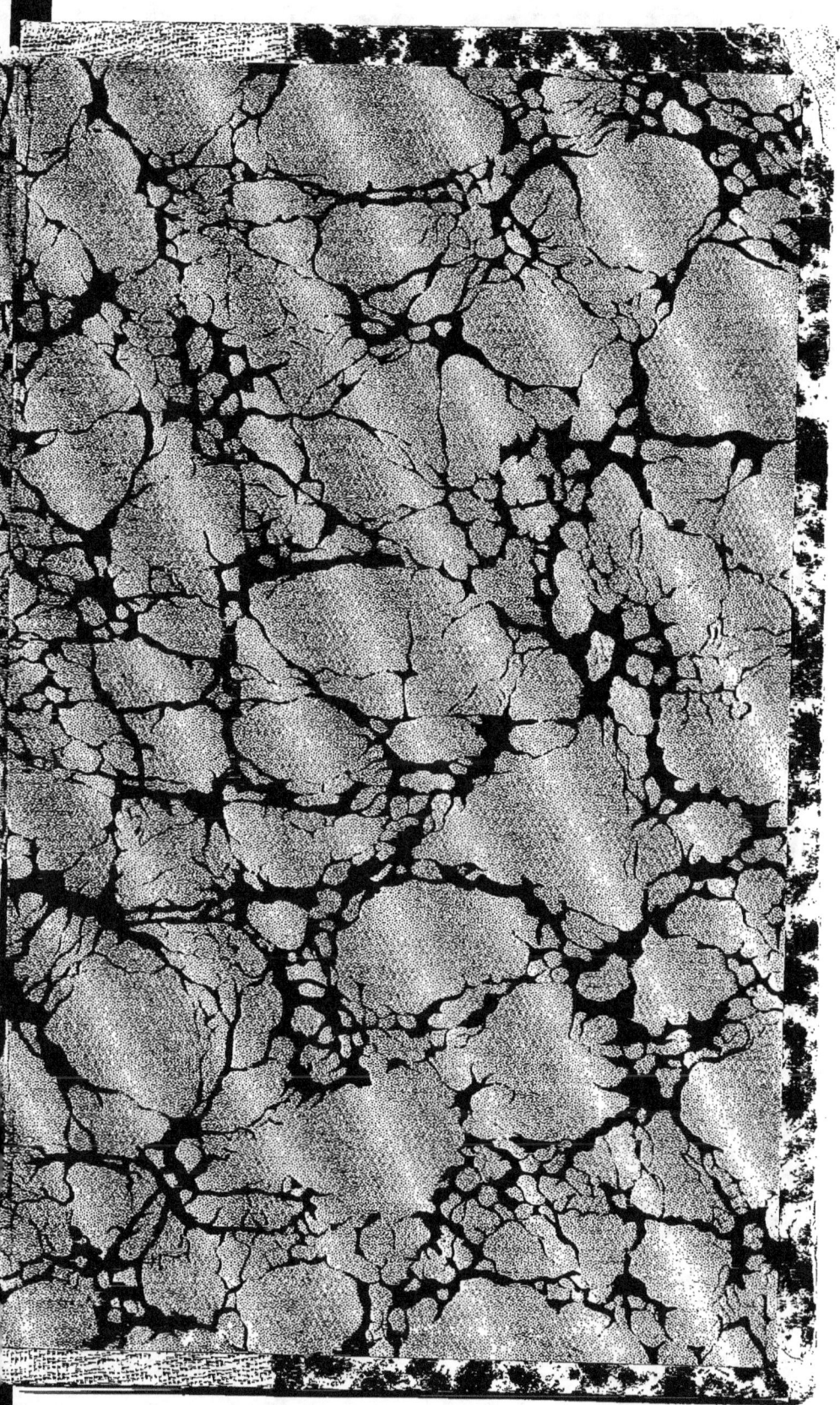

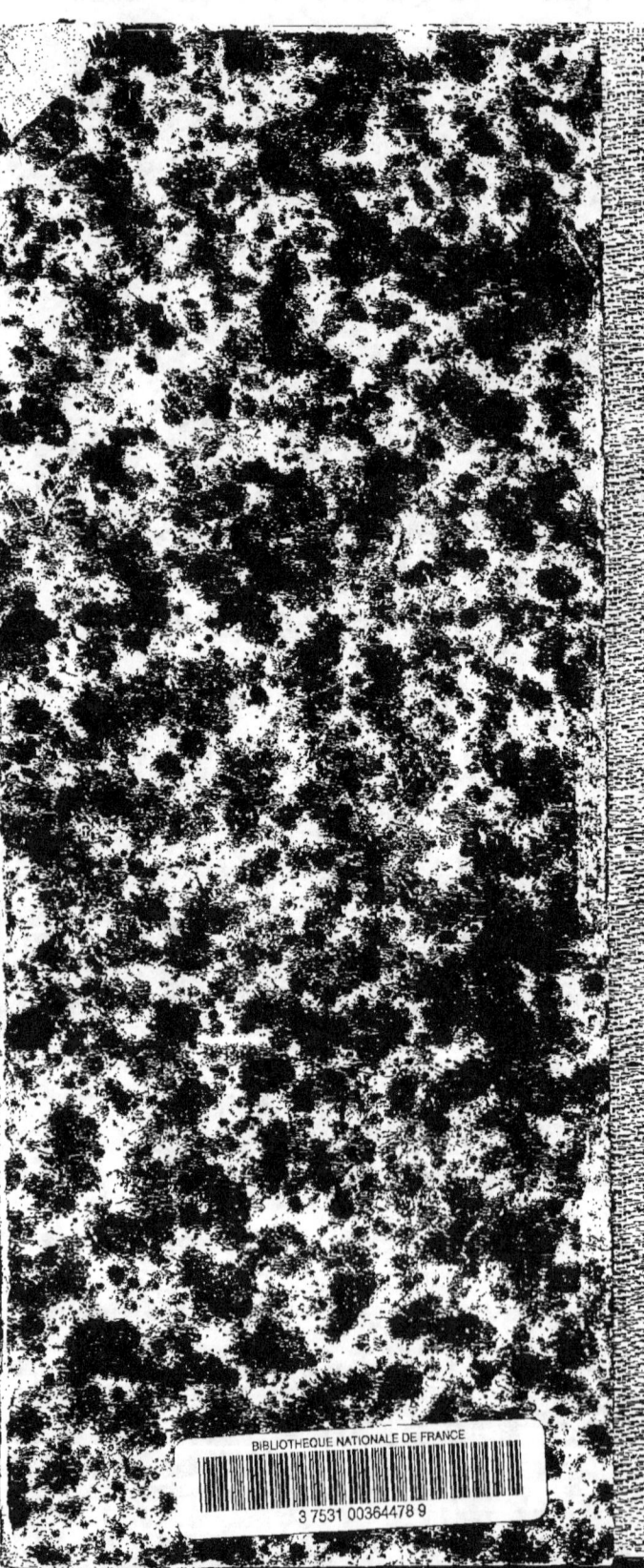

www.ingramcontent.com/pod-product-compliance
Lightning Source LLC
Chambersburg PA
CBHW050610230426
43670CB00009B/1350